明清之際西方傳教士漢籍叢刊

【第三輯】

周振鶴 主編

⑤

新製靈臺儀象志（卷五至卷九）

南懷仁 著

鳳凰出版社

第五册目録

新製靈臺儀象志
（卷之五——卷之九）

新製靈臺儀象志卷之五

治理曆法極西南懷仁纂著

右監副劉蘊德筆受

春官正孫有本

秋官正徐瑚

詳受

天體儀恒星出入表

天文家公論恒星各有其本性之驗其出入地平時因隨他曜有善惡之相照而其所見之效遂雜揉而不純以故天象之多變易色因設此表以其居四正黃道之度比之而足其與他曜互相照之象焉所謂四正者即相交于子午卯酉四向之黃道度二十分內之界也

星名	卯宮度分	午宮度分	酉宮度分	子宮度分	向等
敗白一	戊九〇三	丑五五一	辰九〇三	未五五二	南三
婁宿三	戊二一六四	丑六九五	辰二一六四	未六九五	北三
天倉一	戊六二五三	丑九五	辰六一五三	未九五	南三
北落師門	戊六一四五	丑九五一	辰六一四五	未九二一	南一
卷舌二	戊九一六二	丑〇一〇四	辰九一六二	未〇一〇四	北三
胃宿二	戊三二七	丑三一五四	辰三二七	未三一五四	北三
五車二	戊四二〇四	丑三一五四	辰四一〇四	未三一五四	北一

星名	卯宮	度	分	午宮	度	分	酉宮	度	分	子宮	度	分	向	等
卷舌五	酉	八	五二	丑	一二	〇五	卯	八	五二	未	一二	〇五	北	三
天倉二	南	九	一三	丑	二二	〇三	卯	九	一三	未	二二	〇三	南	三
土司空	南	九	五二	丑	二二	〇三	卯	九	五二	未	二二	〇三	南	二
天倉三	酉	〇一	三五	丑	三二	〇三	卯	〇一	三五	未	三二	〇三	南	三
外屏七	酉	一一	〇	丑	三五	五三	卯	一一	〇	未	三二	五三	南	三
五車三	酉	七一	三	丑	七二	二四	卯	七一	三	未	七二	五四	北	二
昴宿一	酉	八一	七五	丑	九三	二	卯	八一	七二	未	九二	二	北	三

天倉四	酉	二二	九三	子	一	五四	卯	二二	九三	午	一	五四	南	三
天囷九	酉	六一	〇	子	四	九一	卯	六二	〇	午	四	九一	南	三
天囷八	酉	四二	四	子	二	〇五	卯	四二	四	午	二	〇五	南	三
鶴一	酉	四二	二五	子	三	〇三	卯	四二	二五	午	三	〇三	南	二
天囷	酉	八二	五五	子	六	五三	卯	八二	五五	午	六	九三	南	二
畢宿	申	七	〇五	子	三一	五四	寅	七	〇三	午	三一	五四	南	三
芻槀大星	申	八	〇二	子	四一	六四	寅	八	〇二	午	四一	六五	南	三
畢宿三	申	八	二四	子	五一	四	寅	八	五四	午	五一	四	南	三
鶴二	申	〇一	五二	子	六一	六三	寅	〇一	五二	午	六一	六三	南	二

星名	卯宫	度	分	午宫	度	分	酉宫	度	分	子宫	度	分	向	等
天苑六	申	〇一	〇	子	六一	〇一	寅	〇一	〇	午	六一	〇一	南	三
五車五	申	一一	九	子	七一	四一	寅	一一	九	午	七一	四一	北	二
畢宿五	申	二一	五	子	八一	〇一	寅	二一	五	午	八一	〇一	南	一
上台一	申	二一	八五	子	八一	七五	寅	二一	八五	午	八一	七五	北	三
天苑五	申	五二	〇	子	〇二	五五	寅	五一	〇	午	〇二	五五	南	三
大鳥五	申	七一	三二	子	三二	八一	寅	七一	三二	午	三二	八一	南	三
天苑四	申	〇二	〇	子	五二	八二	寅	〇二	〇	午	五二	八二	南	三

上台二	申	○一	四二	子	一二	二五	寅	○一	四二	午	一二	二二	北	三
天苑三	申	二二	○三	子	八二	○四	寅	二二	四三	午	八三	○四	南	三
天關	申	二二	六三	子	八一	四四	寅	二四	六三	午	八二	四四	南	三
天苑一	申	九二	○二	亥	六	二一	寅	九二	○二	巳	六	二一	南	三
牛宿一	未	一	五三	亥	八	四五	丑	一	五三	巳	八	四五	南	三
參宿四	未	二	四五	亥	○一	○二	丑	二	○五	巳	○一	○二	南	二
井宿五	未	三	九一	亥	○一	三五	丑	三	九一	巳	○一	三五	北	三
北河二	未	六	五四	亥	五一	四○	丑	六	二四	巳	五一	四○	北	二
玉井三	未	七	七四	亥	六一	○二	丑	七	七四	巳	六一	○二	南	三

星名	卯 宮度分	午 宮度分	酉 宮度分	子 宮度分	向等
參宿四	未 八 二三	亥 七一 七一	丑 八 二三	巳 七一 七一	南 一
參宿十九増	未 九 四二	亥 八一 三二	丑 九 四二	巳 八一 三二	南 三
參宿一	未 九 五二	亥 八一 四二	丑 九 五二	巳 八一 四二	南 二
井宿三	未 〇一 五一	亥 九一 二二	丑 〇一 五一	巳 九一 五二	南 二
參宿二	未 〇一 六五	亥 〇二 六一	丑 〇一 六五	巳 〇二 六一	南 二
參宿七	未 一一 四四	亥 一二 七一	丑 一一 四四	巳 一二 七一	南 一
井宿七	未 二一 〇一	亥 一二 〇五	丑 二一 〇一	巳 一二 〇五	南 三

參宿三	未	二一	五二	亥	二二	一一	丑	二一	五二	巳	三二	一一	南	二
北河三	未	三一	五二	亥	三二	六二	丑	三一	五三	巳	三二	六二	北	二
天鐘二	未	四一	五	亥	四二	〇二	丑	四一	五	巳	四二	〇二	南	三
參宿六	未	九一	五三	戌	一	〇二	丑	九一	五三	辰	一	〇二	南	三
天園六	未	九一	六四	戌	一	六四	丑	九一	六四	辰	一	六四	南	三
天園五	未	〇二	六二	戌	二	〇四	丑	〇二	六二	辰	二	〇四	南	三
廁一	未	二二	四四	戌	五	二五	丑	二二	四五	辰	二	一五	南	三
廁二	未	四二	五二	戌	八	〇	丑	四三	五二	辰	八	〇	南	三
軒轅四	未	五二	〇二	戌	九	七二	丑	五二	〇三	辰	九	二一	北	三

星名	卯 宮度分	午 宮度分	酉 宮度分	子 宮度分	向	等
南河二	未 六二 四二	戌 〇一 八三	丑 六五 四二	辰 〇一 八三	南	三
厠三	未 八二 八五	戌 四一 八	丑 八二 八五	辰 四一 八	南	三
厠四	未 九二 〇	戌 四一 〇一	丑 九二 〇	辰 四一 〇一	南	三
南河三	午 一 一	戌 六一 四五	子 一 二	辰 一一 四五	南	二
軍市一	午 二 九四	戌 九一 八一	子 二 九四	辰 九一 八一	南	二
狼星	午 五 六五	戌 三二 五三	子 五 六五	辰 三二 五三	南	一
狼星四增	午 八 六四	戌 七二 一二	子 八 六四	辰 七二 一一	南	三

丈人一	午	一〇	九	戌	二九	一四	子	一〇	九	辰	二九	一四	南	三
軍市九	午	一〇	五九	酉	初	二一	子	一〇	五九	卯	初	二一	南	三
軒轅九	午	一一	一七	酉	初	四五	子	一一	一七	卯	初	四五	北	三
酒旗六	午	一一	三九	酉	一	一四	子	一一	三七	卯	一	一四	南	三
子二	午	一三	五	酉	四	二六	子	一三	五	卯	四	二六	南	二
外厨一	午	一四	二四	酉	六	一〇	子	一五	二四	卯	六	一〇	南	三
軒轅十一	午	一七	四〇	酉	九	九	子	一七	四〇	卯	九	九	北	三
弧矢二	午	一八	三〇	酉	一〇	一〇	子	一八	三〇	卯	一〇	一〇	南	三
弧矢七	午	一九	一一	酉	一一	七	子	一九	一一	卯	一一	七	南	三

星名	卯宮度分	午宮度分	酉宮度分	子宮度分	向等
軒轅十三	午二一一五	酉一三四八	子二一一五	卯一三四八	北三
軒轅十一	午二一一六	酉一三四九	子二一一六	卯一三四九	北二
弧矢六	午二四三五	酉一八○	子二四二五	卯一八○	南三
弧矢第二五	午二四四九	酉一八二一	子二四四九	卯一八二一	南三
軒轅十四	午二五五	酉一八四三	子二五五	卯一八四三	北二
弧矢四	午二七四七	酉二二三	子二七四七	卯二二三	南三
常陣	巳初二五	酉二五五五	亥初五五	卯二二五五	北三

星宿一	已	一	二一	酉	六二	八一	亥	一	二一	卯	六二	八一	南	一
西上相	已	一	五一	酉	六二	一二	亥	一	五一	卯	六二	一二	北	二
弧矢九	已	一	〇五	酉	一一	四	亥	一	〇五	卯	七五	四	南	三
老人二增	已	三	六	酉	八二	五三	亥	三	六	卯	八二	五三	南	三
弧矢一增	已	四	三五	酉	初	三四	亥	四	三五	寅		三四	南	二
弧矢一	已	五	五三	申	一	五三	亥	五	五三	寅	一	五三	南	二
弧宿八	已	六	三一	申	二	二二	亥	六	三一	寅	二	二二	南	三
西次相	已	六	八二	申	二	二四	亥	六	八二	寅	二	二四	北	三
天相一	已	八	七二	申	五	〇	亥	八	七二	寅	五	〇	南	三

星名	卯 宮度分	午 宮度分	酉 宮度分	子 宮度分	向等
即位一	巳 九 一	申 五 二四	亥 九 一	寅 五 二四	北 三
西次將	巳 〇一 九五	申 八 二	亥 〇一 九五	寅 八 二	北 三
五帝座	巳 三一 〇	申 〇一 九二	亥 三一 〇	寅 〇一 九二	北 一
弧矢（一無名五）	巳 三一 五三	申 一一 七	亥 三一 五三	寅 一一 七	南 二
內屏一	巳 六一 六四	申 四二 八四	亥 六六 六四	寅 四一 八四	北 三
右執法	巳 二二 四二	申 一二 八一	亥 二二 四二	寅 一二 八一	北 三
招搖	巳 二二 八四	申 二三 五五	亥 三二 八四	寅 二二 五五	北 三

七公八增	巳	五二	九二	申	四二	〇四	亥	五二	九二	寅	四二	〇四	北	三
天社一	巳	八二	〇三	申	八二	九一	亥	八二	〇三	寅	八二	九一	南	二
東次將	辰	初	八五	未	初	二三	戌	初	八三	丑	初	二三	北	三
天記	辰	二	四一	未	二	〇三	戌	二	四一	丑	一	〇三	南	二
東次相	辰	四	五二	未	四	九五	戌	四	五二	丑	四	九五	北	三
東上相	辰	四	九四	未	五	七二	戌	四	九四	丑	二	七二	北	三
右攝提一	辰	五	六三	未	六	四二	戌	五	六三	丑	六	四二	北	三
梗河一	辰	八	八三	未	九	二五	戌	八	八三	丑	九	二五	北	三
七公七	辰	八	六四	未	〇一	〇	戌	八	六四	丑	〇一	〇	北	三

星名	卯宮度分			午宮度分			酉宮度分			子宮度分			向等	
大角	辰	九	六一	未	○一	四三	戌	九	六一	丑	○一	四三	北	一
軫宿一	辰	○一	九四	未	二一	四二	戌	○一	九四	丑	二一	四二	南	三
軫宿三	辰	二一	○五	未	四一	四四	戌	二一	○五	丑	四一	四四	南	三
角宿二	辰	三一	九五	未	七一	一	戌	三一	九五	丑	六一	一	北	三
天棓五	辰	九一	九二	未	○二	○一	戌	九一	九二	丑	○二	○一	北	三
左棋堤二	辰	八一	六三	未	一二	七二	戌	八一	六三	丑	一二	七二	北	三
軫宿四	辰	八一	九五	未	一二	六五	戌	八一	九五	丑	一二	六五	南	三

貫索一	辰	九二	〇一	未	二二	七	戌	九一	〇一	丑	二二	七	北	二
女牀六	辰	九一	六二	未	二二	八二	戌	九一	六二	丑	二二	八二	北	三
角宿一	辰	九一	六五	未	三二	二	戌	九一	六五	丑	三二	二	南	一
青丘三	辰	九一	八二	未	三二	五	戌	九一	八五	丑	〇二	五	南	三
平星一	辰	七二	六三	午	二	七一	戌	七二	六三	子	二	七一	南	三
天記二	辰	八二	〇二	午	三	〇一	戌	八二	〇二	子	三	〇一	北	三
貫索二十	辰	八二	五二	午	三	六一	戌	八二	五二	子	三	六一	北	三
周	卯	初	五三	午	五	五五	酉	初	五三	子	五	二五	北	三
秦	卯	一	五四	午	七	五一	酉	一	五四	子	七	五二	北	三

星名	卯宮度分	午宮度分	酉宮度分	子宮度分	向等
鄭	卯二七二	午六五一	酉二七二	子八五二	北三
天紀三	卯二〇二	午八四四	酉二〇五	子八四四	北三
河中	卯五〇	午一一八二	酉五〇	子一一八二	北三
河間	卯五五	午一一六三	酉五五	子一一六三	北三
蜀	卯六二二	午三一七一	酉六三二	子三一七一	北三
天記九	卯七八	午四一四一	酉七八	子四一四一	北二
巴	卯九一	午六一六五	酉九一	子六一六三	北三

庫樓九 增	卯	〇一	二一	午	八一	四一	酉	〇一	二一	子	八一	四一	南	三
虛宿一	卯	〇一	五一	午	八一	七一	酉	〇一	五一	子	八一	七一	南	二
虛宿四	卯	一一	二	午	九一	五一	酉	一一	二	子	九一	五一	北	二
瓠	卯	一一	七二	午	九一	六四	酉	一一	七二	子	九一	六四	北	三
織女一	卯	三一	二一	午	二二	二	酉	三一	二一	子	二二	二	北	一
天津二	卯	六一	七五	午	六二	〇五	酉	六一	七五	子	六二	〇二	北	三
虛宿二	卯	七一	八一	午	七二	七二	酉	七一	八一	子	七二	七二	南	三
虛宿三	卯	八一	四二	午	八二	二五	酉	八一	四二	子	八二	二五	北	三
梁	卯	八一	六五	午	九二	七三	酉	八一	六五	子	九二	七三	北	三

星名	卯 宮度分	午 宮度分	酉 宮度分	子 宮度分	向等
庫樓三	卯 九一 六四	巳 初 二四	酉 九一 六四	亥 初 二四	南三
帝座	卯 九一 八五	巳 初 六五	酉 九一 八五	亥 初 六二	北三
楚	卯 〇二 五一	巳 一 一二	酉 〇二 五一	亥 一 一二	北三
陣車	卯 〇二 六一	巳 一 二二	酉 〇二 六一	亥 一 二二	南三
庫樓七	卯 四二 七二	巳 六 一五	酉 四二 七二	亥 六 一五	南三
候	卯 四二 六三	巳 七 〇一	酉 四二 六三	亥 七 〇一	北三
漸臺四	卯 五二 四一	巳 八 三	酉 九二 四一	亥 八 三	北三

庫樓	六	卯	二五	四三	巳	八	四四	酉	二五	四一	亥	八	四四	南	三
房宿	三	卯	二七	五七	巳	一	三六	酉	二七	五七	亥	一一	三六	北	二
韓		卯	二七	五九	巳	一	三八	酉	二七	五九	亥	一一	三八	北	三
天津	四	卯	二八	三〇	巳	一二	一九	酉	二八	三〇	亥	一二	一九	北	二
房宿	四	卯	二九	五	巳	一三	八	酉	三九	五	亥	一三	八	南	三
宗正	一	寅	一	四一	巳	一六	四一	申	一	四一	亥	一六	四一	北	三
庫樓	二	寅	一	四二	巳	一六	四二	申	一	四二	亥	一六	四二	南	三
房宿	一	寅	一	四四	巳	一六	四四	申	一	四四	亥	一六	四四	南	三
天津	一	寅	三	一五	巳	一八	四七	申	三	一五	亥	一八	四七	北	三

星名	卯宮	度	分	午宮	度	分	酉宮	度	分	子宮	度	分	向	等
宗正二	寅	三	五二	已	一九	三七	申	三	五三	亥	一九	三七	北	三
庫樓一	寅	五	五四	已	二二	二〇	申	五	五四	亥	二二	二〇	南	三
漸臺 不增九	寅	六	二五	已	二三	一六	申	六	五五	亥	二三	一六	北	三
騎宮	寅	六	五五	已	二三	四五	申	六	五五	亥	二三	四五	南	三
心宿	寅	八	一七	已	二五	三四	申	八	一七	亥	二五	三四	南	一
宋	寅	八	二五	已	六五	四二	申	八	二五	亥	二五	四三	北	三
吳越 增十四	寅	一〇	二五	已	二八	二一	申	一〇	二五	亥	二八	二一	北	三

東海	五十增	寅	○一	○四	巳	八二	二四	申	○一	○四	亥	八二	二四	北	三
頓頑	星大	寅	二一	○二	辰	初	五五	申	二一	○一	戌	初	五五	南	三
吳越		寅	二一	九二	辰	一	四	申	二二	九二	戌	一	四	北	三
天江	六增	寅	三一	四四	辰	二	四四	申	二一	四四	戌	二	四四	北	三
南海		寅	三一	四五	辰	二	四五	申	三一	四五	戌	二	四五	北	三
東海		寅	四一	六三	辰	三	三五	申	四一	六三	戌	三	三五	北	二
天津	九	寅	六一	四二	辰	六	○一	申	六一	四二	戌	六	○一	北	三
尾宿	二	寅	九一	五五	辰	○一	四	申	九一	二五	戌	○一	○四	南	三
車騎	七	寅	○二	七五	辰	一一	八五	申	○二	五五	戌	一一	八五	南	二

星名	卯宮	度	分	午宮	度	分	酉宮	度	分	子宮	度	分	向	等
河鼓三	寅	三二	三五	辰	五一	五三	申	三二	三五	戌	五一	五三	北	三
右旗三	寅	四二	三三	辰	六一	三二	申	四二	三三	戌	六一	三二	北	三
大弁一	寅	五一	六五	辰	八一	六	申	五二	六五	戌	八一	六	北	三
天津八	寅	五二	五一	辰	七一	七一	申	五二	五一	戌	七一	七一	北	三
河鼓二	寅	六二	八	辰	八一	八一	申	六二	八	戌	八一	八一	北	二
河鼓一	寅	八二	四五	辰	一二	五三	申	八二	四三	戌	一一	五三	北	三
右旗五	丑	初	四一	辰	三二	九	未	初	四一	亥	三二	九	北	三

神宮	二	丑	初	九五	辰	四二	二	未	初	九五	戌	四二	二	南	三
天稃	上星	丑	二	六一	辰	五二	六二	未	二	六一	戌	五六	六二	北	三
箕宿	一	丑	二	九五	辰	六二	九一	未	二	九五	戌	六二	六一	南	三
敗瓜	一	丑	四	六一	辰	七二	一四	未	四	六一	戌	七二	一四	北	三
螣蛇	增十一	丑	四	六一	辰	七二	一四	未	四	六一	戌	七二	一四	北	三
古旗	六	丑	四	九四	辰	八二	六一	未	四	九四	戌	八二	六一	北	三
箕宿	二	丑	六	〇四	卯	初	七一	未	六	〇四	酉	初	七一	南	三
尾宿	七	丑	八	九一	卯	二	一	未	八	九一	酉	二	一	南	三
天稃	下星	丑	八	八二	卯	二	〇一	未	八	八二	酉	二	〇一	北	三

星名	卯 宮	度	分	午 宮	度	分	酉 宮	度	分	子 宮	度	分	向	等
尾宿四	丑	〇一	五五	卯	四	五四	未	〇一	三五	酉	四	五四	南	三
尾宿六	丑	二一	四五	卯	六	六四	未	二一	四五	酉	六	六四	南	三
箕宿三	丑	三一	〇	卯	六	四五	未	三一	〇	酉	六	四五	南	三
尾宿五	丑	三一	五五	卯	七	二五	未	三一	五五	酉	七	二五	南	三
箕宿四	丑	四一	〇五	卯	八	九四	未	四一	〇五	酉	八	六四	南	三
斗宿六	丑	六一	九四	卯	〇一	四二	未	六一	九四	酉	〇一	四三	南	三
離宮五	丑	八一	七	卯	二一	六二	未	八一	八三	酉	二一	六二	北	三

離宮六	丑	九一	八二	卯	三一	五一	未	九一	八二	酉	三一	五一	北三
牛宿二	丑	〇二	〇一	卯	三一	二五	未	〇二	〇一	酉	三一	三五	北三
牛宿一	丑	三二	六二	卯	六一	〇五	未	三二	六二	酉	六一	〇五	北三
危宿三	丑	四二	九	卯	七一	〇三	未	四二	九	酉	七一	〇九	北三
杵	丑	四三	四四	卯	七一	九五	未	四二	四四	酉	七一	九五	南三
室宿二	丑	七二	二一	卯	〇二	五	未	七二	二一	酉	〇二	五	北二
虛宿一	子	五	四二	卯	六二	四四	午	五	四二	酉	五二	四四	北三
夫淵二	子	九	〇四	卯	九一	五五	午	九	〇四	酉	九二	五五	南二
雷電一	子	〇一	五五	寅初		〇五	午	〇一	五五	申初		〇五	北三

星名	卯 宫	度	分	午 宫	度	分	酉 宫	度	分	子 宫	度	分	向等
危宿一	子	一	一五	寅	一	五	午	一一	一五	申	一	二	北三
天淵三	子	一三	二	寅	一	三五	午	一二	二	申	一	三五	南三
室宿一	子	一三	四八	寅	二	五四	午	一三	四八	申	二	五四	北二
壁宿二	子	一九	二四	寅	四	三八	午	一六	二四	申	四	三八	北二
墳墓四	子	一七	五三	寅	五	四○	午	一七	二三	申	五	一○	北三
天船三	子	一八	三五	寅	六	五	午	一八	三五	申	六	五	北二
壘壁陣三	子	二一	二八	寅	七	五八	午	二一	二八	申	七	五八	南三

壘壁陣	一	子	二三	一一	寅	九	一〇	午	二三	一一	申	九	一〇	南	三
奎宿	五	子	二四	一〇	寅	九	四四	午	二四	一〇	申	九	四四	北	三
奎宿	九	子	二七	五	寅	一〇	二〇	午	二五	五	申	一〇	二〇	北	三
天大將軍	一	子	二六	四九	寅	一一	二四	午	二六	四九	申	一一	二四	北	二
天淵	四	亥	初	五〇	寅	一三	五七	巳	初	五五	申	一三	五七	南	三
天淵	一	亥	一	〇	寅	一二	五八	巳	一		申	一三	五六	南	二
壁宿	一	亥	九	二四	寅	一八	四八	巳	九	二四	申	一八	四八	北	二
天船	五	亥	九	五四	寅	一九	五	巳	九	四四	申	一九	五	北	三
羽林軍	三	亥	二〇	四五	寅	二五	七	巳	二〇	四五	申	二五	七	南	三

星名	卯 宮	度分	午 宮	度分	酉 宮	度分	子 宮	度分	向等
九坎六	亥	四二 〇一	寅	六二 七五	巳	四二 〇一	申	六二 七五	南 三
九坎三	亥	五二 三	寅	七二 三二	巳	五二 三一	申	七二 三二	南 三
大陵五	亥	六二 〇二	寅	八二 〇一	巳	六二 〇二	申	八二 〇一	北 三
九坎五	亥	六二 一四	寅	八二 二二	巳	六二 二四	申	八二 三二	南 三

星名	酉 宮	度	分	午 宮	度	分	卯 宮	度	分	子 宮	度	分	向等
天津四	戌	一	一四	未	二	〇	辰	一	一四	丑	二	〇	北二
天倉二	戌	二	〇	未	二	三二	辰	二	〇	丑	二	三二	南三
離宮六	戌	二	八	未	二	二三	辰	二	八	丑	二	二三	北三
離宮五	戌	三	六一	未	三	七四	辰	三	六一	丑	三	七四	北三
室宿二	戌	五	二一	未	六	一	辰	五	二一	丑	六	一一	北二
天倉三	戌	六	六四	未	七	二五	辰	六	六四	丑	七	二五	南三
壁宿一	戌	八	五二	未	九	〇四	辰	八	五二	丑	九	〇四	北二

星名	酉 宮	度分	午 宮	度分	卯 宮	度分	子 宮	度分	向等
天倉四	戌	一〇 五〇	未	一二 三三	辰	一〇 五〇	丑	一二 三三	南三
壁宿二	戌	一八 四五	未	二一 四五	辰	一八 四五	丑	二一 四五	北二
苟藁大星十九	戌	一九 三五	未	二二 四五	辰	一九 三五	丑	二二 四五	南三
苍人增二	戌	二〇 二五	未	二三 四五	辰	二〇 二五	丑	二三 四五	南三
外月七	戌	二一 四二	未	二五 一八	辰	二一 四二	丑	二五 一八	南三
天苑六	戌	二四 五五	未	五九 一五	辰	二四 五五	丑	二九 一五	南三
奎宿五	戌	二六 三四	午	一 一四	辰	一六 三四	子	一 一四	北三

天囷九	戌	七二	一四	午	二	九三	辰	七二	一四	子	二	九三	南	三
天苑五	戌	八一	七五	午	四	○一	辰	八二	七五	子	四	○一	南	三
天囷八	酉	初	八一	午	五	○五	卯	初	八一	子	五	○五	南	三
天苑四	酉	二	○	午	七	八五	卯	二	○	子	七	八五	南	三
天苑三	酉	三	八三	午	九	九五	卯	三	八四	子	九	九五	南	三
天苑一	酉	四	七一	午	○一	七四	卯	四	七一	子	○一	七五	南	三
天囷一	酉	四	三四	午	一一	三二	卯	四	三四	子	一一	二二	南	二
子二	酉	六	五五	午	四一	○一	卯	六	五五	子	四一	○一	南	二
婁宿三	酉	七	五一	午	四一	七三	卯	七	五一	子	四一	七三	北	三

星名	酉宮	度	分	午宮	度	分	卯宮	度	分	子宮	度	分	向等
奎宿九	酉	七	七一	午	四一	〇四	卯	七	七三	子	四一	〇四	北二
孫二增	酉	七	一一	午	四一	七四	卯	七	一二	子	四一	七四	南三
丈人一	酉	七	一三	午	四一	六五	卯	七	一三	子	四一	六七	南二
厠二	酉	七一	二二	午	七二	四四	卯	七一	二二	子	七二	四四	南三
胃宿二	酉	八一	八四	午	九二	六三	卯	八一	八四	子	九二	六三	北三
天社	酉	八一	八四	午	九二	六三	卯	八一	八四	子	九二	六三	南二
厠三	酉	九一	五二	巳	初	五二	卯	九一	五二	亥	初	五二	南三

厕一	酉	〇二	三二	巳	一	五四	卯	四二	三二	亥	一	五四	南	三
軍市九	酉	一二	〇五	巳	三	一	卯	一二	〇二	亥	三	一	南	三
厕四	酉	一二	九五	巳	二	四五	卯	一二	六五	亥	三	四五	南	三
参宿六	酉	三二	四二	巳	五	三四	卯	三三	四二	亥	五	三四	南	一
玉井三	酉	四二	〇	巳	六	〇三	卯	四二	〇	亥	六	〇三	南	三
弧矢九	酉	四二	五	巳	六	六三	卯	四二	五	亥	六	六三	南	三
天大將軍一	酉	七二	〇	巳	〇一	四三	卯	七二	〇	亥	〇一	七三	北	二
昴宿一	酉	七二	一三	巳	一一	九一	卯	七二	一三	亥	二一	九一	南	三
畢宿一	酉	七二	四五	巳	一一	〇五	卯	七二	四五	亥	一一	〇五	南	三

星名	酉宫度分	午宫度分	卯宫度分	子宫度分	向等
弧矢七	酉 九二 四	巳 三一 三二	卯 九一 四	亥 三一 三二	南 三
參宿七	酉 九二 四	巳 三一 四二	卯 九二 四	亥 三一 四三	南 三
參宿十九增	酉 九二 ○一	巳 二 ○二	卯 九二 ○一	亥 三二 ○三	南 二
弧矢一無名五	酉 九二 二四	巳 四一 五一	卯 九二 一四	亥 四一 五一	南 二
軍市一	申 初 七二	巳 五一 三三	寅 初 七三	亥 五一 一一	南 二
畢宿五	申 一 ○五	巳 七一 ○一	寅 一 ○五	亥 七一 ○一	南 一
參宿一	申 一 四	巳 七一 八二	寅 二 四	亥 七一 六二	南 二

畢宿一	申	二	一一	巳	七一	〇四	寅	二	一一	亥	七一	〇四	南	三
參宿二	申	二	一二	巳	七一	四五	寅	二	一一	亥	七一	四五	南	二
參宿三	申	二	六四	巳	八一	七二	寅	二	六四	亥	八一	七二	南	二
弧矢二	申	三	六一	巳	九一	七	寅	三	六一	亥	九一	七	南	三
弧矢三	申	三	〇二	巳	九一	五二	寅	三	〇二	亥	九一	五一	南	三
弧矢一	申	四	〇	巳	〇二	五	寅	四	〇	亥	〇二	五	南	二
參宿五	申	四	八五	巳	一二	五二	寅	四	八五	亥	一二	五二	南	二
卷舌三	申	六	四一	巳	三三	一一	寅	六	四一	亥	三二	一一	北	三
狼星	申	六	六一	巳	三二	六一	寅	六	六一	亥		六一	南	一

星名	酉 宮	度	分	午 宮	度	分	卯 宮	度	分	子 宮	度	分	向	等
大陵五	申	七	五一	巳	二五	二〇	寅	七	五二	亥	二五	二〇	北	三
天記	申	八	二八	巳	五六	八	寅	八	二八	亥	二六	八	南	二
弧矢增一	申	九	一六	巳	二七	一一	寅	九	一六	亥	二七	一一	南	二
弧矢六	申	九	二五	巳	二七	二一	寅	九	二五	亥	二七	二一	南	三
狼增四	申	一〇	四八	巳	二九	一四	寅	一〇	四八	亥	二九	一四	南	三
參宿四	申	一一	五九	辰	初	四六	寅	一一	五九	戌	初	四六	南	一
弧矢五	申	一三	二〇	辰	二	三一	寅	一三	二〇	戌	二	三一	南	三

卷舌二	申	七一	四	辰	七	五三	寅	七一	四	戌	七	五二	北	三
弧矢四	申	七一	四四	辰	八	五一	寅	七一	四四	戌	八	五一	南	三
天關	申	八一	二二	辰	九	七〇	寅	八二	三二	戌	九	七〇	南	三
五車五	申	二二	五二	辰	四一	七二	寅	二二	五三	戌	四一	七二	北	三
井宿三	申	八二	〇	辰	〇二	六五	寅	八二	〇	戌	〇二	六五	南	二
井宿一	申	九二	四五	辰	三一	八	寅	九二	四五	戌	三二	八	南	三
天船四	未	初	五三	辰	三二	九五	丑	初	五三	戌	三二	九五	北	三
南河二	未	三	〇三	辰	一二	八一	丑	三	〇三	戌	七二	六二	南	三
南河三	未	四	五	辰	四二	五五	丑	四	五	戌	七二	五五	南	二

星名	酉 宮	度	分	午 宮	度	分	卯 宮	度	分	子 宮	度	分	向等
天船三	未	四	九二	辰	八二	〇二	丑	四	九二	戌	八二	〇二	北二
外廚一	未	六	〇五	卯	初	六五	丑	六	〇五	酉	初	六五	南三
井宿五	未	七	五四	卯	一	七五	丑	七	五四	酉	一	七五	北三
井宿七	未	八	五	卯	二	〇〇	丑	八	五	酉	二	〇二	南三
庫樓七	未	九	四五	卯	四	六	丑	九	四五	酉	四	六	南三
庫樓六	未	〇一	五二	卯	四	八四	丑	〇一	五二	酉	四	八四	南三
張宿增八	未	一一	六三	卯	六	二	丑	四一	六三	酉	六	二	南二

天罇二	未	一三	三七	卯	八	○	丑	一三	三七	酉	八	○	南	三
五東二	未	二○	一三	卯	一四	二四	丑	二○	一四	酉	一四	二四	北	一
星宿一	未	二○	二八	卯	一四	二八	丑	二○	一八	酉	一四	二八	南	一
北河三	未	二八	一二	卯	二一	二四	丑	二八	一二	酉	二一	二四	北	二
北河二	午	初	三六	卯	二三	二四	子	初	三六	酉	二五	五四	北	二
酒旗六	午	一一	二五	卯	二四	○	子	一	二五	酉	二四	○	南	三
青丘三	午	二	二○	卯	二四	四四	子	二	三○	酉	二四	四四	南	三
五車三	午	二	四○	卯	二四	五七	子	二	四○	酉	二四	五七	北	二
庫樓一	午	四	一○	卯	二六	三	子	四	一○	酉	二六	三	南	三

星名	酉 宮	度	分	午 宮	度	分	卯 宮	度	分	子 宮	度	分	向	等
天相一	午	六	二三	卯	七二	七五	子	六	二三	酉	七二	七五	南	三
頓頑大星三十	午	四二	五四	寅	〇一	〇二	子	四二	五四	申	一一	〇二	南	三
軒轅四十	午	六二	五一	寅	一一	七一	子	六六	五一	申	一一	七一	北	二
車騎七	午	六二	〇四	寅	一一	三三	子	六二	〇四	申	一一	三三	南	二
庫樓九	午	八二	二	寅	二一	五二	子	八三	二	申	二一	五二	南	三
軒轅九	巳	四	一五	寅	六一	四二	亥	四	二五	申	六一	四二	北	三
軫宿四	巳	五	七一	寅	六一	〇四	亥	五	七一	申	六一	〇四	南	三

軫宿	一	巳	七	五	寅	七一	二四	亥	七	五	申	七一	二四	南	三
庫樓	二	巳	〇一	三一	寅	九一	五二	亥	〇一	二一	申	九一	五二	南	三
軒轅	一十	巳	二一	一三	寅	〇三	二四	亥	二一	二三	申	〇二	二四	北	一
軫宿	三	巳	四一	八一	寅	一二	二四	亥	四一	八一	申	一二	二四	南	三
庫樓	三	巳	四一	〇四	寅	一二	三五	亥	四一	〇四	申	一二	三五	南	三
軒轅	四	巳	六一	〇四	寅	二二	七五	亥	六一	〇四	申	二二	七五	北	三
軒轅	一十	巳	七一	〇三	寅	三三	七二	亥	七一	〇三	申	三二	七二	北	三
騎宮	一	巳	九一	〇	寅	四二	五一	亥	九一	〇	申	四二	〇二	南	三
平星	一	巳	三二	七五	寅	六二	一五	亥	三二	七五	申	六一	一五	南	三

星名	酉 宮	度	分	午 宮	度	分	卯 宮	度	分	子 宮	度	分	向等
右執法	巳	二四	八	寅	二六	五七	亥	二四	八	申	二六	五七	北三
西次相	巳	二九	四〇	寅	二九	五八	亥	二九	四〇	申	二九	五八	北三
內屏一	辰	一	五	丑	初	四三	戌	一	五	未	初	四二	北三
西上相	辰	七	九	丑	三	五九	戌	七	九	未	三	五九	北二
東上相	辰	一一	五	丑	六	五	戌	一一	五	未	六	五	北三
五帝座	辰	一二	三一	丑	六	五一	戌	一二	三一	未	六	五一	北一
角宿一	辰	一五	三一	丑	八	三四	戌	一五	三一	未	八	三四	南一

杵三	辰	一二	五五	丑	二一	九	戌	一二	五五	未	二一	九	南	三
東次相	辰	三二	二三	丑	三一	四	戌	三三	二三	未	三二	四	北	三
角宿二	卯	一	五一	丑	七一	二四	酉	一	五一	未	七一	二四	北	三
陣車	卯	二	四二	丑	八一	九二	酉	二	四三	未	八一	九二	南	三
東次將	卯	六	二二	丑	〇二	〇五	酉	六	二二	未	〇二	〇五	北	三
神宮	卯	七	八二	丑	一二	三三	酉	七	八二	未	一二	三三	南	三
上台一	卯	九	〇	丑	二二	三三	酉	九	〇	未	二二	三三	北	三
尾宿四	卯	九	〇五	丑	三二	五	酉	九	〇五	未	三二	五	南	三
氐宿一	卯	二一	七一	丑	四二	四	酉	一一	九一	未	四二	四	北	二

星名	酉 宮	酉 度	酉 分	午 宮	午 度	午 分	卯 宮	卯 度	卯 分	子 宮	子 度	子 分	向	等
氐宿二	卯	三一	六二	丑	五二	六二	酉	三一	八二	未	五二	六一	南	三
尾宿五	卯	六一	八一	丑	七二	四二	酉	六一	八一	未	七二	四二	南	三
鉤位一	卯	九一	三三	丑	九二	四四	酉	九二	三五	未	九二	〇四	北	三
房宿一	卯	九一	〇五	丑	九二	三五	酉	九一	〇五	未	九二	三五	南	三
尾宿二	卯	三三	七	子	二	〇二	酉	三二	七	午	二	〇二	南	三
房宿四	卯	五二	六	子	三	一五	酉	五二	六	午	三	四五	南	三
尾宿六	卯	五二	八三	子	四	五一	酉	五二	八三	午	四	五二	南	三

氐宿三	卯	七二	一	子	五	〇二	酉	七二	一	午	五	〇二	北	三
尾宿七	卯	七二	〇二	子	五	四三	酉	七二	〇二	午	五	四三	南	三
氐宿四	卯	七二	五三	子	五	六四	酉	五二	五三	午	五	六四	北	二
心宿二	卯	八二	五四	子	六	一四	酉	八二	五四	午	六	一四	南	一
房宿三	寅	初	八	子	七	七四	申	初	八	午	七	七四	北	二
右攝提一	寅	三	六	子	〇一	三一	申	二	六	午	〇一	三一	北	三
天淵一	寅	三	三二	子	〇一	三三	申	三	三三	午	〇一	三三	南	二
箕宿四	寅	〇一	四一	子	六	二三	申	〇一	四一	午	六	三三	南	三
太角	寅	〇一	一一	子	六	〇四	申	〇一	一二	午	六	〇四	北	一

星	酉			午			卯			子				
名	宮	度	分	宮	度	分	宮	度	分	宮	度	分	向	等
左攝提二	寅	〇一	六五	子	七一	三一	申	〇一	六五	午	七一	三一	北	三
天淵二	寅	六一	五一	子	二二	〇二	申	六一	五一	午	二二	〇二	南	二
常陣一	寅	六三	六二	子	二二	二三	申	六一	六二	午	二二	二三	北	二
箕宿三	寅	七一	〇	子	三二	四	申	七一	〇	午	三二	四	南	三
韓	寅	八一	五一	子	四二	〇二	申	八一	〇二	午	四二	〇二	北	三
梁	寅	八二	五四	子	四二	〇五	申	八一	五四	午	四二	〇五	北	三
楚	寅	八一	八四	子	四二	二五	申	八一	八四	午	四二	二五	北	三

箕宿一	寅	八一	二五	子	四二	六五	申	八一	○五	午	四二	六五	南三
巴	寅	○二	四一	子	六二	○一	申	○二	四	午	六二	○一	北三
蜀	寅	○二	八	子	六二	五一	申	○二	八	午	六一	五一	北二
綦	寅	一二	八一	子	七二	八二	申	一二	八二	午	七二	八三	北三
宋	寅	一一	四三	子	七二	二四	申	一二	四三	午	七二	二四	北三
箕宿二	寅	二二	八六	子	八二	○五	申	二二	八三	午	八二	○五	南三
梗河一	寅	六二	二一	亥	二	五四	申	六五	一一	巳	二	二一	北三
天淵四	寅	六二	六二	亥	三	一一	申	六二	六二	巳	三	一	南三
南海	寅	八二	二一	亥	四	七五	申	六二	二一	巳	四	七五	北三

星	酉			午			卯			子				
名	宮	度	分	宮	度	分	宮	度	分	宮	度	分	向	等
周	寅	八二	二四	亥	五	三二	申	八二	二四	巳	五	二三	北	三
鄭	丑	一	六二	亥	八	四三	未	一	六二	巳	八	四三	北	三
斗宿六	丑	一	六五	亥	九	一二	未	一	六五	巳	九	一二	南	三
貫索增二十	丑	三	七五	亥	九一	五四	未	三	七五	巳	一一	五四	北	三
貫索一	丑	六	九五	亥	五一	八二	未	六	九五	巳	五一	八二	北	二
天淵三	丑	七	九一	亥	五一	三五	未	七	九一	巳	五一	三五	南	三
鶴一	丑	八	一	亥	六一	六四	未	八一	一	巳	六一	六四	南	一

招搖	丑	八 五五	亥	一七 五四	未	八 五五	巳	一七 五四	北	三
河間	丑	九 四四	亥	一八 五四	未	九 四四	巳	一八 五四	北	三
九坎一	丑	九 四四	亥	一八 五四	未	九 四四	巳	一八 五四	南	三
七公七	丑	一〇 五四	亥	二〇 二三	未	一〇 五四	巳	二〇 二三	北	三
東海增十五	丑	一二 三〇	亥	二二 二五	未	一二 三〇	巳	二二 二五	北	三
鶴二	丑	一二 三〇	亥	二二 二二	未	一二 三〇	巳	二二 二五	南	二
河中	丑	一三 二八	亥	二三 四一	未	一三 二八	巳	二三 四一	北	三
宗正二	丑	一四 三六	亥	二五 六	未	一四 三六	巳	三五 六	北	三
九坎二	丑	一四 四五	亥	二五 一六	未	一四 四五	巳	二五 一六	南	三

星名	酉宮	度	分	午宮	度	分	卯宮	度	分	子宮	度	分	向	等
宗正一	丑	四一	九五	亥	五二	四三	未	四一	九五	巳	五二	四三	北	三
帝座	丑	七一	四一	亥	八二	〇三	未	七一	四一	巳	八二	〇三	北	三
東海	丑	七一	二二	亥	八二	〇四	未	七一	二二	巳	八二	〇四	北	三
七公八	丑	七一	六	戌	一	〇	未	九一	六	辰	一	〇	北	三
候	丑	九一	五一	戌	一	一一	未	九一	五一	辰	一	一一	北	三
九坎三	丑	〇二	七	戌	二	二二	未	〇四	七	辰	二	二二	南	三
大弁一	丑	四二	六四	戌	八	六三	未	四二	六四	辰	八	六三	北	三

魁	丑	九二	六六	戌	九	六四	未	五二	六二	辰	九	六四	北	三
天紀二	丑	六二	五	戌	○一	七一	未	六二	五	辰	○一	七一	北	二
敗臼一	丑	七二	四二	戌	二一	四一	未	九二	四三	辰	二二	六一	南	三
天紀三	丑	八一	四五	戌	四一	六	未	八二	四五	辰	四一	六	北	三
右旗六	丑	九二	○一	戌	四一	六三	未	九一	○一	辰	四二	六三	北	三
牛宿一	子	二	二一	戌	八一	六三	午	二	二一	辰	八一	六二	北	三
牛宿二	子	三	六一	戌	○三	一	午	三	九一	辰	○二	一	北	三
右旗五	子	三	七一	戌	○二	五	午	三	七一	辰	○二	五	北	二
右旗三	子	四	二	戌	二三	○一	午	四	二	辰	一二	○一	北	二

星名	宮	度 酉	分	宮	度 午	分	宮	度 卯	分	宮	度 子	分	向	等
女床六	子	五	七五	戌	二二	四四	午	五	七五	辰	三二	四四	北	三
吳越四十增	子	七	八三	戌	五二	八丑	午	七	八三	辰	五二	八五	北	三
天棓上星七	子	七	八四	戌	六二	三一	午	七	八四	辰	六二	三一	北	三
吳越	子	七	五五	戌	六二	八一	午	七	五五	辰	六二	八一	北	三
天棓下星八	子	○一	一一	戌	九二	四二	午	○一	一一	辰	九二	四二	北	三
河鼓一	子	二一	五	酉	一	七五	午	二一	五	卯	一	七五	北	三
河鼓二	子	二一	八四	酉	二	五五	午	二一	八四	卯	二	五五	北	二

河鼓	三	子	三一	八一	酉	三	四三	午	三一	八一	卯	三	四三	北	三
大鳥	五	子	三一	五四	酉	四	五	午	三一	五四	卯	四	五	南	三
壘壁陣	三	子	六一	七	酉	七	六一	午	六一	七	卯	七	六一	南	三
天紀	九	子	七一	七一	酉	八	六四	午	七一	七一	卯	八	六四	北	三
壘壁陣	四	子	七一	三五	酉	九	〇三	午	七一	二五	卯	九	〇一	南	三
北落師門		子	九一	七三	酉	二一	五四	午	九一	七二	卯	一一	五四	南	一
虛宿	一	子	二二	七二	酉	五一	〇二	午	二一	七〇	卯	五一	〇二	北	三
敗瓜	一	子	二二	七四	酉	六一	五四	午	二二	七四	卯	五一	五四	北	三
漸臺	九增	子	四二	五二	酉	七一	〇五	午	四二	五二	卯	七一	〇五	北	三

星名	酉 宮度分	午 宮度分	卯 宮度分	子 宮度分	向等
織女一	子六二五五	酉○二五五	午六二五五	卯○二五五	北一
天棓五	亥一六	酉六二○一	巳一六	卯六二○一	北三
羽林軍三	亥一五三	酉六二三三	巳一五二	卯六二三三	南三
危宿一	亥二二四	酉八二五	巳二二四	卯八二五	北三
墳墓四	亥五三	申初五五	巳五三	寅初七五	北三
危宿三	亥五七二	申一五二	巳五七二	寅一五二	北三
天圂五	亥二一二一	申○一六二	巳三一二二	寅○一六二	南二

卅八

天津九	亥	四一	一三	申	二一	〇	巳	四一	一二	寅	二一	〇	北三
天津八	亥	六一	〇四	申	四一	五四	巳	六一	〇四	寅	四一	五四	北三
雷電一	亥	七一	〇二	申	五一	〇三	巳	七一	〇二	寅	五一	〇三	北三
天津一	亥	八一	三五	申	七一	六一	巳	八一	三五	寅	七一	六一	北三
天津二	亥	一二	六一	申	七二	三	巳	一二	六一	寅	〇二	三	北三
土司空	亥	一二	八一	申	〇二	六	巳	二二	八一	寅	〇二	六	南二
天園六	亥	一二	五二	申	〇二	四一	巳	一二	五二	寅	〇二	四一	南二
天倉二	亥	三二	一二	申	二二	四二	巳	三二	一二	寅	二二	四二	南三
室宿一	亥	五二	五	申	四二	六二	巳	五二	五	寅	四二	六二	北二

時刻之分及赤道並地平度分相應表

天體儀之地平圈周。列有
京師地平日晷之時刻分。可以對本儀。與天元地平四正之方向。其法查本日太陽所躔之度分。而以其經通南北之弧。正對太陽。次于南北弧線之上。立直表。而東西轉動本儀務令表之左右無景。其本弧線所交地平月晷之刻分。即所求本日之時刻分也。蓋此地平日晷係細分之規也。其每刻之分數。相對于赤道並地平度分。乃依曲線三角形之理而推定之。列表如左。以為各地平人小日晷之準則焉。

卯正分	赤度	道分	地度	平分	卯正分	赤度	道分	地度	平分
一	九八	五四	〇	二一	一二	四八	五四	八	九〇
二		〇三	〇〇	七五	二二		〇三	八	二三
三		五一	一	〇一	三二		五一	八	五五
四		〇〇	一	三三	四二		〇〇	九	八一
五	八八	五四	一	七五	五二	三八	五四	九	一四
六		〇三	一	〇一	六二		〇三	〇一	四〇
七		五一	二	七四	七二		五一	二一	七二
八		〇〇	三	七〇	八二		〇〇	〇一	〇五
九	七八	五四	三	〇三	九二	二八	五四	一一	三一
〇一		〇三	三	四五	〇三		〇三	一一	六三
一一		五一	四	七一	一三		五一	一一	五五
二一		五〇	四	〇四	二三		〇〇	二一	一二
三一	六八	五四	五	三〇	三三	一八	五四	二一	四四
四一		〇三	五	七一	四三		〇三	三一	七一
五一		五一	五	〇五	五三		五一	三一	九二
六一		〇〇	六	三一	六三		〇〇	三一	二五
七一	五八	五四	六	六三	七三	〇八	五四	四一	四二
八一		〇三	七	〇三	八三		〇三	四一	七三
九一		五一	七	一一	九三		五一	四一	九五
〇二		〇〇	七	六一	〇四		〇〇	五一	二二

平分	地度	道分	赤度	初辰分	平分	地度	道分	赤度	正卯分
一〇	三二	五四	四七	一	四四	五一	五四	九七	一四
二二	三二	〇三		二	七〇	六一	〇三		二四
四四	三二	五一		三	九二	六一	五一		三四
六〇	四二	〇〇		四	一五	六一	〇〇		四四
六二	四二	五四	三七	五	三一	七一	五四	八七	五四
七四	四二	〇三		六	六三	七一	〇三		六四
七〇	五二	五一		七	八五	七一	五一		七四
九二	五二	〇〇		八	〇二	八一	〇〇		八四
七四	五二	五四	二七	九	六四	八一	五四	七七	九四
〇一	六二	〇三		〇一	四〇	九一	〇三		〇五
一三	六二	五一		一一	六二	九一	五一		一五
一五	六二	〇〇		二一	七四	九一	〇〇		二五
二一	七二	五四	一七	三一	九〇	〇二	五四	六七	三五
二三	七二	〇三		四一	一三	〇二	〇三		四五
三五	七二	五一		五一	二五	〇二	五一		五五
三一	八二	〇〇		六一	四一	一二	〇〇		六五
三二	八二	五四	〇七	七一	六二	一二	五四	五七	七五
三五	八二	〇三		八一	七五	一二	〇三		八五
四一	九二	五一		九一	九一	二二	五一		九五
四三	九二	〇〇		〇二	〇四	二三	〇〇		〇六

辰初分	赤道度	赤道分	地平度	地平分	辰初分	赤道度	赤道分	地平度	地平分
二一	六九	四五	二九	五四	四一	六四	四五	三六	一九
二二		三〇	三〇	一四	四二		三〇	三六	三〇
二三		一五	三〇	三四	四三		一五	三六	五六
二四		〇〇	三〇	五三	四四		〇〇	三六	一四
二五	六八	四五	三一	一三	四五	六三	四五	三七	三三
二六		三〇	三一	三三	四六		三〇	三七	五一
二七		一五	三二	五三	四七		一五	三八	〇九
二八		〇〇	三二	一三	四八		〇〇	三八	二七
二九	六七	四五	三二	三一	四九	六二	四五	三八	四五
三〇		三〇	三二	五〇	五〇		三〇	三九	〇三
三一		一五	三三	一〇	五一		一五	三九	二一
三二		〇〇	三三	二九	五二		〇〇	三九	三九
三三	六六	四五	三三	四八	五三	六一	四五	三九	五六
三四		三〇	三四	四七	五四		三〇	四〇	一四
三五		一五	三四	二六	五五		一五	四〇	三三
三六		〇〇	三四	四七	五六		〇〇	四〇	四九
三七	六五	四五	三五	〇四	五七	六〇	四五	四一	〇七
三八		三〇	三五	二三	五八		三〇	四一	二四
三九		一五	三五	四二	五九		一五	四二	四二
四〇		〇〇	三六	〇〇	六〇		〇〇	四二	五九

辰正分	赤度	道分	地度	平分	辰正分	赤度	道分	地度	平分
一	九五	五四	二四	六一	一二	四五	五四	七四	六四
二		〇三	二四	三三	二二		〇三	八四	二〇
三		五一	二四	〇五	三二		五一	八四	七一
四		〇〇	三四	七〇	四二		〇〇	八四	三三
五	八五	五四	三四	四二	五二	三五	五四	八四	九四
六		〇三	三四	一四	六二		〇三	九四	〇〇
七		五一	三四	八五	七二		五一	九四	〇二
八		〇〇	四四	四一	八二		〇〇	九四	五三
九	七五	五四	四四	一三	九二	二五	五四	九四	〇五
〇一		〇三	四四	八四	〇三		〇三	〇五	六〇
一一		五一	五四	四〇	一三		五一	〇五	一二
二一		〇〇	五四	一二	二三		〇〇	〇五	六二
三一	六五	五四	五四	〇三	三三	一五	五四	〇五	一二
四一		〇三	五四	三五	四三		〇三	一五	六〇
五一		五一	六四	〇一	五三		五一	一五	一二
六一		〇〇	六四	六二	六三		〇〇	一五	六三
七一	五五	五四	六四	六一	七三	〇五	五四	一五	一五
八一		〇三	六四	八五	八三		〇三	二五	六〇
九一		五一	七四	四一	九三		五一	二五	一二
〇二		〇〇	七四	〇三	〇四		〇〇	二五	六三

辰正分	赤道度	赤道分	地平度	地平分	巳初分	赤道度	赤道分	地平度	地平分
四一	四九	四五	五二	九〇	一	四四	四五	五七	三二
四二		三〇	五三	〇五	二		三〇	五七	四六
四三		一五	五三	二〇	三		一五	五七	五九
四四		〇〇	五三	三四	四		〇〇	五八	一三
四五	四八	四五	五三	四八	五	四三	四五	五八	二六
四六		三〇	五四	〇二	六		三〇	五八	四〇
四七		一五	五四	一七	七		一五	五八	五二
四八		〇〇	五四	三一	八		〇〇	五九	〇六
四九	四七	四五	五四	四六	九	四二	四五	五九	二〇
五〇		三〇	五五	〇〇	一〇		三〇	五九	三三
五一		一五	五五	一四	一一		一五	五九	四六
五二		〇〇	五五	二八	一二		〇〇	五九	五九
五三	四六	四五	五五	四二	一三	四一	四五	六〇	一三
五四		三〇	五五	五六	一四		三〇	六〇	二四
五五		一五	五六	一〇	一五		一五	六〇	三八
五六		〇〇	五六	二四	一六		〇〇	六〇	五一
五七	四五	四五	五六	三八	一七	四〇	四五	六一	四一
五八		三〇	五六	五八	一八		三〇	六一	一六
五九		一五	五七	〇五	一九		一五	六一	二九
六〇		〇〇	五七	一九	二〇		〇〇	六一	四二

卌二

平分	地度	道分	赤度	初巳分	平分	地度	道分	赤度	初巳分
〇〇	六六	五四	四三	一四	五五	一六	五四	九三	一二
二一	六六	〇三		二四	七〇	二六	〇三		二二
四一	六六	五一		三四	〇二	二六	五一		三二
六三	六六	〇〇		四四	二三	二六	〇〇		四二
八四	六六	五四	三三	五四	五四	二六	五四	八三	五二
九五	六六	〇三		六四	八〇	二六	〇三		六二
一一	七六	五一		七四	〇一	三六	五一		七二
三二	七六	〇〇		八四	二二	三六	〇〇		八二
四三	七六	五四	二三	九四	五三	三六	五四	七三	九二
六四	七六	〇三		〇五	七四	三六	〇三		〇三
八八	七六	五一		一五	九五	三六	五一		一三
九〇	八六	〇〇		二五	二一	四六	〇〇		二三
一二	八六	五四	一三	三五	四三	四六	五四	六三	三三
三三	八六	〇三		四五	六三	四六	〇三		四三
四四	八六	五一		五五	八四	四六	五一		五三
五五	八六	〇〇		六五	〇〇	五六	〇〇		六三
六〇	九六	五四	〇三	七五	一一	五六	五四	五三	七三
八一	九六	〇三		八五	四二	五六	〇三		八三
九二	九六	五一		九五	六三	五六	五一		九三
〇四	九六	〇〇		〇五	八四	五六	〇〇		〇四

巳正分	赤度	道分	地度	平分	巳正分	赤度	道分	地度	平分
一	九二	五四	九六	二五	一二	四二	五四	三七	一三
二		〇三	〇七	三〇	二二		〇三	三七	二四
三		五一	〇七	四一	三二		五一	三七	二五
四		〇〇	〇七	五二	四二		〇〇	四七	三〇
五	八二	五四	〇七	六三	五二	三二	五四	四七	四一
六		〇三	〇七	七四	六二		〇三	四七	五二
七		五一	〇七	八五	七二		五一	四七	五三
八		〇〇	一七	九〇	八二		〇〇	四七	六四
九	七二	五四	一七	〇二	九二	二二	五四	四七	六五
〇一		〇三	一七	一二	〇三		〇三	五七	七〇
一一		五一	一七	二四	一三		五一	五七	七一
二一		〇〇	一七	三五	二三		〇〇	五七	八二
三一	六二	五四	二七	四〇	三三	一二	五四	五七	八三
四一		〇三	二七	五一	四三		〇三	五七	九二
五一		五一	二七	六二	五三		五一	五七	九五
六一		〇〇	二七	七三	六三		〇〇	六七	〇一
七一	五二	五四	二七	八四	七三	〇二	五四	六七	〇二
八一		〇三	二七	九五	八三		〇三	六七	〇三
九一		五一	三七	〇一	九三		五一	六七	一四
〇二		〇〇	三七	一二	〇四		〇〇	六七	一五

正己分	赤度	道分	地度	平分	初午分	赤度	道分	地度	平分
一四	九一	五四	七七	二○	一	四一	五四	○八	五二
二四		○三	七七	二一	二		○三	○八	五三
三四		五一	七七	二二	三		五一	○八	五四
四四		○○	七七	三三	四		○○	○八	五五
五四	八一	五四	七七	二四	五	三一	五四	一八	五○
六四		○三	七七	三五	六		○三	一八	五一
七四		五一	八七	三○	七		五一	一八	五二
八四		○○	八七	三一	八		○○	一八	五三
九四	七一	五四	八七	四三	九	二一	五四	二八	五四
○五		○三	八七	四三	○一		○三	二八	五四
一五		五一	八七	四四	一一		五一	二八	四○
二五		○○	八七	四五	二一		○○	二八	四一
三五	六一	五四	九七	四○	三一	一一	五四	二八	四二
四五		○三	九七	四一	四一		○三	二八	四二
五五		五一	九七	四二	五一		五一	二八	四四
六五		○○	九七	四二	六一		○○	三八	三五
七五	五一	五四	九七	五四	七一	○一	五四	三八	三○
八五		○三	九七	五五	八一		○三	三八	三一
九五		五一	○八	○○	九一		五一	三八	三二
○六		○○	○八	五一	○二		○○	三八	三三

午初分	赤道度	赤道分	地平度	地平分	午初分	赤道度	赤道分	地平度	地平分
一二	九	五四	三八	三四	一四	四	五四	六八	七五
二二		〇三	三八	二三	二四		〇三	七八	七〇
三二		五一	四八	二〇	三四		五一	七八	六一
四二		〇〇	四八	二一	四四		〇〇	七八	六二
五二	八	五四	四八	二二	五四	三	五四	七八	六三
六二		〇三	四八	一三	六四		〇三	七八	六四
七二		五一	四八	一四	七四		五一	七八	五五
八二		〇〇	四八	一四	八四		〇〇	八八	四〇
九二	七	五四	五八	二〇	九四	二	五四	八八	四一
〇三		〇三	五八	〇一	〇五		〇三	八八	四二
一三		五一	五八	〇二	一五		五一	八八	三三
二三		〇〇	五八	〇三	二五		〇〇	八八	三四
三三	六	五四	五八	〇四	三五	一	五四	八八	三五
四三		〇三	五八	九五	四五		〇三	九八	三〇
五三		五一	五八	九五	五五		五一	九八	二一
六三		〇〇	六八	九〇	六五		〇〇	九八	二二
七三	五	五四	六八	八一	七五	〇	五四	九八	二三
八三		〇三	六八	八二	八五		〇三	九八	一四
九三		五一	六八	八三	九五		五一	九八	〇五
〇四		〇〇	六八	七四	〇六		〇〇	〇九	〇〇

赤道度變時表

度之分秒	時之分秒	時之秒微
一	〇	四
二	〇	八
三	〇	二一
四	〇	六一
五	〇	〇三
六	〇	四二
七	〇	八二
八	〇	二三
九	〇	六三
〇一	〇	〇四
一一	〇	四四
二一	〇	八四
三一	〇	二二
四一	〇	六五
五一	一	〇〇
六一	一	四〇
七一	一	八〇
八一	一	二一
九一	一	六一
〇二	一	〇二

度之分秒	時之分秒	時之秒微
一二	一	四二
二二	二	八二
三二	三	二三
四二	二	六三
五二	一	〇四
六二	一	四四
七二	一	八四
八二	一	二五
九二	一	六〇
〇	一	〇〇
一二	二	四〇
二三	二	八〇
三三	二	二一
四三	二	六一
五一	二	〇六
六三	二	四二
七三	二	八二
八三	二	二三
九三	二	六三
〇四	三	〇四

度之分秒	時之分秒	時之秒微
四一	一	四四
四二	二	四八
四三	二	五三
四四	二	五六
四五	三	八〇
四六	三	〇四
四七	三	〇八
四八	三	二二
四九	三	一六
五〇	三	二〇
五一	三	二四
五二	三	二一
五三	三	三三
五四	三	三六
五五	三	四〇
五六	三	四四
五七	三	四八
五八	三	五二
五九	三	五六
六〇	四	〇二

度	時	刻	分	度	時	刻	分
一	〇	〇	〇四	二一	一	一	九
二	〇	〇	〇八	二二	一	一	一三
三	〇	〇	一二	二三	一	二	二
四	〇	一	〇一	二四	一	二	六
五	〇	一	〇五	二五	一	二	一〇
六	〇	一	〇九	二六	一	二	一四
七	〇	二	一二	二七	一	二	三
八	〇	二	二	二八	一	三	七
九	〇	二	六	二九	一	三	一一
一〇	〇	二	一〇	三〇	二	〇	〇〇
一一	〇	二	一四	三一	二	〇	四
一二	〇	三	三	三二	二	〇	八
一三	〇	三	七	三三	二	〇	二二
一四	〇	三	一一	三四	二	一	一
一五	一	〇	〇〇	三五	二	一	五
一六	一	〇	四	三六	二	一	九
一七	一	〇	八	三七	二	一	一三
一八	一	〇	一二	三八	二	二	二
一九	一	一	一	三九	二	二	六
二〇	一	一	五	四〇	二	二	一〇

度	時	刻	分
一四	二	二	四一
二四	二	三	三
三四	二	三	七
四四	二	三	一一
五四	三	〇	〇〇
六四	三	〇	四
七四	三	〇	八
八四	三	〇	二一
九四	三	一	一
〇五	三	一	五
一五	三	一	九
二五	三	一	三一
三五	三	二	二
四五	三	二	六
五五	三	二	〇一
六五	三	二	四一
七五	三	三	三
八五	三	三	七
九五	三	三	一一
〇六	四	〇	〇〇

度	時	刻	分
一六	四	〇	四
二六	四	〇	八
三六	四	〇	二一
四六	四	一	一
五六	四	一	五
六六	四	一	九
七六	四	一	三一
八六	四	二	二
九六	四	二	六
〇七	四	二	〇一
一七	四	二	四一
二七	四	三	三
三七	四	三	七
四七	四	三	一一
五七	五	〇	〇〇
六七	五	〇	四
七七	五	〇	八
八七	五	〇	二一
九七	五	一	一
〇八	五	一	五

度	時	刻	分
一八	五	一	九
二八	五	一	三一
三八	五	二	二
四八	五	二	六
五八	五	二	〇一
六八	五	二	四一
七八	五	三	三
八八	五	三	七
九八	五	三	一一
〇九	六	〇	〇〇
一九	六	〇	四
二九	六	〇	八
三九	六	〇	二二
四九	六	一	一
五九	六	一	五
六九	六	一	九
七九	六	一	三一
八九	六	二	二
九九	六	二	六
百一	六	二	〇一

度	時	刻	分
一百一	六	二	四一
二	六	三	三
三	六	三	七
四	六	三	一一
五	七	〇	〇〇
六	七	〇	四
七	七	〇	八
八	七	〇	二一
九	七	一	一
〇一	七	一	五
一一	七	一	九
二一	七	一	三一
三一	七	二	二
四一	七	二	六
五一	七	二	〇一
六一	七	二	四一
七一	七	二	三
八一	七	三	七
九一	七	三	一一
〇二	八	〇	〇〇

度	時	刻	分
一二百	八	〇	四
二二	八	〇	八
三二	八	〇	二一
四二	八	一	一
五二	八	一	五
六二	八	一	九
七二	八	一	三一
八二	八	二	二
九二	八	二	六
〇三	八	二	〇一
一三	八	二	四一
二三	八	三	三
三三	八	三	七
四三	八	三	一一
五三	九	〇	〇〇
六三	九	〇	四
七三	九	〇	八
八三	九	〇	二一
九三	九	一	一
〇四	九	一	五

度	時	刻	分
一四百	九	一	九
二四	九	一	二一
三四	九	二	二
四四	九	二	六
五四	九	二	〇一
六四	九	二	四一
七四	九	三	三
八四	九	三	七
九四	九	七	一一
〇五	〇一	〇	〇〇
一五	〇一	〇	四
二五	〇一	〇	八
三五	〇一	〇	二一
四五	〇一	一	一
五五	〇一	一	五
六五	〇一	一	九
七五	〇一	一	三二
八五	〇一	二	二
九五	〇一	二	六
〇六	〇一	二	〇一

度	時	刻	分
一六百	〇一	三	四一
二六	〇一	三	三
三六	〇一	三	七
四六	〇一	三	一一
五六	一一	〇	〇〇
六六	一一	〇	四
七六	一一	〇	八
八六	一一	〇	二一
九六	一一	一	一
〇七	一一	一	五
一七	一一	一	九
二七	一一	一	三一
三七	一一	二	二
四七	一一	二	六
五七	一一	二	〇一
六七	一一	二	四一
七七	一一	三	三
八七	一一	三	七
九七	一一	三	一一
〇八	二一	〇	〇〇

度	時	刻	分
一八百	二一	〇	四
二八	二一	〇	八
三八	二一	〇	二一
四八	二一	一	一
五八	二一	一	五
六八	二一	一	九
七八	二一	一	三一
八八	二一	二	二
九八	二一	二	六
〇九	二一	二	〇一
一九	二一	二	四一
二九	二一	三	三
三九	二一	三	七
四九	二一	三	一一
五九	三一	〇	〇〇
六九	三一	〇	四
七九	三一	〇	八
八九	三一	〇	二一
九九	三一	一	一
百二	三一	一	五

度	時	刻	分
一百	三一	一	九
二	三一	一	三一
三	三一	二	二
四	三一	二	六
五	三一	二	口一
六	三一	二	四一
七	三一	三	三
八	三一	三	七
九	三一	三	一一
口一	四一	〇	口口
一一	四一	〇	四
二一	四一	〇	八
三一	四一	〇	二一
四一	四一	一	一
五一	四一	一	五
六一	四一	一	九
七一	四一	一	三一
八一	四一	二	二
九一	四一	二	六
口二	四一	二	口一

度	時	刻	分
一二百	四一	二	四一
二二	四一	三	三
三二	四一	三	七
四二	四一	三	一一
五二	五一	〇	口口
六二	五一	〇	四
七二	五一	〇	八
八二	五一	〇	二一
九二	五一	一	一
口三	五一	一	五
一三	五一	一	九
二三	五一	一	三一
三三	五一	一	二
四三	五一	二	六
五三	五一	二	口二
六三	五一	二	四二
七三	五一	三	三
八三	五一	三	七
九三	五一	三	一一
口四	六一	口	口口

分	刻	時	度
四	○	六一	一四二百
八	○	六一	二四
二一	○	六一	三四
一	一	六一	四四
五	一	六一	五四
九	一	六一	六四
三一	一	六一	七四
二	二	六一	八四
六	二	六一	九四
〇一	二	六一	〇五
四一	二	六一	一五
三	三	六一	二五
七	三	六一	三五
一一	三	六一	四五
〇〇	○	七一	五五
四	○	七一	六五
八	○	七一	七五
二一	○	七一	八五
一	一	七一	九五
五	一	七一	〇六

分	刻	時	度
九	一	七一	一六二百
三一	一	七一	二六
二	二	七一	三六
六	二	七一	四六
〇一	二	七一	五六
四一	二	七一	六六
三	三	七一	七六
七	三	七一	八六
一一	三	七一	九六
〇〇	○	八一	〇七
四	○	八一	一七
八	○	八一	二七
二一	○	八一	三七
一	一	八一	四七
五	一	八一	五七
九	一	八一	六七
三一	一	八一	七七
二	一	八一	八七
六	二	八一	九七
〇一	二	八一	〇八

度	時	刻	分
一八百	八一	二	四一
二八	八一	三	三
三八	八一	三	七
四八	八一	三	一一
五八	九一	○	○○
六八	九一	○	四
七八	九一	○	八
八八	九一	○	二一
九八	九一	一	一
○九	九一	一	五
一九	九一	一	五
二九	九一	一	三一
三九	九一	二	二
四九	九一	二	六
五九	九一	二	○一
六九	九一	二	四一
七九	九一	三	三
八九	九一	三	七
九九	九一	三	一一
○百	○二	○	○○

度	時	刻	分
一二百	○二	○	四
二	○二	○	八
三	○二	○	二一
四	○二	一	一
五	○二	一	五
六	○二	一	九
七	○二	一	三一
八	○二	二	二
九	○二	二	六
○一	○二	二	○一
一一	○二	二	四一
二一	○二	三	三
三一	○二	三	七
四一	○二	三	一一
五一	一二	○	○○
六一	一二	○	四
七一	一二	○	八
八一	一二	○	二一
九一	一二	二	一
○二	一二	二	五

卌九

度	時	刻	分
一二言	一二	一	九
二二	一二	一	三一
三二	一二	二	二
四二	一二	二	六
五二	一二	二	○一
六二	一二	二	二一
七二	一二	三	三
八二	一二	三	七
九二	一二	三	一一
○三	二二	○	○○
一三	二二	○	四
二三	二二	○	八
三三	二二	○	二一
四三	二二	一	一
五三	二二	一	五
六三	二二	一	九
七三	二二	一	三一
八三	二二	二	二
九三	二二	二	六
○四	二二	二	○一

度	時	刻	分
一四言	二二	二	四一
二四	二二	三	三
三四	二二	三	七
四四	二二	三	一一
五四	三二	○	○○
六四	三二	○	四
七四	三二	○	八
八四	三二	○	二一
九四	三二	一	一
○五	三二	一	五
一五	三二	一	九
二五	三二	一	三一
三五	三二	二	二
四五	三二	二	六
五五	三二	二	○一
六五	三二	二	四一
七五	三二	三	二
八五	三二	三	七
九五	三二	三	一一
○六	三二	○	○○

太陽及諸曜出入地平廣度表

太陽出入地平廣度表者所以定周歲太陽出入之方向。晝夜之長短每日不同之數也。皆以極之出地。並赤道緯度為主。故天下各省日出入之廣度。晝夜之長短。俱不同也。如求某日某省太陽出入之廣度幾何。則查本表内某省極出地之高度。並某日之緯度縱横相遇之方即得其所求矣。求諸曜出入地平廣度表。與太陽同

度四		緯三		道二		赤一		極高度
分	度	分	度	分	度	分	度	
〇	四	〇	三	〇	二	〇	一	一
〇	四	〇	三	〇	二	〇	一	二
〇	四	〇	三	〇	二	〇	一	三
一〇	四	〇	三	〇	二	〇	一	四
二〇	四	〇	三	〇	二	〇	一	五
三〇	四	一〇	三	〇〇	二	〇	一	六
四〇	四	一〇	三	一〇	二	〇	一	七
四〇	四	一〇	三	一〇	二	〇	一	八
五〇	四	一〇	三	一〇	二	〇	一	九
六〇	四	二〇	三	一〇	二	一〇	一	〇一
六〇	四	二〇	三	二〇	二	一〇	一	一一
七〇	四	三〇	三	二〇	二	一〇	一	二一
八〇	四	四〇	三	二〇	二	一〇	一	三一
九〇	四	四〇	三	二〇	二	一〇	一	四一
〇一	四	五〇	三	二〇	二	二〇	一	五一
二一	四	五〇	三	四〇	二	二〇	一	六一
三一	四	七〇	三	四〇	二	二〇	一	七一
四一	四	八〇	三	五〇	二	二〇	一	八一
五一	四	九〇	三	六〇	二	三〇	一	九一
七一	四	〇一	三	〇〇	三	四〇	一	〇二

極高度	赤五 度	分	道六 度	分	緯七 度	分	度八 度	分
一	五	〇	六	〇	七	〇	八	〇
二	五	〇	六	〇	七	〇	八	〇
三	五	〇	六	〇	七	〇	八	〇
四	五	一〇	六	二〇	七	一〇	八	一〇
五	五	二〇	六	二〇	七	二〇	八	二〇
六	五	三〇	六	三〇	七	三〇	八	三〇
七	五	四〇	六	四〇	七	四〇	八	四〇
八	五	五〇	六	五〇	七	五〇	八	五〇
九	五	五〇	六	五〇	七	五〇	八	六〇
〇一	五	六〇	六	八〇	七	六〇	八	七〇
一一	五	六〇	六	八〇	七	八〇	八	八〇
二一	五	七〇	六	九〇	七	九〇	八	九〇
三一	五	八〇	六	一一	七	二一	八	一〇
四一	五	〇一	六	三一	七	三一	八	三一
五一	五	一一	六	五一	七	五一	八	五一
六一	五	二一	六	六二	七	六一	八	七一
七一	五	四一	六	七二	七	八一	八	〇二
八一	五	六一	六	九二	七	一二	八	四二
九一	五	七一	六	一二	七	四二	八	七二
〇二	五	九一	六	四二	七	六二	八	一三

極高度	赤道緯度 九 度	分	〇一 度	分	一一 度	分	二一 度	分
一	九	○	〇一	○	一一	○	二一	○
二	九	○	〇一	○	一一	○	二一	○
三	九	○	〇一	○	一一	○	二一	○
四	九	一〇	〇一	一〇	一一	一〇	二一	一〇
五	九	二〇	〇一	二〇	一一	二〇	二一	一〇
六	九	三〇	〇一	三〇	一一	三〇	二一	四〇
七	九	四〇	〇一	四〇	一一	四〇	二一	五〇
八	九	五〇	〇一	四〇	一一	五〇	二一	七〇
九	九	六〇	〇一	七〇	一一	七〇	二一	九〇
〇一	九	七〇	〇一	八〇	一一	九〇	二一	一一
一一	九	八〇	〇一	〇一	一一	一一	二一	三一
二一	九	〇一	〇一	二一	一一	三一	二一	六一
三一	九	一一	〇一	五一	一一	五一	二一	九一
四一	九	四一	〇一	八一	一一	七一	二一	二二
五一	九	七一	〇一	一二	一一	〇二	二一	六二
六一	九	〇二	〇一	四二	一一	三二	二一	〇三
七一	九	六二	〇一	七二	一一	七二	二一	四三
八一	九	六二	〇一	一三	一一	二三	二一	八三
九一	九	〇三	〇一	五三	一一	九三	二一	二四
〇二	九	三三	〇一	八四	一一	九三	二一	七四

極高度	赤道緯度 三一 度	分	四一 度	分	五一 度	分	六一 度	分
一	三一	○	四一	○	五一	○	六一	○
二	三一	○	四一	○	五一	○	六一	一
三	三一	○	四一	一○	五一	一○	六一	二
四	三一	一○	四一	一○	五一	二○	六一	三
五	三一	二○	四一	三○	五一	三	六一	四
六	三一	三○	四一	五○	五一	五	六一	六
七	三一	五○	四一	七○	五一	七	六一	九○
八	三一	七○	四一	九○	五一	九○	六一	○一
九	三一	九○	四一	一一	五一	一一	六一	二一
○一	三一	二一	四一	三一	五一	四一	六一	五一
一一	三一	五一	四一	六一	五一	七一	六一	八一
二一	三一	八一	四一	九一	五一	○二	六一	二二
三一	三一	一二	四一	二二	五一	四二	六一	六二
四一	三一	四二	四一	六二	五一	八二	六一	○三
五一	三一	八二	四一	○三	五一	二三	六一	四三
六一	三一	二三	四一	五三	五一	七三	六一	○四
七一	三一	六三	四一	○四	五一	二四	六一	五四
八一	三一	六四	四一	五四	五一	八四	六一	三五
九一	三一	六四	四一	○○	五一	四五	六一	八五
○二	三二	一五	四一	五五	六一	○○	七一	三○

極高度	赤道緯度 七一 度	分	八一 度	分	九一 度	分	○二 度	分
一	七一	○	八一	○	九一	○	○二	○
二	七一	一○	八一	一○	九一	一○	○二	一○
三	七一	二○	八一	二○	九一	二○	○二	二○
四	七一	三○	八一	三○	九一	三○	○二	三○
五	七一	四○	八一	四○	九一	四○	○二	四○
六	七一	六○	八一	六○	九一	六○	○二	六○
七	七一	八○	八一	八○	九一	九○	○二	九○
八	七一	○一	八一	一一	九一	二一	○二	二一
九	七一	三一	八一	四一	九一	五一	○二	五一
○一	七一	六一	八一	七一	九一	八一	○二	九一
一一	七一	○二	八一	一二	九一	二二	○二	三二
二一	七一	四二	八一	五二	九一	七二	○二	八二
三一	七一	八二	八一	○三	九一	二三	○二	三三
四一	七一	二三	八一	五三	九一	七三	○二	八三
五一	七一	七三	八一	○四	九一	二四	○二	四四
六一	七一	三四	八一	六四	九一	七四	○二	○五
七一	七一	八四	八一	二五	九一	二五	○二	七五
八一	七一	四五	八一	八五	○二	○○	一二	五○
九一	八一	○○	九一	五○	○二	八○	一二	二一
○二	八一	七○	九一	二一	○二	六一	二二	一二

極高度	赤道緯度 一二 度	分	二二 度	分	三二 度	分	半三二 度	分
一	一二	○	二二	○	三二	○	三二	〇三
二	一二	一〇	二二	一〇	三二	一〇	三二	一二
三	一二	二〇	二二	二〇	三二	二〇	三二	三三
四	一二	三〇	二二	三〇	三二	四〇	三二	四三
五	一二	五〇	二二	五〇	三二	六〇	三二	六三
六	一二	七〇	二二	七〇	三二	九〇	三二	九三
七	一二	〇一	二二	〇一	三二	一一	三二	二四
八	一二	二一	二二	三一	三二	五一	三二	五四
九	一二	六一	二二	七一	三二	八一	三二	九四
〇一	一二	〇二	二二	一二	三二	一二	三二	三五
一一	一二	四二	二二	六二	三二	六二	三二	八五
二一	一二	九二	二二	一三	三二	一三	四二	四〇
三一	一二	四三	二二	六三	三二	七三	四二	〇一
四一	一二	〇四	二二	二四	三二	四四	四二	六一
五一	一二	六四	二二	九四	三二	三五	四二	三二
六一	一二	四五	二二	六五	三二	八五	四二	〇三
七一	二二	二〇	三二	三〇	四二	六〇	四二	八三
八一	二二	〇一	三二	一一	四二	二一	四二	七四
九一	二二	九一	三二	〇二	四二	四二	四二	六五
〇二	二二	八二	三二	〇三	四二	四三	五二	六〇

極高度	赤道緯度 一 度	一 分	二 度	二 分	三 度	三 分	四 度	四 分
一二	一	四〇	二	七〇	三	一一	四	九〇
二二	一	五〇	二	八〇	三	三一	四	一二
三二	一	五〇	二	九〇	三	四一	四	三二
四二	一	六〇	二	〇一	三	五一	四	五二
五二	一	六〇	二	一一	三	七一	四	七二
六二	一	七〇	二	二一	三	九一	四	九二
七二	一	七〇	二	三一	三	一二	四	二三
八二	一	八〇	二	五一	三	二二	四	四三
九二	一	八〇	二	六一	三	四二	四	六三
〇三	一	九〇	二	七一	三	六二	四	九三
一三	一	〇一	二	九一	三	九二	四	一四
二三	一	一一	二	一二	三	一三	四	四四
三三	一	二一	二	三二	三	四三	四	八四
四三	一	三一	二	五二	三	七三	四	一五
五三	一	三一	二	六二	三	〇四	四	五五
六三	一	四一	二	八二	三	三四	四	五五
七三	一	五一	二	〇三	三	三四	五	〇〇
八三	一	六一	二	二三	三	三四	五	四〇
九三	一	七一	二	四三	三	八四	五	八〇
〇四	一	八一	二	七三	三	五五	五	三二

極高度	赤道緯度五 度	分	六 度	分	七 度	分	八 度	分
二一	五	二一	六	二六	七	二九	八	三四
二二	五	二三	六	二九	七	三二	八	三八
二三	五	二六	六	三二	七	五六	八	四二
二四	五	二八	六	三五	七	四〇	八	四六
二五	五	三一	六	三八	七	四四	八	五〇
二六	五	三三	六	四一	七	四八	八	五五
二七	五	三六	六	四五	七	五二	九	〇〇
二八	五	三九	六	四八	七	五六	九	〇五
二九	五	四三	六	五二	八	〇〇	九	一〇
三〇	五	四六	六	五七	八	〇五	九	一五
三一	五	五〇	七	〇一	八	一〇	九	二一
三二	五	五四	七	一六	八	一五	九	二七
三三	五	五八	七	一二	八	二〇	九	三三
三四	六	〇二	七	一五	八	二五	九	四〇
三五	六	〇六	七	二一	八	三二	九	四七
三六	六	一一	七	二五	八	四〇	九	五四
三七	六	一六	七	二一	八	四七	〇	〇三
三八	六	一一	七	三七	八	五四	〇	一〇
三九	六	二六	七	四四	九	〇一	〇	一九
四〇	六	三一	七	五五	九	〇九	〇	二八

極高度	赤道緯度 九 度	分	一〇 度	分	一一 度	分	一二 度	分
二一	九	三九	一〇	四三	一一	四三	一二	五二
二二	九	四三	一〇	四八	一一	四八	一二	〇七
二三	九	四七	一〇	五三	一一	五三	一三	〇二
二四	九	五二	一〇	五八	一二	〇〇	一三	〇九
二五	九	五六	一一	〇三	一二	〇八	一三	一六
二六	一〇	〇一	一一	〇九	一二	一六	一三	二三
二七	一〇	〇六	一一	一五	一二	二三	一三	三〇
二八	一〇	一二	一一	二一	一二	三〇	一三	三七
二九	一〇	一八	一一	二七	一二	三七	一三	四四
三〇	一〇	二四	一一	三四	一二	四四	一三	五三
三一	一〇	三一	一一	四二	一二	五一	一四	〇二
三二	一〇	三八	一一	五〇	一二	五九	一四	一三
三三	一〇	四五	一一	五八	一三	〇八	一四	二二
三四	一〇	五〇	一二	〇六	一三	一七	一四	三二
三五	一〇	五五	一二	一七	一三	二七	一四	四二
三六	一一	〇九	一二	二四	一三	三〇	一四	五三
三七	一一	一八	一二	三三	一三	四九	一五	〇五
三八	一一	二七	一二	四三	一四	〇一	一五	一八
三九	一一	三七	一二	五四	一四	一三	一五	三一
四〇	一二	四七	一二	〇〇	一四	二一	一五	四五

極高度	赤道緯度 三一 度	分	四一 度	分	五一 度	分	六一 度	分
一二	三一	七五	二一	一口	六一	七口	七一	口一
二二	四一	三口	五一	八口	六一	四一	七一	七一
三二	四一	九口	五一	五一	六一	一二	七一	五二
四二	四一	五一	五一	二五	六一	八二	七一	三三
五二	四一	二二	五一	九二	六一	五三	七一	三四
六二	四一	九二	五一	七三	六一	四四	七一	一五
七二	四一	七三	五一	六四	六一	三五	八一	口口
八二	四一	五四	五一	五五	七一	三口	八一	口一
九二	四一	三五	六一	四四	七一	三一	八一	一二
口三	五一	一口	六一	三一	七一	三三	八一	三二
一三	五一	一一	六一	四二	七一	四三	八一	五四
二三	五一	三二	六一	五三	七一	口四	八一	八五
三三	五一	三三	六一	六四	七一	九五	九一	九口
四三	五一	四四	六一	八五	八一	一一	九一	三二
五三	五一	六五	七一	一口	八一	五二	九一	九三
六三	六一	九口	七一	四二	八一	口四	九一	五五
七三	六一	二二	七一	八三	八一	五五	口二	一一
八三	六一	五三	七一	八五	九一	口一	口二	八二
九三	六一	九四	八一	八口	九一	七二	口二	六四
口四	七一	五口	八一	五二	九一	二四	一二	五口

極高度	赤道緯度 一七		一八		一九		二〇	
	度	分	度	分	度	分	度	分
二一	一八	一五	一九	二〇	二〇	二四	二一	三〇
二二	一八	二三	一九	五九	二〇	三三	二一	三九
二三	一八	〇三	一九	三八	二〇	四三	二一	四〇
二四	一八	四〇	一九	四七	二〇	五三	二一	五九
二五	一八	四九	一九	五六	二一	〇三	二二	一〇
二六	一八	五九	二〇	〇七	二一	一四	二二	二二
二七	一九	一〇	二〇	一八	二一	二〇	二二	三三
二八	一九	二一	二〇	二九	二一	三八	二二	四七
二九	一九	三二	二〇	四一	二一	五一	二三	〇一
三〇	一九	四四	二〇	五四	二二	〇五	二三	一六
三一	一九	五七	二一	〇八	二二	一九	二三	三一
三二	二〇	一〇	二一	二二	二二	三四	二三	四七
三三	二〇	二四	二一	三七	二二	五〇	二四	〇四
三四	二〇	三九	二一	五三	二三	〇七	二四	二二
三五	二〇	五五	二二	一〇	二三	二五	二四	四一
三六	二一	一一	二二	二七	二三	四四	二五	〇〇
三七	二一	二八	二二	四六	二四	〇三	二五	二一
三八	二一	四六	二三	〇五	二四	二四	二五	四三
三九	二一	〇六	二三	二六	二四	四六	二六	〇六
四〇	二二	二六	二三	四八	二五	〇九	二六	三一

極高度	赤道緯度 二一 度	分	二二 度	分	二三 度	分	二三半 度	分
二一	二二	四〇	二三	四〇	二四	四二	二五	一六
二二	二二	五〇	二三	五〇	二四	五六	二五	二七
二三	二三	〇一	二四	〇一	二五	〇八	二五	三九
二四	二三	一三	二四	一三	二五	二一	二五	五二
二五	二三	二五	二四	二五	二五	三五	二六	〇六
二六	二三	三八	二四	三八	二五	四九	二六	二〇
二七	二三	五二	二四	五三	二六	〇三	二六	三五
二八	二四	〇七	二五	〇七	二六	二八	二六	五一
二九	二四	二二	二五	二二	二六	三三	二七	〇七
三〇	二四	三八	二五	三八	二六	四七	二七	二四
三一	二四	五五	二五	五五	二七	〇七	二七	四三
三二	二五	一五	二六	一三	二七	二六	二八	〇三
三三	二五	三二	二六	三二	二七	四六	二八	二三
三四	二五	五二	二六	五二	二八	〇七	二八	四五
三五	二六	一三	二七	一三	二八	二九	二九	〇八
三六	二六	二八	二七	三五	二八	五三	二九	三二
三七	二六	三九	二七	五八	二九	一九	二九	五七
三八	二七	〇三	二八	二三	二九	四三	三〇	二四
三九	二七	二二	二八	四九	三〇	一一	三〇	五二
四〇	二七	五三	二九	一七	三〇	四〇	三一	二二

極高度	赤道緯度一 度	分	二 度	分	三 度	分	四 度	分
四一	一	一九	二	三九	三	五八	五	一七
四二	一	二〇	二	四二	四	〇二	五	二二
四三	一	二一	二	四四	四	〇六	五	二八
四四	一	二一	二	四七	四	一〇	五	三四
四五	一	二五	二	五〇	四	一五	五	四〇
四六	一	六六	二	五三	四	一九	五	四六
四七	一	二七	二	五六	四	二四	五	五二
四八	一	二九	二	五九	四	二九	五	五九
四九	一	三一	三	〇三	四	三四	六	〇六
五〇	一	三三	三	〇七	四	四〇	六	一四
五一	一	三五	三	一一	四	四六	六	二二
五二	一	三七	三	一五	四	五二	六	三〇
五三	一	三九	三	一九	四	五九	六	三九
五四	一	四二	三	二四	五	〇六	六	四九
五五	一	四五	三	二九	五	一四	六	五九
五六	一	四七	三	三五	五	二二	七	一〇
五七	一	五〇	三	四一	五	三一	七	二二
五八	一	五三	三	四七	五	四〇	七	三四
五九	一	五六	三	五三	五	五〇	七	四七
六〇	一	〇〇	四	〇〇	六	〇一	八	〇一

極高度	赤五度	分	道六度	分	緯七度	分	度八度	分
一四	六	八三	七	八五	九	七一	〇一	九三
二四	六	五四	八	六〇	九	六二	〇一	七四
三四	六	一五	八	三一	九	四三	〇一	八五
四四	六	八五	八	一二	九	五四	一一	九〇
五四	七	五〇	八	〇三	九	五五	一一	一二
六四	七	二一	八	九三	〇一	六〇	一一	三三
七四	七	一二	八	九四	〇一	八一	一一	六四
八四	七	九二	八	九五	〇一	〇三	二一	〇〇
九四	七	八一	九	九〇	〇一	三四	二一	五一
〇五	七	八四	九	一二	〇一	六五	二一	一三
一五	七	八五	九	三三	一一	〇一	二一	七四
二五	八	九〇	九	六四	一一	五二	三一	四四
三五	八	〇二	〇一	〇〇	一一	二四	三一	二二
四五	八	一三	〇一	四一	一一	八五	三一	一四
五五	八	四四	〇一	〇三	二一	六一	四一	三〇
六五	八	七五	〇一	六四	二一	五三	四一	四二
七五	九	二一	一一	三〇	二一	七五	四一	八四
八五	九	八二	一一	二一	三一	八一	五一	四一
九五	九	五四	一一	二四	三一	一四	五一	〇四
〇六	〇	二〇	二一	四〇	四一	六〇	六一	〇一

極高度	赤道緯度							
	九		一〇		一一		一二	
度	度	分	度	分	度	分	度	分
四一	一一	五七	一三	一八	一四	三九	一六	〇〇
四二	一二	〇九	一三	三一	一四	五二	一六	一五
四三	一二	二一	一三	四四	一五	〇七	一六	三二
四四	一二	三三	一三	五八	一五	二二	一六	四八
四五	一二	四七	一四	一三	一五	二九	一七	〇六
四六	一三	〇一	一四	二八	一五	五七	一七	二三
四七	一三	一六	一四	四四	一六	一五	一七	四五
四八	一三	三一	一五	〇二	一六	三四	一八	〇六
四九	一三	四七	一五	二一	一六	五四	一八	一八
五〇	一四	〇五	一五	四〇	一七	一九	一八	五三
五一	一四	二四	一六	〇一	一七	三九	一九	一七
五二	一四	四四	一六	二三	一八	〇三	一九	四一
五三	一五	〇四	一六	四六	一八	二九	二〇	一二
五四	一五	一六	一七	一一	一八	五六	二〇	四三
五五	一五	五〇	一七	三七	一九	二九	二一	一五
五六	一六	一五	一八	四六	一九	五六	二一	二〇
五七	一六	四二	一八	三六	二〇	二九	二二	二七
五八	一七	一〇	一九	〇八	二一	〇六	二三	〇六
五九	一七	四〇	一九	四二	二一	四六	二三	四八
六〇	一八	一四	二〇	一九	二二	二六	二四	三四

極高度	赤道緯度 一三 度	分	一四 度	分	一五 度	分	一六 度	分
四一	一七	二〇	一八	四二	二〇	〇三	二一	二五
四二	一七	二七	一九	〇〇	二〇	二二	二一	四六
四三	一七	五五	一九	一九	二〇	四四	二二	〇八
四四	一八	一四	一九	三九	二一	〇五	二二	三二
四五	一八	三三	二〇	〇〇	二一	三八	二二	五六
四六	一八	五四	二〇	二三	二一	五三	二三	三三
四七	一九	二六	二〇	四六	二二	一九	二三	五〇
四八	一九	四八	二一	一二	二二	四五	二四	二〇
四九	二〇	〇三	二一	三八	二三	一四	二四	五一
五〇	二〇	二九	二二	〇六	二三	四五	二五	二四
五一	二〇	五四	二二	三六	二四	二七	二五	五八
五二	二一	二六	二三	〇六	二四	五二	二六	三五
五三	二一	五七	二三	四二	二五	二八	二七	一五
五四	二二	三〇	二四	一八	二六	〇七	二七	五八
五五	二三	〇五	二四	五七	二六	四五	二八	四三
五六	二三	四四	二五	三八	二七	三五	二九	三二
五七	二四	二二	二六	二二	二八	二二	三〇	二四
五八	二五	〇七	二七	一〇	二九	一四	三一	二〇
五九	二五	五〇	二八	〇〇	三〇	一一	三二	二二
六〇	二六	四四	二八	五六	三一	一〇	三三	二七

極高度	赤道緯度一七 度	分	一八 度	分	一九 度	分	二〇 度	分
四一	二二	四七	二四	一〇	二五	三三	二六	五七
四二	二二	一九	二四	三四	二五	五九	二七	三四
四三	二三	五四	二五	〇〇	二六	二六	二七	五二
四四	二三	五九	二五	二六	二六	五四	二八	二三
四五	二四	五五	二五	五四	二七	二四	二八	五六
四六	二四	五三	二六	一五	二七	五七	二九	三〇
四七	二五	二二	二六	五〇	二八	三〇	三〇	〇八
四八	二五	五四	二七	三〇	二九	〇六	三〇	四四
四九	二六	二七	二八	〇六	二九	四五	三一	二五
五〇	二七	〇三	二八	四二	三〇	二〇	三二	〇九
五一	二七	四〇	二九	二四	三一	〇九	三二	五五
五二	二八	二一	三〇	〇八	三一	五五	三三	四五
五三	二九	〇四	三〇	五四	三二	四四	三四	三八
五四	二九	五〇	三一	四三	三二	三八	三五	三五
五五	三〇	三九	三二	三八	三四	三五	三六	三六
五六	三一	三二	三三	三三	三五	三六	三七	四三
五七	三二	二八	三四	三四	三六	四二	三八	五四
五八	三三	二九	三五	四〇	三八	〇二	四〇	一二
五九	三四	三六	三六	五二	三九	一二	四一	三六
六〇	三五	四七	三八	一〇	四〇	三七	四三	〇九

極高度	赤道緯度二一 度	分	二二 度	分	二三 度	分	二三半 度	分
四一	二八	二〇	二九	四五	三一	一〇	三一	五二
四二	二八	四九	三〇	一六	三一	四三	三二	二七
四三	二九	二〇	三〇	四九	三二	一七	三三	〇二
四四	二九	五四	三一	二四	三二	五四	三三	三九
四五	三〇	二七	三一	五九	三三	三二	三四	一九
四六	三一	〇三	三二	三八	三四	一三	三五	〇一
四七	三一	四一	三三	一九	三四	五七	三五	四七
四八	三二	二三	三四	〇五	三五	四四	三六	二四
四九	三三	〇六	三四	四九	三六	三三	三七	二五
五〇	三三	五三	三五	三九	三七	二六	三八	一〇
五一	三四	四二	三六	一二	三八	二三	三九	一九
五二	三五	三六	三七	二九	三九	二三	四〇	二二
五三	三六	三二	三八	〇三	四〇	二九	四一	二九
五四	三七	三四	三九	三六	四一	〇四	四二	四四
五五	三八	〇四	四〇	四七	四二	五六	四四	一一
五六	三九	五一	四二	〇五	四三	四五	四五	三〇
五七	四一	一一	四三	三七	四五	〇五	四七	四三
五八	四二	三三	四四	五九	四七	三〇	四八	四八
五九	四四	〇五	四五	四〇	四九	二〇	五〇	四三
六〇	四五	四六	四八	三一	五一	二三	五二	五二

新製靈臺儀象志卷之六

治理曆法極西南懷仁纂著

博士加一級孫有容

曆科供事鮑英齊同受

博士焦秉貞

地平儀表

北極出地二十二度二十四度二十六度二十八度三十度三十二度

地平儀表

地平儀表者以地平儀之某經緯度而推測某時刻又以某時刻而推測太陽所離地平之某經緯度也。夫測太陽所離地平經緯度。總以極高度及赤道緯度為主故地平儀表。天下各省不同因各省北極高卑度之不同故也。其查表法以右直行之緯度。與上列之刻數縱横查之如數有多寡之不同則用中比例法而推定之內北極出地三十九度五十五分者二。一為經度一為緯度。乃京師之高度也其餘各省本表止載經度而緯度則見交食表內

北極出

黃緯		距午時刻	○	一	二	三	四	五
○度	赤道	度	○九	○八	○七	五六	四五	八四
		分	○○	五○	八三	四三	六二	一○
一度	北	度	○九	九七	九六	○六	三五	六四
		分	○○	八三	九四	七五	一一	○三
	南	度	○九	○八	○七	三六	五五	九四
		分	○○	二二	三四	二○	六三	四○
二度	北	度	○九	九七	八六	九五	一五	五四
		分	○○	九○	六五	八四	一五	四○
	南	度	○九	○八	一七	四六	六五	○五
		分	○○	五四	○三	○○	三四	九一
四度	北	度	○九	九七	七六	八五	○五	三四
		分	○○	四○	九五	八三	七二	七三
	南	度	○九	二八	二七	四六	七五	一五
		分	○○	七○	二○	二五	五四	七二

地二十二度

四一	三一	二一	一一	〇一	九	八	七	六
六一	八一	〇二	三二	六二	一三	二三	七二	二四
二〇	二一	二三	七〇	三〇	五〇	八五	二一	八〇
五一	七一	九一	一二	四二	九二	一三	五三	〇四
七〇	五〇	四二	五五	八四	三五	九三	三五	五四
七一	九一	一二	四二	七二	二三	四三	八三	三四
四一	九一	〇四	八一	四一	五一	五一	三三	六二
三一	五一	八一	〇二	三二	八二	〇三	四三	九三
二五	五五	二一	二四	一三	〇四	九一	八二	〇二
八一	〇二	二二	五二	八二	三三	五三	九三	四四
九〇	三二	八四	九二	六一	一三	三〇	七四	〇四
二一	四一	七一	九一	二二	七二	八五	三三	七三
四四	八四	一〇	九二	二一	八三	三五	一〇	二五
九一	一二	三二	六二	九二	四三	六三	一四	五四
五一	八二	四五	六三	六三	〇三	四四	〇〇	三五

黃緯	○度		一度				二度				三度			
	赤道		北		南		北		南		北		南	
距午時刻	度	分	度	分	度	分	度	分	度	分	度	分	度	分
五一	四一	四〇	三一	一〇	五一	六〇	一一	八五	六一	八〇	〇一	四五	七一	〇一
六一	二一	三一	一一	一一	三一	二一	〇一	八〇	四一	一〇	八〇	六四	五一	四一
七一	〇一	七二	九〇	八二	一一	七二	八〇	七二	二一	九二	七〇	六二	三一	六三
八一	八〇	九四	七〇	〇五	九〇	七四	六〇	二五	〇一	七四	五〇	三五	一一	五四
九一	七〇	六一	六〇	八四	八〇	三一	五〇	九一	九〇	九〇	四〇	五一	〇一	八〇
〇二	五〇	四四	四〇	七四	六〇	〇四	三〇	九四	七〇	八三	二〇	四五	八〇	五三

一二	二二	三二	四二
四〇	三〇	一〇	
六	一一	四二	
三〇	二〇	〇〇	〇〇
九一	一五	八二	四五
五〇	二〇	二〇	
三一	五四	八一	
二〇	一〇	〇〇	一〇
六二	三〇	二三	二五
六〇	四〇	三〇	
八〇	二四	四二	
一〇	〇〇	一〇	一〇
七二	五二	六一	六〇
七〇	五〇	四〇	
四〇	七三	一一	

黃緯	四度				五度				六度				七度			
	北		南		北		南		北		南		北		南	
距午時刻	度	分	度	分	度	分	度	分	度	分	度	分	度	分	度	分
○	〇九	〇〇	〇九	〇〇	〇九	〇〇	〇九	〇〇	〇九	〇〇	〇九	〇〇	〇九	〇〇	〇九	〇〇
一	八七	四〇	一八	六二	七七	五二	一八	一五	六七	二四	二八	六〇	五七	三五	二八	二二
二	六六	六五	二七	三四	五六	八四	四七	〇〇	四六	三五	四七	七二	三六	七〇	四七	七五
三	七五	一一	五六	三四	五五	三四	六六	五三	四五	九〇	七六	二一	二五	六二	七六	六九
四	八四	五五	八五	五四	七四	一二	九五	九四	五四	一四	〇六	九三	二四	八五	一六	七二
五	二四	三〇	二五	二三	〇四	四二	三五	三四	八三	〇四	四五	五三	六三	二五	五五	一三

四一	三一	二一	一一	〇一	九	八	七	六
一二	三一	五一	八一	一二	六二	七二	一三	六三
八三	九三	九四	二一	〇一	四二	四二	〇三	〇二
〇二	二二	五二	七二	〇三	五三	八三	一四	七四
一〇	〇三	一〇	四四	四四	六三	二〇	四〇	一一
〇二	二一	四一	六一	九一	二二	五二	九二	四三
七二	六二	三三	三五	二三	三三	六五	七五	三四
一二	三二	六二	八二	一三	六三	九三	三四	八四
二二	〇四	一一	六五	八五	八四	一一	八二	七一
九〇	一一	三一	五一	八一	三二	四二	八二	三三
二二	三一	一二	九三	〇一	〇一	五二	一二	二〇
二二	四二	七二	九二	二三	七三	〇四	四四	九四
八一	七三	〇一	四五	八五	四四	九〇	五二	三一
八〇	〇一	二一	四一	六一	九一	二二	六二	一三
五一	〇〇	四〇	九一	八四	三三	一五	九三	六一
三二	五二	八二	〇三	四三	八三	一四	五四	〇五
九一	八三	〇一	八五	三〇	五五	五一	九二	四一

黃緯	距午時刻						
		一五	一六	一七	一八	一九	二〇
四度	北 度	〇九	〇八	〇六	〇四	〇三	〇二
	分	四十	〇三	二五	五三	二四	五八
	南 度	一八	一六	一四	一二	一一	〇八
	分	一一	一四	二五	四二	〇四	五七
五度	北 度	〇八	〇六	〇四	〇三	〇一	〇一
	分	四〇	五二	〇一	四三	三六	三二
	南 度	一九	一七	一五	一三	一二	一〇
	分	一六	一七	二七	四三	〇四	三〇
六度	北 度	〇七	〇五	〇三	〇二	〇〇	〇〇
	分	三二	四八	三七	五〇	〇〇	〇〇
	南 度	二〇	一八	一六	一四	一二	一一
	分	〇九	一二	二二	三七	五八	二三
七度	北 度	〇六	〇三	〇三	〇一	〇〇	〇一
	分	二六	二七	一八	四四	二二	〇五
	南 度	二一	一九	一七	一五	一三	一二
	分	一〇	一〇	一九	三四	五四	一六

五二	四二	三二	二二	一二
	三〇	二〇	一〇	〇〇
	四四	〇二	二〇	〇〇
		五〇	六〇	八〇
		七〇	三三	一〇
	四〇	三〇	一〇	〇〇
	七三	二一	一五	〇〇
		六〇	七〇	九〇
		二〇	九二	二五
	五〇	四〇	二〇	一〇
	四三	八〇	八四	八二
		六〇	八〇	〇一
		八五	四二	七四
七〇	六〇	四〇	三〇	二〇
四五	〇三	五二	六四	〇三
			九〇	一一
			〇二	一三

黃緯		距午時刻	〇	一	二	三	四	五
八度	北	度	〇九	四七	一六	〇五	一四	四三
		分	〇〇	七五	四三	三三	六四	七五
	南	度	〇九	二八	五七	八六	二六	六五
		分	〇〇	七三	五二	六三	六一	八二
九度	北	度	〇九	三七	九五	八四	九三	二三
		分	〇〇	五五	〇五	二三	五四	三五
	南	度	〇九	二八	五七	九六	三六	七五
		分	〇〇	〇五	一五	三一	二〇	二二
十度	北	度	〇九	二七	七五	六四	七三	〇三
		分	〇〇	八三	四五	五一	八二	六四
	南	度	〇九	三八	六七	九六	三六	八五
		分	〇〇	四〇	七一	九四	四三	二一
十一度	北	度	〇九	一七	六五	三四	五三	八二
		分	〇〇	〇二	三二	七四	四〇	八三
	南	度	〇九	三八	六七	〇七	四六	九五
		分	〇〇	六一	一四	四二	九二	〇〇

四一	三一	二一	一一	〇一	九	八	七	六
七〇	八〇	〇一	二一	五一	八一	一二	四二	九二
二〇	八四	八四	八五	三二	六〇	三一	七五	四二
四二	六二	九二	二三	五三	八三	二四	六四	一五
九一	八三	四〇	〇〇	五〇	〇三	七一	九三	三一
五〇	七〇	九〇	二一	三一	六一	九一	三二	七二
〇五	七二	一三	四〇	二五	七二	五三	九〇	三三
五二	七二	〇三	三三	六三	九三	三四	七四	二五
七一	八三	三一	二〇	七〇	二三	八一	一三	一一
四〇	六〇	八〇	〇一	二一	四一	七一	〇二	五二
八三	七一	六〇	九〇	四二	四五	〇三	九二	一三
六二	八二	一三	四三	七三	〇四	四四	八四	三五
六一	八三	三一	二〇	八〇	二三	八一	九二	五〇
三〇	五〇	六〇	八〇	〇一	三一	六一	九一	三二
二三	八〇	八四	九四	三五	八一	五〇	七二	六二
七二	九二	二三	五三	八三	一四	五四	九四	四五
四一	六三	二一	〇〇	六〇	一三	六一	四二	四〇

黃緯	距午時刻		五一	六一	七一	八一	九一	〇二
八度	北	度	五〇	二〇	二〇	〇〇	〇〇	一〇
		分	三一	七四	七一	三四	三四	三五
	南	度	一二	〇二	八一	六一	四一	三一
		分	四五	八〇	六一	〇三	〇五	四一
九度	北	度	四〇	二〇	一〇	〇〇	一〇	二〇
		分	四一	八三	五〇	〇〇	九三	五五
	南	度	三二	一二	八一	七一	五一	四一
		分	六〇	六〇	三四	六二	六四	〇一
十度	北	度	三〇	一〇	〇〇	一〇	三〇	三〇
		分	三〇	二四	〇〇	九一	七二	八五
	南	度	四二	二二	〇二	八一	六一	五一
		分	五〇	三〇	〇一	三二	二四	六〇
十一度	北	度	一〇	一〇	〇〇	二〇	三〇	四〇
		分	四五	二一	九四	一二	六三	五五
	南	度	四二	二二	一二	八一	七一	六一
		分	九五	一四	五〇	七三	七三	〇〇

五二	四二	三二	二二	一二
八〇	七〇	六〇	四〇	三〇
九四	六二	三〇	三四	一二
			〇一	二一
			五一	九二
九〇	八〇	七〇	五〇	四〇
五四	一二	〇〇	九三	九一
			一一	二一
			一一	八三
〇一	九〇	七〇	六〇	五〇
〇四	五二	六五	六三	七一
			二一	三一
			六〇	四三
一一	〇一	八〇	七〇	六〇
六三	三一	二五	三三	八〇
			三一	四一
			一〇	九二

黄緯

距午時刻	十二度 北 度	分	十二度 南 度	分	十三度 北 度	分	十三度 南 度	分	十四度 北 度	分	十四度 南 度	分	十五度 北 度	分	十五度 南 度	分
〇	〇九	〇〇	〇九	〇〇	〇九	〇〇	〇九	〇〇	〇九	〇〇	〇九	〇〇	〇九	〇〇	〇九	〇〇
一	六九	三四	三八	八二	七六	四四	三八	五四	五六	四二	三八	〇五	二六	七二	四八	〇〇
二	三五	一一	七七	四〇	〇五	二二	七七	六二	七四	四〇	七七	七四	三四	一二	八七	七〇
三	一四	〇一	〇七	六五	八三	三一	一七	七二	四三	六五	一七	七五	一三	二二	二七	五二
四	二三	五二	五六	九〇	九二	四四	五六	八四	六二	五二	六六	六二	三二	七三	七六	一〇
五	六一	八〇	九五	六四	三二	五二	〇六	二三	一二	〇〇	一六	五一	八一	五一	一六	七五

六	七	八	九	〇一	一一	二一	三一	四一
一二	七一	四一	一一	九〇	七〇	五〇	三〇	二〇
七一	六二	〇二	九三	〇二	三二	一三	二五	四一
四五	〇五	六四	二四	九三	五三	二三	〇三	八二
〇五	九一	二一	八二	四〇	九五	〇二	八二	二〇
九一	五一	二一	九〇	七〇	五〇	四〇	二〇	〇〇
三〇	三二	九二	四五	二五	六五	〇〇	九五	二五
五五	一五	七四	三四	〇四	六三	四三	一三	九二
〇四	二一	七〇	五二	六〇	七五	六〇	三二	八〇
六一	三一	〇一	八〇	六〇	四〇	二〇	一〇	〇〇
五四	八一	三三	三二	〇一	五二	三五	三三	〇〇
六五	二五	八四	四四	〇四	七三	五三	二三	〇三
七二	三〇	一〇	〇二	七五	三五	三〇	八一	四〇
四一	一一	八〇	六〇	四〇	二〇	一〇	〇〇	一〇
四二	二一	四四	四二	五三	八四	三三	〇〇	三三
七五	二五	八四	五四	一四	八三	五三	三三	〇三
四一	三五	三五	四一	二五	八四	九五	三二	九五

黄緯	十二度				十三度				十四度				十五度			
距午	北		南		北		南		北		南		北		南	
時刻	度	分	度	分	度	分	度	分	度	分	度	分	度	分	度	分
五一	一○	四○	五二	九五	○○	○○	六二	五二	一○	二四	七二	一五	二○	二四	八二	七四
六一	○○	四二	三二	七五	一○	八五	四二	二五	二○	八五	五二	七四	四○	二一	六二	○五
七一	二○	四○	二二	一○	三○	八○	二二	七五	四○	八	三二	二五	五○	○二	四二	七四
八一	三○	八一	○二	二一	四○	八一	一二	九○	四○	二四	二二	四	六○	○三	三二	○○
九一	四○	一四	八一	二三	五○	九三	九一	七二	六○	八三	○二	三二	七○	二四	一二	七一
○二	六○	八二	七一	八○	○○	○○	七一	一五	七○	五五	八一	六四	八○	四五	九一	○四

五二	四二	三二	二二	一二
二一	〇一	九〇	八〇	七〇
一三	〇五	九四	〇三	二一
			三一	五一
			六九	四二
三一	二一	〇一	九〇	八〇
七二	六〇	五四	八二	三一
			四一	六一
			一五	九一
四一	三一	一一	〇一	八〇
二二	二〇	二四	六二	四四
			五一	七一
			六四	四一
五一	三一	二一	一一	〇一
八一	三四	八三	二二	八〇
			六一	八一
			二四	九〇

黃緯		距午時刻	○	一	二	三	四	五
十六度	北	度	〇九	八五	九三	七二	〇二	五一
		分	〇〇	七四	四〇	六三	八一	九二
	南	度	〇九	四八	八七	二七	七六	二六
		分	〇〇	〇一	六二	三五	六三	七三
十七度	北	度	〇九	四五	二三	三二	七一	二一
		分	〇〇	〇一	四四	六一	〇〇	八二
	南	度	〇九	四八	八七	三七	八六	三六
		分	〇〇	九一	四四	九一	九〇	六一
十八度	北	度	〇九	八四	八二	八一	三一	九〇
		分	〇〇	〇〇	四一	六四	〇〇	一四
	南	度	〇九	四八	九七	三七	八六	三六
		分	〇〇	八二	〇〇	四四	一四	二五
十九度	北	度	〇九	九三	二二	三一	九〇	六〇
		分	〇〇	八四	一〇	八四	一三	〇一
	南	度	〇九	四八	九七	四七	九六	四六
		分	〇〇	七三	八一	八〇	二一	九二

六	七	八	九	〇一	一一	二一	三一	四一
一一	九〇	六〇	四〇	二〇	一〇	一〇	一〇	二〇
九五	三〇	三三	一四	一五	七三	四一	二三	六五
七五	三五	九四	六四	二四	九三	六三	四三	一三
九五	一四	四四	六〇	六四	二四	三五	八一	四五
九〇	六〇	四〇	三〇	一〇	一〇	一〇	二〇	四〇
八一	四五	八三	四一	一三	四一	一一	四五	一三
八五	四五	〇五	六四	三四	〇四	七三	五三	二三
三四	九二	四三	七〇	九三	六三	七四	二一	九四
六〇	四〇	二〇	一〇	〇〇	一〇	三〇	四〇	五〇
七三	八一	四五	六二	六五	七二	二〇	九〇	八一
九五	五五	一五	七四	四四	一四	八三	六二	三三
四二	八一	二二	九四	一三	八二	一四	六〇	三四
四〇	一〇	〇〇	一〇	二〇	三〇	四〇	五〇	六〇
四三	九四	二五	七二	三〇	五〇	七一	五二	五三
〇六	五五	二五	八四	五四	三四	九三	六三	四三
六〇	九五	〇一	八三	二二	一二	三三	九五	六三

黃緯	距午	時刻	五一	六	七一	八一	九一	〇二
十六度	北	度	四〇	五〇	六〇	七〇	八〇	九〇
		分	二〇	四一	二二	二二	二四	六五
	南	度	九二	七二	五二	三二	二二	〇二
		分	二四	七三	二四	四五	一一	九三
十七度	北	度	五〇	六〇	六〇	九〇	九〇	一一
		分	四一	九一	六五	三〇	七四	六一
	南	度	〇三	八二	六二	四二	三二	一二
		分	六三	四二	六三	七四	六〇	〇三
十八度	北	度	六〇	七〇	八〇	〇一	〇二	一一
		分	一二	二三	六三	四〇	八四	七五
	南	度	一三	九二	七二	五二	四二	二二
		分	〇三	六二	〇三	二四	〇〇	四二
十九度	北	度	七〇	八〇	九〇	〇一	〇一	二一
		分	七三	〇四	二四	六四	三五	八五
	南	度	二三	〇三	八二	六二	四二	三二
		分	三二	七二	四二	五四	四五	〇二

六二	五二	四二	三二	二二	一二
七一	六一	四一	三一	二一	一一
七三	三一	三五	六三	一二	一〇
					九二
					四〇
八一	七一	五一	四一	三一	二一
二三	九〇	〇五	三三	六一	六〇
					九一
					九五
九一	八一	六一	五一	四一	三一
七二	五〇	八五	〇三	七一	七〇
					九一
					九五
〇二	九一	七一	六一	五一	四一
二二	一〇	三四	七二	六一	八〇
					一二
					八四

黃緯	距午時	刻	○	一	二	三	四	五
二十度	北	度	〇九	九二	四一	九〇	五〇	三〇
		分	〇〇	二三	九三	八〇	八四	九一
	南	度	〇九	四八	九七	四七	九六	五六
		分	〇〇	五四	四三	二三	九一	五〇
二十一度	北	度	〇九	一一	九〇	三〇	〇〇	〇〇
		分	〇〇	九三	三四	四四	〇三	〇〇
	南	度	〇九	四八	九七	四七	〇七	五六
		分	〇〇	三五	〇五	四五	〇一	〇四
二十二度	北	度	〇九	三〇	三〇	二〇	二〇	四〇
		分	〇〇	九三	七四	五四	五三	〇〇
	南	度	〇九	五八	〇八	五七	〇七	六六
		分	〇〇	〇〇	五〇	六一	八三	三一
二十三度	北	度	〇九	七一	六〇	七〇	六〇	七〇
		分	〇〇	三二	八四	四二	一五	〇一
	南	度	〇九	五八	〇八	五七	一七	六六
		分	〇〇	八〇	九一	七三	五〇	五四

四一	三一	二一	一一	〇一	九	八	七	六
七〇	六〇	五〇	四〇	三〇	二〇	一〇	〇〇	一〇
二五	三五	六五	二五	二五	四五	六二	〇〇	〇三
五三	七三	〇四	三四	六四	九四	二五	六五	〇六
六三	二五	六二	九三	二一	七二	六五	三四	五四
九〇	八〇	七〇	六〇	五〇	四〇	三〇	二〇	一〇
二一	〇二	三二	九一	九二	九四	一三	一四	八一
六三	八三	一四	四四	七四	〇五	三五	七五	一六
二二	四四	七一	二〇	一〇	八一	一四	五二	四二
〇一	九〇	八〇	七〇	七〇	六〇	五〇	五〇	四〇
七二	九三	一五	七五	八一	〇二	〇四	二一	一三
七三	九三	二四	四四	七四	一五	四五	八五	二六
三一	五三	八〇	二五	九四	〇〇	六二	六〇	二〇
一一	一一	〇一	九〇	九〇	八〇	七〇	七〇	七〇
八四	一〇	七一	〇四	〇〇	八二	〇五	七三	六一
八三	〇四	二四	五四	八四	一五	五五	八五	二六
五〇	六二	八五	〇四	七三	〇五	九〇	〇四	九三

黃緯

距午時刻	二十度 北 度	分	二十度 南 度	分	二十一度 北 度	分	二十一度 南 度	分	二十二度 北 度	分	二十二度 南 度	分	二十三度 北 度	分	二十三度 南 度	分
五一	八〇	〇五	三三	六一	〇一	四〇	四三	九〇	一一	九一	五三	一〇	二一	二二	五三	四五
六一	九〇	〇五	一三	八一	一一	〇〇	二三	六〇	二一	一一	二三	八五	三一	四二	三三	一五
七一	〇一	〇五	九二	六一	一一	八五	〇三	一一	二二	七五	一三	四二	四一	八一	二三	七五
八一	一一	三五	七二	〇三	二一	八五	八二	三二	四一	四〇	九二	七一	六二	八五	〇三	〇一
九一	二一	六五	五二	九四	三一	二四	六二	二四	五一	二〇	七三	六三	六一	五〇	八二	三一
〇二	四一	一〇	四二	二一	五一	一〇	五二	八〇	六一	三〇	六二	一〇	七一	四〇	六二	五五

六二	五二	四二	三二	二二	一二
一二	九一	八一	七一	六一	五一
九一	六五	九三	五二	四一	六〇
					二二
					三四
二二	〇二	九一	八一	七一	六一
三一	二五	五三	二二	二一	五〇
					三二
					七三
三二	一二	〇二	九一	八一	七一
八〇	八四	二三	〇二	一一	六〇
					四二
					二三
四二	二二	一二	〇二	九一	八一
三〇	四四	〇三	八一	一一	二一
					五二
					七二

黃緯二十三度半

距午時刻	北 度	北 分	南 度	南 分
	〇九	〇〇	〇九	〇〇
一	四二	〇四	五八	二一
二	七〇	〇三	〇八	六二
三	七〇	四〇	五七	八四
四	七〇	四三	一七	九一
五	七〇	七一	七六	二〇

四一	三一	二一	一一	〇一	九	八	七	六
二一	一一	一一	〇一	九〇	九〇	八〇	八〇	七〇
七二	四四	〇〇	一二	〇四	四一	二三	〇一	〇四
八三	〇四	三四	六四	九四	二五	五五	九五	二六
二三	三五	四二	六〇	一〇	〇一	一三	七〇	八五

黃緯 二十三度半

距午時刻	北度	分	南度	分
一五	一三	一一	三六	二一
一六	一四	〇〇	三四	一九
一七	一四	五一	三二	二五
一八	一七	五八	三〇	三八
一九	一六	三九	二八	五八
二〇	一七	三七	二七	二四

一二 八一 七三 五二 六五

二二 九一 二四

三二 〇二 八四

四二 二二 八一

五二 三二 四一

六二 四二 三三

北極出

黃緯	赤道		距午時刻 ○	一	二	三	四	五
○度		度	○九	○八	二七	六六	六五	○五
		分	○○	五○	六○	七五	七三	○一
一度	北	度	○九	○八	一七	三六	五五	八四
		分	○○	七三	六二	○○	一四	七五
	南	度	○九	一八	二七	四六	七五	一五
		分	○○	一一	三四	九四	○四	八一
二度	北	度	○九	○八	○七	二六	四五	七四
		分	○○	五○	八三	一○	一二	三二
	南	度	○九	一八	三七	五六	八五	二五
		分	○○	○三	四二	九三	九三	三二
三度	北	度	○九	九七	九六	○六	三五	六四
		分	○○	九三	三五	五五	七○	五二
	南	度	○九	一八	三七	六六	九五	三五
		分	○○	八四	三五	三二	五三	六二

地二十四度

六	七	八	九	一〇	一一	一二	一三	一四
四四	三九	三九	三一	二七	二四	二二	一九	一七
三〇	三三	〇九	二一	五六	五五	〇八	四〇	一九
四三	三八	三三	三〇	二六	二三	二一	一八	一六
一四	五〇	五六	〇七	四四	四四	一〇	三二	一八
四五	四〇	三六	三二	二九	二六	二三	二〇	一八
四〇	四四	二一	三三	〇六	〇〇	一四	一八	二二
四二	三六	三二	二八	二五	二二	一九	一七	一五
〇〇	五七	三八	五三	三三	三三	五三	三二	一三
四六	四一	三七	三三	三〇	二七	二四	一一	一九
五〇	五三	三三	四〇	一三	〇八	一九	四六	一六
四〇	五三	三一	二七	二四	二一	一八	一六	一四
三四	三八	二二	三七	一九	二三	四五	二一	二三
四七	四三	三八	三四	三一	二八	二五	二二	二〇
五五	〇一	四一	四九	二〇	一三	二四	三一	二六

距午時刻	黃緯○度 赤道 度	分	一度 北 度	分	一度 南 度	分	二度 北 度	分	二度 南 度	分	三度 北 度	分	三度 南 度	分
五一	五一	六三	四一	一一	六一	四一	三一	八〇	七一	五一	二一	八〇	八一	四一
六一	三一	二一	二一	二一	四一	三一	一一	一一	五一	二一	〇一	一一	六一	二一
七一	一一	〇二	〇一	三二	三一	九一	九〇	四一	三一	七一	八〇	三二	四一	五一
八一	九〇	三三	八〇	五三	〇一	〇三	七〇	九三	一一	八二	六〇	一四	二一	六二
九一	七〇	三五	六〇	五五	八〇	八四	五〇	八五	九〇	五四	五〇	〇〇	〇一	一四
〇二	六〇	二一	五〇	九一	七〇	〇一	四〇	四五	八〇	六〇	三〇	四二	九〇	一〇

一二	二二	三二	四二
四〇	三〇	二〇	〇〇
八三	九一	二三	〇〇
三〇	二〇	〇〇	〇〇
一四	〇一	三三	七五
五〇	四〇	二〇	
三三	〇〇	六三	
二〇	一〇	〇〇	二〇
六四	四一	九一	一五
六〇	四〇	三〇	
九二	五五	一二	
一〇	〇〇	一〇	二〇
八四	八一	五二	五四
七〇	五〇	四〇	
三二	〇五	六一	

黃緯	距午時刻			一	二	三	四	五
四度	北	度	〇九	九七	八六	九五	一五	五四
		分	〇〇	〇一	八五	七四	九四	一〇
	南	度	〇九	二八	四七	七六	〇六	四五
		分	〇〇	四〇	三二	九〇	八二	五二
五度	北	度	〇九	八七	八六	八五	〇五	三四
		分	〇〇	一四	〇〇	三三	五二	〇三
	南	度	〇九	二八	四七	七六	一六	五五
		分	〇〇	〇二	二五	〇五	八一	一二
六度	北	度	〇九	八七	六六	七五	八四	三四
		分	〇〇	五〇	六五	二一	四五	四〇
	南	度	〇九	二八	五七	八六	二六	六五
		分	〇〇	五三	一二	九二	六〇	五一
七度	北	度	〇九	七七	五六	五五	七四	〇四
		分	〇〇	七二	一五	六四	九一	一二
	南	度	〇九	二八	五七	九六	二六	七五
		分	〇〇	八四	七四	九〇	七五	一五

四一	三一	二一	一一	〇一	九	八	七	六
三一	五一	七一	〇二	三二	六二	九二	四三	九三
四〇	一一	三二	〇一	二〇	八一	八五	三一	一〇
一二	三二	六二	九二	二三	五三	九三	四四	八四
六二	一五	七二	七一	七三	四五	七四	八〇	二五
一一	四一	六一	八一	一二	四二	八二	二三	七三
七五	五〇	一二	三五	九五	六五	四三	六四	四四
二二	四二	七二	〇三	三三	六三	〇四	五四	九四
六二	一五	八一	六一	九二	八五	一五	九〇	八五
〇一	二一	五一	七一	〇二	三二	七二	一三	六三
一五	六五	九〇	九三	六二	三三	七〇	八一	六〇
三二	五二	八二	一三	四三	八三	一四	六四	〇五
五二	一五	八二	二二	二三	一〇	三五	〇一	七五
九〇	一一	三一	六一	九一	二二	五二	九二	四三
一四	〇〇	六三	一二	六〇	八〇	二三	四四	二三
四二	六二	九二	二三	五三	八三	二四	七四	一五
三二	〇五	〇三	三二	二三	五五	三五	〇一	三五

距午時刻	黃緯四度北 度	分	黃緯四度南 度	分	黃緯五度北 度	分	黃緯五度南 度	分	黃緯六度北 度	分	黃緯六度南 度	分	黃緯七度北 度	分	黃緯七度南 度	分
一五	一一	〇三	一九	一三	〇九	五九	一九	五〇	〇八	五二	一一	一〇	〇七	四六	二二	〇八
一六	〇九	〇九	一七	〇九	〇八	〇八	一八	〇八	〇七	〇五	一九	〇四	〇六	〇八	二〇	〇一
一七	〇七	二五	一五	一三	〇六	二八	一六	〇九	〇五	二〇	一七	〇七	〇四	一九	一八	〇二
一八	〇五	四二	一三	二二	〇四	四〇	一四	一八	〇三	四二	一五	一四	〇三	四一	一六	一〇
一九	〇四	〇五	一一	三八	〇三	〇二	一二	三二	〇二	〇四	一三	二九	〇一	一四	一四	二三
二〇	〇二	三〇	〇九	五七	〇一	三二	一〇	五二	〇〇	四〇	一一	四七	〇〇	一八	一二	四一

一二	二二	三二	四二	五二
〇〇	〇〇	二〇	三〇	
四五	五四	九〇	〇四	
七〇	六〇	五〇		
三五	四四	一一		
〇〇	一〇	三〇	四〇	六〇
〇〇	八二	三〇	七四	五〇
九〇	七〇	五〇		
三一	八三	九五		
〇〇	二〇	四〇	五〇	七〇
二五	一三	四〇	九二	三〇
〇一	八〇			
八〇	四三			
一〇	三〇	四〇	六〇	七〇
七五	七一	四五	四二	五五
一一	九〇			
九一	〇二			

黃緯		距午時刻	○	一	二	三	四	五
八度	北	度	○九	六七	四六	四五	五四	八三
		分	○○	四四	三四	四一	八三	八三
	南	度	○九	二八	六七	九六	三六	七五
		分	○○	三五	三一	二四	六三	七五
九度	北	度	○九	五七	三六	二五	三四	六三
		分	○○	七五	二一	一三	九四	○五
	南	度	○九	三八	六七	○七	四六	八五
		分	○○	四一	六三	六一	七一	六四
十度	北	度	○九	五七	一六	○五	一四	四三
		分	○○	二○	○四	八三	一五	三五
	南	度	○九	三八	七七	○七	四六	九五
		分	○○	五二	一○	二五	八五	一三
十一度	北	度	○九	三七	九五	八四	九三	二三
		分	○○	八五	三四	七二	六四	三五
	南	度	○九	二八	七七	一七	五六	○六
		分	○○	六三	一二	○二	四三	五一

四一	三一	二一	一一	〇一	九	八	七	六
八〇	〇一	二一	五一	七一	〇二	四二	八二	三三
二三	九三	一四	五〇	一四	〇四	六〇	九〇	五二
五二	七二	〇三	三三	六三	〇四	三四	八四	二五
一二	八四	八二	三二	二三	二〇	三五	七〇	八四
七〇	九〇	一一	三一	六一	九一	二二	六二	一三
四二	二二	三二	五四	六一	四一	五三	〇三	七〇
六二	八二	一三	四三	七三	〇四	四四	九四	三五
九一	六四	七二	一二	二三	三二	〇五	二〇	一四
六〇	八〇	〇一	二一	四一	七一	〇二	四二	九二
一一	〇一	三一	三二	一五	一四	六五	二四	七一
七二	九二	二三	五三	八三	一四	五四	九四	四五
六一	四四	四二	八一	九二	七五	五四	六五	一三
五〇	七〇	九〇	一一	三一	六一	九一	二二	七二
六〇	〇〇	一〇	六〇	〇三	一一	八一	八五	八二
八二	〇三	三三	六三	九三	三四	六四	〇五	五五
二一	〇四	〇二	四一	四二	一五	九三	九四	八一

黃緯	八度				九度				十度				十一度			
距午時刻	北		南		北		南		北		南		北		南	
刻	度	分	度	分	度	分	度	分	度	分	度	分	度	分	度	分
五一	六〇	二四	三二	五〇	五〇	三三	四二	二〇	四〇	八一	四二	八五	二〇	五二	五二	三五
六一	四〇	四五	〇二	七五	三〇	一五	一二	四五	二〇	五四	二二	九四	一〇	四四	三二	五四
七一	三〇	四一	八一	九五	二〇	一一	九一	四三	一〇	二二	〇二	九四	〇〇	〇〇	一二	五四
八一	一〇	四四	七一	六〇	〇〇	〇五	八一	〇〇	〇〇	〇〇	八一	五五	一〇	一四	九一	〇五
九一	〇〇	〇〇	五一	八一	〇〇	三四	六一	三一	一〇	五五	七一	八〇	二〇	四五	八一	二〇
〇二	一〇	四二	三一	六三	二〇	二二	四一	〇三	三〇	九一	五一	五二	四〇	六一	六一	八一

五二	四二	三二	二二	一二
九〇	七〇	五〇	四〇	二〇
二一	九一	〇五	〇二	五五
			〇一	一一
			三二	八五
九〇	八〇	六〇	五〇	三〇
五四	四一	五四	七一	九四
			一一	二一
			七二	二五
〇一	九〇	七〇	六〇	四〇
九三	九〇	一四	四一	六四
			二一	三一
			二一	六四
一一	〇一	八〇	七〇	五〇
四三	四〇	六三	一一	四四
			三一	四一
			六〇	二四

黄緯	距午時刻		○	一	二	三	四	五
十二度	北	度	○九	二七	七三	六四	七三	○三
		分	○○	九四	八三	七○	八二	五四
	南	度	○九	三八	七七	一七	六六	○六
		分	○○	七四	○四	八四	○一	四五
十三度	北	度	○九	一七	五五	三四	五三	八二
		分	○○	六二	五二	九三	五○	九二
	南	度	○九	三八	七七	二七	六六	一六
		分	○○	七五	九五	五一	五四	五三
十四度	北	度	○九	九六	三五	一四	二三	六二
		分	○○	九四	四○	三○	八二	五○
	南	度	○九	四八	八七	二七	七六	二六
		分	○○	六○	八一	三四	○二	六一
十五度	北	度	○九	七六	○五	八三	九二	三二
		分	○○	四五	四三	○二	四四	四三
	南	度	○九	四八	八七	三七	七六	二六
		分	○○	六一	七三	八○	五五	八五

六	七	八	九	〇一	一一	二一	三一	四一
五二	一二	七一	四一	二一	九〇	七〇	五〇	三〇
一三	八〇	六三	七三	五〇	五四	五四	六四	六四
六五	一五	七四	三四	〇四	七三	四三	一三	九二
四〇	九三	一三	四四	八一	九〇	五一	五二	七〇
三二	九一	五一	三一	〇一	八〇	六〇	四〇	二〇
五二	一一	〇五	〇〇	五三	〇二	五二	九二	九三
六五	二五	八四	四四	一四	八三	五三	二三	〇三
九四	八二	二二	七三	二一	四〇	九〇	〇三	一〇
一二	〇一	四一	一一	九〇	〇〇	五〇	二〇	一〇
一一	四一	〇〇	九一	一〇	〇五	一〇	八〇	三一
七五	三五	九四	五四	二四	八三	六三	三三	〇三
四三	六一	三一	〇三	五〇	八五	三〇	四二	九五
八一	五一	二一	九〇	七〇	五〇	三〇	一〇	〇〇
五五	五一	六〇	二三	四二	〇二	三三	七四	六五
八五	四五	〇五	六四	二四	九三	六三	四三	一三
〇二	二〇	三〇	三二	九五	二五	八五	八一	〇五

黃緯		距午時刻	五一	六一	七一	八一	九一	〇二
十二度	北	度	二〇	〇〇	一〇	二〇	三一	五〇
		分	八一	三二	六〇	二二	三五	四一
	南	度	六二	四二	二二	〇二	八一	七一
		分	八四	〇四	八三	四四	七五	二一
十三度	北	度	一〇	〇〇	二〇	三〇	四〇	六〇
		分	八四	〇〇	八〇	七三	三五	三一
	南	度	七二	五二	三二	一二	九二	八一
		分	三四	四三	三三	八三	一五	七〇
十四度	北	度	〇〇	一〇	三〇	四〇	五〇	七〇
		分	四二	七二	六〇	九二	四五	四一
	南	度	八二	六二	四二	二二	〇二	九一
		分	七三	七二	六二	二三	四四	一〇
十五度	北	度	一〇	二〇	四〇	五〇	六〇	八〇
		分	三二	七三	一一	四三	三五	四一
	南	度	九二	七二	五二	三二	一二	九一
		分	一三	一二	〇二	六二	八三	五五

一二	二二	三二	四二	五二
六〇	八〇	九〇	〇一	二一
二四	七〇	二三	九五	九二
五一	四一			
七三	〇〇			
七〇	九〇	〇一	一一	三一
九三	三〇	九二	五五	三二
六一	四一			
一三	五五			
八〇	九〇	一一	二一	四一
七二	九五	四二	〇五	八一
七一	五一			
四二	九四			
九〇	〇一	二一	三一	五一
五三	七五	〇二	五四	三二
八一	六一			
七一	三四			

黃緯		距午時刻		一	二	三	四	五
十六度	北	度	〇九	四六	六四	五三	六二	一二
		分	〇〇	二五	一五	〇〇	一五	六〇
	南	度	〇九	四八	八七	三七	八六	三六
		分	〇〇	五二	三五	二三	五二	四三
十七度	北	度	〇九	一六	二四	一三	三二	八一
		分	〇〇	六三	四五	六二	五四	五二
	南	度	〇九	四八	九七	三七	八六	四六
		分	〇〇	三三	〇一	六五	五五	〇一
十八度	北	度	〇九	八五	八三	七二	〇二	九一
		分	〇〇	六〇	三四	五三	五二	〇三
	南	度	〇九	四八	九七	四七	九六	四六
		分	〇〇	一四	六二	九一	四二	三四
十九度	北	度	〇九	四五	四三	三二	六一	二一
		分	〇〇	五二	三二	六三	三五	六二
	南	度	〇九	四八	九七	四七	九九	五六
		分	〇〇	九四	二四	三四	四五	〇二

四一	三一	二一	一一	〇一	九	八	七	六
〇〇	〇〇	二〇	三〇	六一	七〇	〇一	三一	六一
二四	四四	二二	七四	一〇	三五	九一	二二	九四
二三	五三	七三	〇四	三四	七四	〇五	四五	九五
三四	一一	〇五	三四	〇五	二一	〇五	六四	〇〇
二〇	一〇	〇〇	二〇	四〇	六一	八〇	一一	四一
六一	二一	一三	〇三	三三	八〇	五二	五一	九二
三三	六三	八三	一四	四四	八四	一五	五五	九五
五三	四〇	二四	四三	〇四	〇〇	六三	〇三	〇四
三〇	二〇	〇〇	〇〇	二〇	四〇	六〇	八〇	一一
八二	二〇	四五	〇〇	六五	六一	四二	四五	五五
四三	六三	九三	二四	五四	八四	二五	六五	〇六
七二	六五	四三	四二	九二	八四	二二	三一	〇五
四〇	二〇	二〇	〇〇	一〇	二〇	四〇	六〇	九〇
〇五	二三	九一	〇〇	三一	七一	八一	一二	九〇
五三	七三	〇四	三四	六四	九四	三五	六五	一六
九一	七四	五二	五一	八一	六三	八〇	六五	〇四

距午時刻	黃緯十六度 北 度	分	十六度 南 度	分	十七度 北 度	分	十七度 南 度	分	十八度 北 度	分	十八度 南 度	分	十九度 北 度	分	十九度 南 度	分
五一	二〇	二三	〇三	四二	三〇	一三	一三	七一	四〇	六五	二三	一二	六〇	八〇	三三	六〇
六一	二〇	二五	八二	四一	四〇	八五	九二	七〇	六〇	八〇	〇三	一〇	七〇	五一	〇三	三五
七一	五〇	三一	六二	四一	六〇	〇二	七二	七〇	七〇	四二	八二	〇〇	八〇	一二	八二	二五
八一	六〇	七三	四二	〇二	七〇	〇四	五二	三一	八〇	三四	六二	六〇	九〇	五四	六二	八五
九一	七〇	四五	二二	一三	八〇	六五	三二	五二	九〇	九五	四二	八一	一一	〇〇	五二	一一
〇二	九〇	二一	〇二	八四	〇一	五一	一二	二四	一一	四一	二二	五一	二一	四一	三二	九二

一二	二二	三二	四二	五二	六二
〇一	一一	三一	四一	六一	
三三	四五	六一	一四	八〇	
九一	七一				
三一	八三				
一一	二一	四一	五一	七一	八一
一三	二五	三一	六三	三〇	二三
〇二					
八〇					
二一	三一	五一	六一	七一	九一
〇三	九四	九〇	二三	八五	七二
一二					
一〇					
三一	四一	六一	七一	八二	〇二
九二	七四	六〇	八二	三五	一二
一二					
三五					

黃緯			距午時刻	○	一	二	三	四	五
二十度	北	度		〇九	八四	八二	八一	二一	九〇
		分		〇〇	八一	五二	八四	五五	〇三
	南	度		〇九	四八	九七	五七	〇七	五六
		分		〇〇	七五	六五	四〇	二二	三五
二十一度	北	度		〇九	〇四	一二	三一	九〇	六〇
		分		〇〇	〇一	七五	七五	九〇	六〇
	南	度		〇九	五八	〇八	五七	〇七	六六
		分		〇〇	四〇	一一	五二	九四	四二
二十二度	北	度		〇九	九二	五一	八〇	五〇	三〇
		分		〇〇	八三	四〇	四五	〇三	一一
	南	度		〇九	五八	〇八	五七	一七	六六
		分		〇〇	一一	五二	五四	四一	五五
二十三度	北	度		〇九	五一	六〇	三〇	〇〇	一〇
		分		〇〇	五三	八四	一四	八二	二三
	南	度		〇九	五八	〇八	六七	一七	七六
		分		〇〇	七一	八二	四〇	九三	五二

四一	三一	二一	一一	〇一	九	八	七	六
六〇	四〇	三〇	二〇	一〇	〇〇	二〇	四〇	六四
五〇	八五	五四	八三	七〇	〇〇	一二	〇二	八二
六三	八三	一四	四四	七四	〇五	三五	七五	一六
一一	八三	五〇	四〇	六〇	二二	二五	六三	九三
八〇	六〇	五〇	三〇	二〇	一〇	一〇	一〇	三〇
八二	五一	〇一	八五	二五	七〇	三一	三四	五五
七三	九三	二四	五四	七四	一五	四五	八五	二六
一〇	八二	四〇	七〇	三五	七〇	四三	七一	三一
九〇	七〇	六〇	五〇	四〇	二〇	一〇	一〇	〇〇
二四	二四	六三	四〇	〇三	七一	六四	〇二	四三
七三	〇四	二四	五四	八四	一五	五五	八五	二六
二五	八一	二一	〇四	九三	一五	六一	五九	八四
〇一	九〇	八〇	七〇	六〇	五〇	四〇	三〇	二〇
二一	〇〇	四〇	二一	五〇	四一	二一	八一	四三
八二	一四	三四	六四	九四	二五	五五	九五	三六
二四	六〇	一四	七二	四二	六二	七五	二三	三二

黃緯	二十度				二十一度				二十二度				二十三度			
距午時刻	北		南		北		南		北		南		北		南	
	度	分	度	分	度	分	度	分	度	分	度	分	度	分	度	分
五一	七〇	二二	三三	八四	八〇	二三	四三	五四	九〇	六四	五三	六二	〇一	七一	六三	六二
六一	八〇	〇三	一三	六五	九〇	〇四	二三	五二	〇一	九四	三三	八二	二一	三〇	四三	九一
七一	九〇	〇四	九二	五四	〇一	七四	二三	七三	一一	五五	一三	九二	二一	二〇	二三	〇二
八一	〇一	〇五	七二	〇五	一一	六五	八二	四四	二一	四四	九二	九二	四一	六〇	〇三	八二
九一	二一	三〇	六二	四〇	三一	四〇	六二	七五	四一	七〇	七二	〇五	五一	二一	八二	三三
〇二	三一	一一	四二	三二	四一	七一	五二	七一	五一	一一	六二	九〇	六一	九一	七二	三〇

六二	五二	四二	三二	二二	一二
一二	九一	八一	七一	五一	四一
六一	八四	四二	二〇	四四	九二
					二二
					六四
二二	〇二	九一	七一	六一	五一
〇一	三四	九一	〇二	三四	八二
					三二
					一四
三二	一二	〇二	八一	七一	六一
四〇	八三	六一	七五	一四	八二
					四二
					四三
三二	二二	一二	九一	八一	七一
八五	二三	二一	四五	〇四	八二
					五二
					八二

黃緯 二十三度半

距午時刻	北 度	北 分	南 度	南 分
	〇九	〇〇	〇九	〇〇
一	〇〇	二〇	五八	一二
二	一〇	七〇	〇八	五四
三	二〇	二五	六七	一四
四	一〇	二四	一七	二五
五	〇〇	〇〇	七六	一四

四一	三一	二一	一一	〇一	九	八	七	六
〇一	九〇	八〇	七〇	七〇	六〇	五〇	四〇	三〇
六四	七四	七五	七五	〇〇	九〇	四二	八三	〇四
九三	一四	四四	六四	九四	二五	六五	七五	五六
八〇	二二	六〇	二五	八四	七五	九一	二五	一四

黃緯 二十三度半

距午時刻	一五	一六	一七	一八	一九	二〇
度	一一	一二	一三	一四	一五	一六
分	四一	四〇	三九	四四	四二	五二
度	三六	三四	三二	三〇	二九	二七
分	五二	四六	四七	五六	一一	三〇

一二 七一 九五 五二 七五

二二 九一 一一

三二 〇二 五二

四二 一二 二四

五二 三二 三〇

六二 四二 八二

黃緯	赤道	距午時刻	〇	一	二	三	四	五
			北		極		出	
〇度	赤道	度	〇九	一八	三七	五六	七五	二五
		分	〇〇	〇三	九五	六三	〇五	一二
一度	北	度	〇九	一八	二七	四六	七五	一五
		分	〇〇	一一	二四	七四	五三	〇三
	南	度	〇九	一八	三七	六六	九五	二五
		分	〇〇	七四	一五	一二	〇三	四一
二度	北	度	〇九	〇八	二七	三六	六五	〇五
		分	〇〇	一五	四〇	六五	四三	四〇
	南	度	〇九	二八	四七	七六	〇六	四五
		分	〇〇	四〇	一二	五〇	二二	五一
三度	北	度	〇九	〇八	一七	三六	五五	八四
		分	〇〇	九二	三二	〇一	九二	三五
	南	度	〇九	二八	四七	七六	一六	五五
		分	〇〇	九一	二五	六四	〇二	六二

地二十六度

四一	三一	二一	一一	○一	九	八	七	六
八一	一二	三二	六二	九二	三三	七三	一四	六四
六三	三○	○四	五三	○五	八○	二一	八三	八三
七一	九一	二二	五二	八二	二三	六三	○四	五四
二二	九五	七三	八二	七三	七○	四○	九二	五四
九一	二二	四二	七二	○二	四三	八三	二四	七四
五三	六二	四四	八三	一五	四二	二三	五四	二四
六一	八一	一二	四二	六二	○三	四三	九二	四四
二三	八三	二三	○二	六四	七五	一五	六一	○二
○二	三二	五二	八二	一三	五三	九三	三四	八四
七三	六○	七四	四四	四五	五一	五二	一五	五四
五一	七一	○二	二二	六二	九二	三三	八三	三四
七二	○五	四二	一一	七一	四五	八三	三一	五○
一二	四二	六二	九二	五二	六三	○四	四四	九四
四四	三二	七四	四四	五二	二三	九二	二五	五三

黃緯	○度 赤道		一度 北		一度 南		二度 北		二度 南		三度 北		三度 南	
距午時刻	度	分	度	分	度	分	度	分	度	分	度	分	度	分
五一	六一	〇二	六一	八四	七一	九一	四一	九一	八一	八二	三一	九一	九一	七一
六一	四一	七二	三一	五一	五一	〇一	二一	五一	六一	九〇	一一	四一	七一	六〇
七一	二一	三一	一一	四一	三一	一一	〇一	二二	四一	二二	九〇	八一	五一	三〇
八一	〇一	八一	九〇	一二	一一	四一	八〇	五二	二一	一一	七〇	三三	三一	五〇
九一	八〇	一二	七〇	二三	九〇	四二	六〇	六三	〇一	九一	五〇	九三	一一	四一
〇二	六〇	四四	五〇	七四	七〇	七三	四〇	一五	八〇	一三	三〇	七五	九〇	六二

一二	二二	三二	四二
四〇	三〇	二〇	
九五	七三	〇四	
四〇	二〇	〇〇	〇〇
三二	三二	五四	四五
六〇	四〇	二〇	
九〇	二一	三三	
三〇	一〇	〇〇	一〇
〇一	一三	〇〇	九四
六〇	五〇	三〇	
八四	七〇	八二	
二〇	〇〇	一〇	一〇
六一	八二	三〇	六一
七〇	六〇	四〇	
二四	一〇	九一	

黄緯	距午時刻			一	二	三	四	五
四度	北	度	〇九	〇八	〇七	二六	四五	七四
		分	〇〇	六〇	三四	一〇	〇二	八三
	南	度	〇九	二八	五七	八六	一六	六五
		分	〇〇	七四	〇二	四二	九五	五〇
五度	北	度	〇九	九七	九六	〇六	三五	六四
		分	〇〇	〇四	二五	八五	六〇	八[illegible]
	南	度	〇九	二八	五七	九六	二六	六五
		分	〇〇	七四	四四	一〇	四四	六九
六度	北	度	〇九	九七	九六	八五	二五	四四
		分	〇〇	二一	一〇	五〇	四一	七五
	南	度	〇九	三八	六七	九六	三六	七五
		分	〇〇	〇〇	九〇	六三	七二	六四
七度	北	度	〇九	八七	八六	八五	〇五	三四
		分	〇〇	五四	四〇	五三	二一	九二
	南	度	〇九	三八	六七	〇七	四六	八五
		分	〇〇	二一	二三	九〇	八〇	七〇

四一	三一	二一	一一	〇一	九	八	七	六
四一	七一	九一	二二	五二	八二	四三	六三	一四
五二	四〇	六一	二〇	六〇	三五	六四	六四	八四
三二	五二	二二	〇三	五三	七三	一四	五四	〇五
三〇	五一	七四	六四	〇三	四三	一三	三五	九三
三一	五一	八一	〇二	三二	七二	一三	五三	〇四
七一	七三	七〇	〇五	一五	五一	三〇	六二	九二
三二	六二	八二	一三	五三	八三	二四	六四	一五
一二	四〇	八四	六〇	〇〇	四三	九三	二五	八三
二一	四一	六一	九一	二二	六二	九二	四三	九三
七一	一三	六五	七三	〇三	九一	一四	三〇	四〇
四二	七二	九二	二三	六三	九三	三四	七四	二五
〇三	二〇	九五	七三	一〇	四三	八二	八四	二三
一一	三一	五一	八一	二二	四二	八二	二三	七三
一一	四一	八四	三二	七五	二三	〇二	六二	六三
五二	七二	一三	三三	五三	〇四	四四	八四	三五
六二	九五	〇二	三四	八五	一三	五二	三四	三二

黄緯	距	時刻	一五	一六	一七	一八	一九	二〇
四度	北	度	一二	一〇	〇八	〇七	〇四	〇三
		分	一七	一三	二〇	〇二	四五	〇八
	南	度	二一	一八	一五	一四	一二	一〇
		分	三四	〇六	五九	〇二	一九	二一
五度	北	度	一一	〇九	〇七	〇五	〇三	〇二
		分	一四	一四	二二	〇二	四四	〇〇
	南	度	一一	一八	一六	一四	一三	一一
		分	一一	五九	五四	五六	〇三	一五
六度	北	度	一〇	〇八	〇六	〇四	〇二	〇一
		分	一〇	一三	一九	三五	四六	一六
	南	度	二二	一九	一七	一五	一三	一三
		分	〇八	五四	五一	五一	五八	〇九
七度	北	度	〇九	〇七	〇五	〇三	〇一	〇〇
		分	〇七	〇九	一九	三五	五四	〇一
	南	度	二三	二〇	二八	一六	一四	二三
		分	三〇	五〇	四四	四五	五一	〇三

四二	三二	二二	一二
四〇	一〇	〇〇	一〇
〇〇	九五	六三	六二
	五〇	六〇	八〇
	五一	四五	六三
四〇	二〇	一〇	〇〇
九二	一五	五一	〇三
	六〇	七〇	九〇
	八〇	八四	〇三
五〇	三〇	二〇	〇〇
五二	七四	〇一	八三
	七〇	八〇	〇一
	二〇	二四	五五
六〇	四〇	三〇	一〇
八一	〇四	四〇	四三
	七〇	九〇	一一
	六五	六三	七一

黄緯	距午	時刻	○	一	二	三	四	五
八度	北	度	〇九	八七	七六	七五	八四	二四
		分	〇〇	八〇	四三	〇二	七五	一〇
	南	度	〇九	三八	六七	〇七	四六	九五
		分	〇〇	三二	四五	〇四	一五	五二
九度	北	度	〇九	七七	五六	五五	七四	〇四
		分	〇〇	〇三	六五	二五	一二	一二
	南	度	〇九	三七	七七	一七	五二	〇六
		分	〇〇	四三	五一	一一	三三	一〇
十度	北	度	〇九	六七	四六	四五	三四	八三
		分	〇〇	九四	三四	七一	九三	八二
	南	度	〇九	三八	七七	一七	六六	〇六
		分	〇〇	四四	九三	四〇	二〇	二四
十一度	北	度	〇九	六七	三六	二五	三四	六三
		分	〇〇	二〇	一二	七三	二五	〇五
	南	度	〇九	三八	七七	一七	六六	〇六
		分	〇〇	四五	四五	四五	六三	五二

四一	三一	二一	一一	〇一	九	八	七	六
〇一	三一	四二	七一	〇二	三二	七二	一三	五三
一二	〇五	六三	九〇	三〇	二一	四〇	七五	二五
六一	八二	一三	四二	七二	一四	五四	九四	四五
二二	六五	一四	九二	六五	八二	〇二	五三	四一
九〇	一一	三一	九一	八二	一二	五二	九二	四三
〇〇	三〇	〇二	三五	八二	九四	三二	四三	七二
七二	九二	二三	五三	八三	二四	六四	〇五	五五
八一	一五	六三	七三	一五	一二	二一	八二	三〇
七〇	九〇	二一	四一	七一	〇二	三二	七二	二三
七四	〇五	七〇	三三	九一	一二	三五	八五	七四
八二	〇三	三三	九三	九三	三四	七四	二五	五五
三一	九四	七一	〇三	五四	六一	五〇	七一	九四
六〇	八〇	〇一	三一	五一	八一	二二	六二	一三
九三	六三	〇五	三一	九五	四五	七一	八一	一〇
九二	一三	四三	七三	〇四	四四	七四	二五	六五
六〇	〇四	九〇	五二	八三	九〇	七五	五〇	四〇

黃緯八度 九度 十度 十一度

距午時刻	八度北 度	分	八度南 度	分	九度北 度	分	九度南 度	分	十度北 度	分	十度南 度	分	十一度北 度	分	十一度南 度	分
五一	八〇	〇〇	四三	一〇	六〇	五五	四二	三五	五〇	二五	五二	九四	四〇	六四	六二	二四
六一	六〇	八一	一二	五四	四〇	八五	二二	〇四	三〇	七五	三二	九五	二〇	九五	四三	一三
七一	四〇	六一	九一	九三	三〇	七一	〇二	五三	二〇	二一	一二	七二	一〇	九一	二二	一二
八一	二〇	九三	七一	〇四	一一	二三	八一	一三	〇〇	〇〇	九一	七二	〇〇	四二	〇二	〇二
九一	〇〇	四四	五一	八四	〇〇	〇〇	六一	四二	一〇	〇一	七一	三三	二〇	一〇	八一	六二
〇二	一〇	六四	三一	七五	一〇	八五	四一	〇五	二〇	二四	五一	三四	三〇	六三	六一	九二

五二	四二	三二	二二	一二
八〇	七〇	五〇	四〇	二〇
〇五	二七	六三	一〇	四二
			〇一	二一
			九二	七一
九〇	八〇	六〇	四〇	三〇
四四	六〇	一三	四五	一二
			一一	三一
			三二	五〇
〇一	九〇	七〇	六〇	四〇
七三	一〇	六二	三二	三二
			二一	四一
			七一	二〇
一一	九〇	八〇	六〇	五〇
五三	五五	〇二	六四	二一
			二二	四一
			〇一	一五

黃緯十二度　十三度　十四度　十五度

距午時刻	十二度北 度	分	十二度南 度	分	十三度北 度	分	十三度南 度	分	十四度北 度	分	十四度南 度	分	十五度北 度	分	十五度南 度	分
○	〇九	〇〇	〇九	〇〇	〇九	〇〇	〇九	〇〇	〇九	〇〇	〇九	〇〇	〇九	〇〇	〇九	〇〇
一	五七	八〇	四八	四〇	四〇	八〇	四八	三一	二七	九五	四八	一二	一七	七三	六一	〇二
二	一六	九〇	八七	三一	〇六	九〇	八七	一三	八五	三一	八七	八四	六五	六〇	九七	四〇
三	〇五	四四	二七	四三	八四	四四	二七	〇五	六四	四三	三七	二二	四四	七〇	三七	七四
四	一四	四五	七六	〇一	九三	九四	七六	二四	七三	三四	八六	三一	四三	七二	八六	三四
五	四三	二五	二六	四〇	二二	四五	二六	一四	〇三	六四	三六	八一	八二	八二	三六	四五

六	七	八	九	〇一	一一	二一	三一	四一
一三	四二	〇二	七一	四一	二一	九〇	七〇	五〇
九二	三三	一四	〇二	八二	五〇	一三	四二	六二
七五	二五	八四	五五	〇四	八三	五三	二三	五三
八一	二五	七四	〇〇	一三	一一	九四	四三	九五
七二	二二	九一	五一	三一	〇一	八〇	六〇	四〇
三二	七四	一〇	八四	〇〇	一三	二一	二一	四一
八五	三五	〇五	五四	二四	九三	六三	四三	〇三
一〇	四〇	〇一	〇五	九一	〇一	五一	五一	二五
五一	〇二	七一	四一	一一	九〇	六〇	五〇	三〇
〇一	五五	六一	二一	四一	四〇	四五	三〇	三〇
八五	四五	〇五	六四	三四	〇四	七三	四三	一三
八三	二二	二二	九三	二二	二〇	四〇	九一	五四
二二	九一	五二	二一	九〇	七〇	五〇	二〇	一一
七一	二一	二三	三三	五五	九三	三三	五四	一〇
九五	五五	二五	七四	四四	〇四	七三	五三	二三
一二.	九〇	八〇	八三	二一	二五	五五	二〇	七三

黃緯	十二度				十三度				十四度				十五度			
距午時	北		南		北		南		北		南		北		南	
刻	度	分	度	分	度	分	度	分	度	分	度	分	度	分	度	分
五一	三〇	〇四	七二	六三	二〇	六三	八二	八二	一〇	三一	九二	三二	〇〇	八二	一三	五一
六一	二〇	三〇	五二	一二	〇〇	〇〇	六二	六四	〇〇	六五	七二	九〇	一〇	三二	七三	八五
七一	〇〇	四三	三二	四一	〇〇	八〇	四二	五一	一〇	三五	五二	〇〇	二〇	九五	五二	二五
八一	一〇	五二	〇二	五五	二〇	四三	二二	六〇	三〇	三三	二二	九五	四〇	二三	三二	一五
九一	三〇	〇〇	九一	六一	四〇	四〇	〇二	七一	五〇	〇〇	一二	二〇	六〇	一〇	一二	七二
〇二	四〇	六三	七一	〇三	五〇	三二	八一	七二	六〇	一三	九一	六一	七〇	一四	〇二	九〇

一二	二二	三二	四二	五二	六二
六〇	七〇	九〇	〇一	二一	四一
八〇	一四	一一	九四	五二	四〇
五一	四一				
五四	三〇				
七〇	八〇	〇一	一一	三一	四一
八〇	七三	〇一	三四	四〇	九四
六一	四一				
八三	七五				
八〇	九〇	一〇	二一	四一	五一
四〇	三三	七四	八三	三一	〇五
七一	五一				
一三	一五				
八〇	〇一	二一	三一	五一	六一
九九	〇三	〇〇	二三	七〇	六四
八七					
四二					

距午時刻	黃緯十六度北度	黃緯十六度北分	黃緯十六度南度	黃緯十六度南分	黃緯十七度北度	黃緯十七度北分	黃緯十七度南度	黃緯十七度南分	黃緯十八度北度	黃緯十八度北分	黃緯十八度南度	黃緯十八度南分	黃緯十九度北度	黃緯十九度北分	黃緯十九度南度	黃緯十九度南分
○	〇九	〇〇	〇九	〇〇	〇九	〇〇	〇九	〇〇	〇九	〇〇	〇九	〇〇	〇九	〇〇	〇九	〇〇
一	〇七	一〇	〇二	一三	八六	六〇	三二	一五	五六	九四	六二	五四	一六	七五	九二	七二
二	四五	七一	九七	九一	一五	二〇	九七	四三	七四	四三	九七	八五	三四	〇九	〇八	五〇
三	一四	六二	四七	〇一	八七	三三	四七	二三	五三	一二	六七	四三	一三	〇四	八七	六二
四	二三	八二	九六	二一	九二	二五	九六	九五	六二	八五	〇七	七〇	三二	〇五	〇七	六三
五	六二	三〇	四六	八二	三二	六三	五六	一〇	一二	一〇	五六	七四	八一	六一	六六	五〇

四一	三一	二一	一一	〇一	九	八	七	六
〇〇	二〇	四〇	六〇	八〇	一一	三一	七一	一二
四四	七二	四一	六二	五二	八〇	二四	二〇	一二
三三	六三	九三	一四	四四	八四	一五	五五	〇六
九二	二〇	九二	四三	一五	七一	四五	八四	〇〇
〇〇	一〇	二〇	四〇	六〇	九〇	二一	四一	八一
八二	二二	六五	五四	二五	五一	〇〇	九五	二五
五三	六三	九三	二四	五四	九四	二五	六五	〇六
六〇	二五	七三	一三	〇四	三〇	七三	一一	八三
一〇	〇〇	一〇	三〇	五〇	七〇	九〇	二一	六一
九四	八三	二四	七二	八一	七二	六五	五五	五三
五二	七三	〇四	三四	六四	九四	三九	七五	〇六
二二	三一	四二	一二	六二	七一	〇二	〇一	四一
三〇	二〇	〇〇	一〇	四一	五〇	八〇	〇一	四一
〇一	〇〇	〇〇	二三	八四	四四	三一	四四	三〇
六三	八三	一四	四四	七四	〇五	四五	七五	一六
〇〇	一三	三一	八〇	六〇	七七	〇〇	八四	〇五

黃緯	十六度				十七度				十八度				十九度			
距午時	北		南		北		南		北		南		北		南	
刻	度	分	度	分	度	分	度	分	度	分	度	分	度	分	度	分
五一	二〇	二三	一三	五〇	二〇	四〇	一三	六五	三〇	〇二	二三	八四	四〇	七二	三三	八一
六一	二〇	八二	八二	〇九	三〇	四二	九二	二四	四〇	二五	〇三	三三	五〇	八五	一三	四二
七一	四〇	八〇	六二	三四	五〇	一一	七二	五三	六〇	五一	八二	七二	七〇	九三	九二	八一
八一	五〇	五三	四二	四四	六〇	九三	五二	六三	七〇	五三	六二	六二	八〇	三四	七二	九一
九一	七〇	九〇	二二	二四	八〇	二〇	三二	二四	九〇	五〇	四一	四三	〇一	六〇	九二	八二
〇二	八〇	一二	一二	二〇	九〇	八二	一二	四五	〇一	一二	二二	六四	一一	二二	三二	九三

一二	二二	三二	四二	五二	六二	七二
九〇	一一	二一	四一	六一	七一	
八五	六二	六五	七二	二〇	七三	
九一						
七三						
一一	二一	三一	五一	六一	八一	
六〇	三二	三五	二二	五五	一〇	
〇二						
〇一						
一一	三一	四一	六一	七一	九一	
四五	九一	七四	九一	二二	四二	
一二						
三〇						
二一	四一	五一	九一	八一	〇二	一二
三五	六二	三四	二一	三四	八一	六五
二二						
六五						

黃緯		距午時刻	○	一	二	三	四	五
二十度	北	度	〇九	九五	九三	七二	〇二	五一
		分	〇〇	八一	二三	一五	〇三	〇三
	南	度	〇九	一三	〇八	五七	〇七	六六
		分	〇〇	八三	六一	三三	九五	五三
二十一度	北	度	〇九	四五	四三	三二	六一	二一
		分	〇〇	九四	七四	八三	七五	五一
	南	度	〇九	三三	〇八	五七	一七	七七
		分	〇〇	六三	〇三	一五	七四	五〇
二十二度	北	度	〇九	八四	八二	九一	三一	九〇
		分	〇〇	九四	四四	四二	〇一	六〇
	南	度	〇九	五三	〇八	六七	一七	七六
		分	〇〇	九二	二四	二一	一五	四三
二十三度	北	度	〇九	〇四	二二	四一	九〇	六〇
		分	〇〇	六二	四二	一〇	三一	一二
	南	度	〇九	七三	〇八	六七	二七	八六
		分	〇〇	五一	六五	九二	〇一	一〇

四一	三一	二一	一一	〇一	九	八	七	六
四〇	二一	一〇	〇〇	一〇	六〇	六〇	八〇	一一
〇三	三二	〇五	〇〇	三四	二五	八〇	一三	三三
六三	九三	二四	四四	七四	一五	四五	八五	二六
一五	六一	一〇	三五	七五	四一	五五	七二	五二
五〇	四〇	二〇	一〇	〇〇	二〇	四〇	六〇	八〇
一四	四一	一四	三〇	〇〇	六〇	〇〇	三二	二三
七三	〇四	二四	五四	九四	二五	五五	九五	二六
八三	九〇	九四	九三	二一	六一	七四	四〇	八五
六〇	五〇	四〇	三〇	一〇	〇〇	一〇	三〇	六〇
七五	九〇	七二	五〇	三五	四二	六四	三四	三二
八三	〇四	二四	六四	九四	二五	六五	九五	三六
七二	六五	六三	二二	六二	八三	六〇	一四	一三
八〇	七〇	五〇	四〇	三〇	二〇	一〇	二〇	三〇
八三	九〇	一五	九二	五二	八一	三四	五三	三三
九三	一四	四四	七四	〇五	三五	六五	〇六	四六
七一	三四	九二	〇一	九〇	二〇	二四	七一	三〇

黃緯		距午時刻	一五	一六	一七	一八	一九	二〇
二十度	北	度	〇五	〇七	〇八	〇九	一一	一二
		分	一五	〇八	二七	四九	〇九	三〇
	南	度	三四	三二	三〇	二八	二六	二四
		分	二八	一五	〇九	一一	一八	三一
二十一度	北	度	〇六	〇八	〇九	一〇	一二	一三
		分	五九	一六	三四	五二	一〇	三〇
	南	度	三五	三三	三〇	二九	二七	二五
		分	四四	〇五	五九	〇二	一一	二五
二十二度	北	度	〇八	〇九	一〇	一一	一三	一四
		分	一〇	二五	一八	九七	一二	四五
	南	度	三六	三三	三一	二九	二八	二六
		分	〇七	五五	五一	五三	〇二	一六
二十三度	北	度	〇九	一〇	一一	一三	二四	一五
		分	二六	三三	四八	〇三	一五	二一
	南	度	三七	三四	三二	二〇	二九	二七
		分	〇二	四四	四一	四四	五三	〇七

七二	六二	五二	四二	三二	二二	一二
二二	二二	五一	八一	六一	五一	三一
五四	二一	八三	七〇	九三	四一	〇五

三二	二二	〇二	九一	七一	六一	四一
二四	五〇	二三	一〇	九四	一一	〇五

四二	二二	一二	九一	八一	七一	五二
五三	九五	六二	八五	三五	〇一	五四

五二	三二	二二	〇二	九一	八一	七一
八二	二五	一二	三五	七二	七〇	四〇

黃緯 二十三度半

距午時刻	北 度	北 分	南 度	南 分
〇	〇九	〇〇	〇九	〇〇
一	五三	一四	八三	七〇
二	八一	四五	一八	一〇
三	一一	九二	六七	八三
四	七〇	四三	二七	三二
五	四〇	一〇	八六	九一

四一	三一	二一	一一	〇一	九	八	七	六
八〇	七〇	六〇	五〇	四〇	二〇	二〇	一〇	一〇
六九	六四	一三	四三	七一	七五	五五	七四	六四
九二	二四	四四	七四	〇五	三五	七五	〇六	四六
四四	九四	六四	八三	一三	一四	二〇	九五	八二

黄緯　二十三度半

距午時刻	北度	北分	南度	南分
五一	〇一	八〇	七三	二二
六一	二一	八一	五三	一一
七一	二一	五二	三三	八〇
八一	三一	一四	一三	一一
九一	四一	九四	九二	〇二
〇二	六一	三〇	七二	六三

七二	六二	五二	四二	三二	二二	一二
六二	四二	二二	一二	九一	八一	七一
四〇	七二	〇五	三二	九五	九三	〇二

距午時刻	黃緯〇度 赤道 度	分	黃緯一度 北 度	分	黃緯一度 南 度	分	黃緯二度 北 度	分	黃緯二度 南 度	分	黃緯三度 北 度	分	黃緯三度 南 度	分
〇	九〇	〇〇	九〇	〇〇	九〇	〇〇	九〇	〇〇	九〇	〇〇	九〇	〇〇	九〇	〇〇
一	八二	〇三	八一	四七	八二	一八	八一	三〇	八二	三二	八一	一二	八二	四五
二	七四	二〇	七三	四九	七四	四九	七三	一七	七五	一六	七二	四二	七五	四二
三	六七	〇三	六六	二〇	六七	四三	六五	三五	六八	二〇	六四	四六	六八	五七
四	六〇	一八	五九	二六	六一	〇六	五八	二一	六一	五三	五七	三四	六二	三七
五	五四	〇九	五三	一〇	五五	〇三	五二	〇九	五五	五六	五一	〇五	五六	四七

地二十八度

六	七	八	九	〇一	一一	二一	三一	四一
八四	三四	九三	六三	一三	八四	九二	二二	九一
四三	八三	六〇	四三	八二	二二	九〇	三二	八四
七四	二四	八三	四三	〇三	七二	四二	一一	八一
三三	一四	二〇	一〇	四一	七〇	七〇	一二	九四
九四	四四	〇四	六三	二三	九二	六二	三二	〇一
四三	八三	九〇	九〇	〇三	一一	九〇	三二	八四
六四	一四	六三	二三	九二	六二	三二	〇二	七一
八二	五二	五五	四五	八一	二〇	四〇	一二	八四
〇五	五四	一四	七三	三三	〇三	七二	四二	一二
二三	七三	一一	〇一	一三	二一	〇一	一二	六四
九四	〇四	五三	一三	八二	四二	二二	九一	六一
二二	七一	六四	六四	九〇	七五	九〇	八一	八四
一五	六四	二四	八三	四三	一三	八二	五二	二二
七二	九三	〇一	四〇	一三	七一	九〇	〇一	一五

距午時刻	黃緯○度 赤道 度	分	一度 北 度	分	一度 南 度	分	二度 北 度	分	二度 南 度	分	三度 北 度	分	三度 南 度	分
一五	一七	二六	一六	一六	一八	二三	一五	二八	一九	二〇	一四	二七	二〇	一六
一六	一五	〇二	一四	一三	一六	〇七	一三	一五	一七	〇三	一二	一七	一七	五九
一七	一三	〇三	一二	〇五	一三	五九	一一	〇九	一四	五四	一〇	一一	一二	四八
一八	一一	〇〇	一〇	〇四	一一	五五	〇九	一〇	一二	五一	〇八	一四	一三	四四
一九	〇九	〇四	〇八	一〇	〇九	五七	〇七	一三	一〇	五二	〇六	二〇	一一	六四
二〇	〇七	〇九	〇六	一七	〇八	〇四	〇五	二二	〇八	五八	〇四	二六	〇九	六一

一二	二二	三二	四二
五〇	三〇	二〇	
〇二	九四	五四	
四〇	二〇	〇〇	〇〇
五二	一四	一五	五五
六〇	四〇	二〇	
四一	五二	〇四	
三〇	一〇	〇〇	一〇
三三	四四	〇〇	八四
七〇	五〇	二〇	
六〇	九一	三三	
二〇	〇〇	〇〇	二〇
〇四	四五	三五	〇四
八〇	六〇	四〇	
〇〇	一一	五二	

距午時刻	黃緯四度 北 度	分	南 度	分	五度 北 度	分	南 度	分	六度 北 度	分	南 度	分	七度 北 度	分	南 度	分
○	〇九	〇〇	〇九	〇〇	〇九	〇〇	〇九	〇〇	〇九	〇〇	〇九	〇〇	〇九	〇〇	〇九	〇〇
一	〇八	二五	二八	八五	〇八	一三	三八	〇一	〇八	七〇	三八	一二	九七	二四	三八	二三
二	二七	五〇	六七	六〇	一七	五二	六七	九二	〇七	二四	六七	一五	九六	五五	七七	一一
三	三六	七五	九六	一三	三六	一〇	〇七	三〇	二六	三〇	〇七	五三	一六	一〇	一七	四〇
四	六五	二三	三六	〇二	五五	六二	四六	〇〇	四五	〇二	四六	九三	三五	八〇	五六	六一
五	九四	九五	七五	六三	八四	九四	八五	二二	七四	五三	九五	七〇	六四	八一	九五	〇五

四一	三一	二一	一一	〇一	九	八	七	六
五一	八一	〇二	三二	七二	〇三	四三	九三	四四
六四	四一	四五	一五	二〇	六三	六三	六〇	一一
三二	六二	九二	二三	五三	九三	三四	七四	二五
九三	七一	六〇	〇一	〇三	三〇	八〇	一三	九一
四一	七一	九一	二二	五二	九二	三三	七三	三四
三四	九〇	九四	二四	三五	三二	二二	三五	一五
四二	七二	〇三	三三	六三	〇四	四四	八四	三五
六三	三一	四〇	六〇	七二	五〇	四〇	四二	一一
三一	六一	八一	一二	四二	八二	二三	六三	一四
九三	六〇	一四	三三	一四	一一	七〇	五三	三四
五二	八二	〇三	四二	七三	二四	四四	九四	四五
〇三	九〇	九五	四〇	四二	〇〇	八五	七一	〇〇
二一	五一	七一	〇二	三二	六二	〇三	五三	〇四
八三	〇〇	三三	一二	八七	五五	九四	五一	二二
六二	九二	一三	四三	八三	一四	五四	〇五	四五
五二	五〇	四五	九五	八一	五五	一五	八〇	七四

距時刻	黃緯四度北 度	分	黃緯四度南 度	分	黃緯五度北 度	分	黃緯五度南 度	分	黃緯六度北 度	分	黃緯六度南 度	分	黃緯七度北 度	分	黃緯七度南 度	分
一五	一三	二九	一一	一二	一二	二六	二二	〇七	一一	二七	二三	〇二	一〇	二三	二三	五七
一六	一一	一九	一八	五三	一〇	一八	一九	四六	〇九	一九	二〇	〇三	〇八	一七	二〇	三七
一七	〇九	一四	一六	四四	〇八	一六	一七	三八	〇七	二〇	一八	三一	〇六	一七	一九	二四
一八	〇七	一七	一四	三九	〇六	一八	一五	三二	〇五	二三	一六	二六	〇四	二四	一七	一九
一九	〇五	二二	一二	四〇	〇四	二七	一三	三二	〇三	三一	一四	二六	〇一	三一	一五	一九
二〇	〇二	三二	一〇	四五	〇二	三五	一一	三七	〇一	四八	一二	三一	〇〇	四七	一三	二三

一二	二二	三二	四二
一〇	〇〇	一〇	三〇
八四	〇〇	八四	三三
八〇	七〇	五〇	
三五	五〇	八一	
〇〇	〇〇	二〇	四〇
九四	九四	九三	四二
九〇	七〇	六〇	
六四	七五	〇一	
〇〇	一〇	三〇	五〇
〇〇	二五	四三	八一
〇一	八〇	七〇	
九三	〇五	三〇	
一〇	二〇	四〇	〇
六〇	四四	七二	
一一	九〇	七〇	
二三	三四	六五	

黃緯	八度				九度				十度				十一度			
距午時	北		南		北		南		北		南		北		南	
刻	度	分	度	分	度	分	度	分	度	分	度	分	度	分	度	分
	〇九	〇〇	〇九	〇〇	〇九	〇〇	〇九	〇〇	〇九	〇〇	〇九	〇〇	〇九	〇〇	〇九	〇〇
一	九七	四一	三八	二四	八七	六四	三八	二五	八七	二一	四八	一〇	七七	五三	四八	〇一
二	九六	四〇	七七	一三	八六	九〇	七七	〇五	七六	九〇	八七	八〇	六六	三〇	八七	五二
三	九五	三五	一七	二三	八五	二四	二七	〇〇	七五	三二	二七	六二	五五	七五	二七	一五
四	一五	一五	五六	二五	〇五	七二	六六	七二	九四	一〇	六六	九五	七四	七二	七六	一三
五	四四	六五	〇六	一三	二四	九二	一六	二一	一四	九五	一六	〇五	四	二	二六	七二

六	七	八	九	一○	一一	一二	一三	一四
三九	三三	二九	二五	二二	一九	一六	一二	一一
○○	五二	二九	三七	二三	○八	二一	五一	二一
五五	五○	四六	四二	三九	三五	三二	二九	二七
三四	五八	四二	四八	一二	五三	四九	五九	二○
三七	三二	二八	二四	二○	一七	一五	一二	一○
三二	二八	四	一八	五五	五四	一三	四五	二五
五六	五一	四七	四三	四○	三六	三三	三○	二八
一八	四四	三二	四○	○五	四七	四三	五三	一三
三六	三○	二六	二二	一九	一六	一四	一一	九
	五九	三九	五三	三五	三九	○一	三六	二
五七	五二	四八	四四	四○	三七	三四	三一	二九
○一	三一	二一	三○	五七	三九	三五	四五	○六
三四	二九	二五	二一	一八	一五	一二	一○	○八
二四	二六	○九	三○	一七	二三	四八	二三	一○
五七	五三	四九	四五	四一	三八	三五	三二	二九
四二	一六	○九	二	四七	三	二八	○八	五九

黃緯	距午	時刻	一三	一六	一七	一八	一九	二〇
八度	北	度	〇九	〇七	〇五	〇三	〇一	〇〇
		分	一九	一七	二三	三〇	三七	三〇
	南	度	二四	二二	二〇	一八	一六	一四
		分	五〇	三〇	一八	一二	一二	一六
九度	北	度	〇八	〇六	〇四	二	〇〇	〇一
		分	〇四	一四	一九	二四	四四	一二
	南	度	二五	二二	二一	一九	一七	一五
		分	四四	二三	一一	〇五	〇四	〇八
十度	北	度	〇七	〇五	〇三	〇一	〇〇	〇二
		分	一〇	一三	〇〇	三六	〇〇	〇三
	南	度	二六	二四	二二	一九	一七	一六
		分	三七	一六	〇四	五七	五七	〇一
十一度	北	度	〇六	〇四	〇二	〇〇	〇一	〇二
		分	〇五	〇九	二五	二〇	二〇	五七
	南	度	二七	二五	二二	二〇	一八	一六
		分	二八	〇九	五五	五〇	四八	五三

一二	二二	三二	四二	五二
一〇	三〇	五〇	七〇	八〇
二五	九三	一二	四〇	九四
二一	〇一			
四二	六三			
二〇	四〇	六〇	七〇	九〇
八四	一三	四一	八五	二四
三一	一一			
六一	八二			
三〇	五〇	七〇	八〇	〇一
四四	六二	九〇	一五	五三
四一	二一			
九〇	一二			
四〇	六〇	八〇	九〇	一一
二四	一二	二〇	四四	八二
五一	三一			
二〇	三一			

距午時刻	黃緯十二度 北 度	分	南 度	分	十三度 北 度	分	南 度	分	十四度 北 度	分	南 度	分	十五度 北 度	分	南 度	分
○	九〇	〇〇	九〇	〇〇	九〇	〇〇	九〇	〇〇	九〇	〇〇	九〇	〇〇	九〇	〇〇	九〇	〇〇
一	七六	五四	八四	一九	七六	〇七	八四	二七	七五	一五	八四	三四	七四	一五	八四	四三
二	六四	五一	七八	四二	六三	二九	七八	五八	六二	〇〇	七九	一二	六〇	一九	七九	二八
三	五四	二二	七二	一五	五二	四五	七三	三八	五〇	五七	七四	〇一	四八	五六	七四	二二
四	四五	四七	六八	〇一	四三	五六	六八	二一	四二	〇〇	六八	五九	四〇	〇七	六九	二七
五	三八	三八	六三	〇四	三六	五〇	六三	三八	三四	五四	六四	一二	三二	五三	六四	四四

四一	三一	二一	一一	〇一	九	八	七	六
七〇	九〇	一一	四一	六一	〇二	三二	七二	二三
二〇	五一	一三	七〇	三五	〇〇	八三	二五	三四
〇三	三三	六三	九三	二四	六四	九四	四五	〇五
〇五	九二	九一	一二	六三	八〇	三五	〇〇	三二
五〇	八〇	〇一	二一	五一	八一	二二	六二	一三
五五	二〇	八一	五四	八二	二三	四〇	七〇	〇〇
一三	四三	七三	〇四	三四	六四	〇五	四五	九五
一四	九一	九〇	一一	六二	六五	一四	三四	二〇
四〇	一〇	九〇	一一	四一	七一	〇二	四二	九二
一四	〇五	〇〇	七二	〇〇	一〇	七二	四二	〇一
二三	五三	七三	一四	四四	七四	一五	五五	九五
二二	〇一	九五	〇〇	四一	二四	五二	四二	〇四
三〇	五〇	七〇	〇一	二一	五一	八一	二二	七二
一四	〇三	一四	三〇	六三	七二	五四	四四	四一
三三	六三	八三	一四	五四	八四	二五	六五	〇六
二二	〇〇	八四	八四	一〇	七二	八〇	五〇	六一

黃緯	十二度				十三度				十四度				十五度			
距午時刻	北		南		北		南		北		南		北		南	
	度	分	度	分	度	分	度	分	度	分	度	分	度	分	度	分
一五	〇五	〇三	二八	二一	〇三	五七	二九	一二	〇二	五五	三〇	〇三	〇一	四四	三〇	五三
一六	〇三	〇七	二六	〇〇	〇一	五八	一六	五二	〇〇	五五	二七	四三	〇〇	四八	二八	三四
一七	〇一	二八	二三	四七	〇〇	二〇	二四	四八	〇一	〇〇	二五	三〇	〇一	五〇	二六	二一
一八	〇〇	二四	二一	四一	〇一	三九	二二	三三	〇二	二七	二三	二四	〇三	三五	二四	一五
一九	〇二	一七	一九	四一	〇三	一二	二〇	二三	〇四	一三	二一	二四	〇五	一二	二二	一五
二〇	〇三	五四	一七	四五	〇四	〇八	一八	三七	〇五	一〇	一九	二九	〇六	四七	二〇	二〇

一二	二二	三二	四二	五二	六二
五〇	七〇	八〇	〇一	二一	
六三	五一	六五	八三	一二	
五一	四一				
四五	六〇				
六〇	八〇	九〇	一一	三一	
二三	二一	一五	一三	四一	
六一	四一				
六四	八五				
七〇	九〇	〇一	二一	四一	五一
八二	六〇	五四	五二	七〇	一五
七一					
八三					
八〇	〇一	一一	三一	五一	六一
五二	二〇	三〇	八一	〇〇	四四
八一					
〇三					

黃緯	距午時刻		○	一	二	三	四	五
十六度	北	度	〇九	三七	八五	六四	七三	〇三
		分	〇〇	七〇	六二	五四	四四	四四
	南	度	〇九	四八	九七	四七	九六	五六
		分	〇〇	九四	二四	三四	三五	六一
十七度	北	度	〇九	一七	六五	〇四	五三	八二
		分	〇〇	六四	八一	〇二	一二	三三
	南	度	〇九	四八	九七	五七	〇七	五六
		分	〇〇	六五	六五	三〇	九一	七四
十八度	北	度	〇九	〇七	三五	一四	二三	六二
		分	〇〇	〇一	一五	一四	五四	一一
	南	度	〇九	五八	〇八	五七	〇七	六六
		分	〇〇	三〇	八〇	二二	四四	七一
十九度	北	度	〇九	八六	一五	八三	〇三	三二
		分	〇〇	九一	二〇	六四	一〇	一四
	南	度	〇九	五八	〇八	五七	一〇	六六
		分	〇〇	〇一	二二	一四	八〇	九四

四一	三一	二一	一一	〇一	九	八	七	六
二〇	四〇	六〇	八〇	一一	三一	七一	〇二	五二
八一	九一	六二	三四	五一	六四	五〇	七五	八〇
四三	六三	九三	二四	五四	九四	二五	六五	〇六
九〇	七四	四三	三三	五四	〇一	九四	一四	一五
一〇	二〇	五〇	七〇	九〇	二一	五一	九一	三二
二二	八五	七〇	〇二	九四	五〇	〇二	七〇	一〇
四三	七三	〇四	三四	六四	九四	三五	七五	一六
七五	五二	二二	〇二	〇三	三五	〇三	九一	六二
〇〇	二〇	三〇	五〇	八〇	〇一	三一	七一	〇二
〇〇	二〇	五四	四五	八〇	三二	〇三	五〇	三五
五三	八二	一四	四四	七四	〇五	四五	七五	二六
七四	四二	〇一	六〇	六一	七三	一一	八五	一〇
一〇	〇〇	二〇	四〇	六〇	八〇	一一	四一	八一
三一	〇〇	二二	二二	八二	一四	三三	〇五	六四
六三	九三	一四	四四	八四	一五	四五	八五	二六
八三	三一	八五	四五	一〇	〇二	二五	七三	五三

黃緯	十六度				十七度				十八度				十九度			
距午時刻	北		南		北		南		北		南		北		南	
	度	分	度	分	度	分	度	分	度	分	度	分	度	分	度	分
五一	○○	一五	一三	二四	一○	一一	二三	二三	一○	五五	三三	九一	三○	四○	四三	一一
六一	一○	○三	九二	二二	二○	○二	○三	二一	三○	五二	一三	二○	四○	六三	一三	三五
七一	二○	六五	七二	三一	三○	六五	八二	三○	五○	二○	八二	二五	六○	○一	九二	三四
八一	四○	四三	五二	三○	五○	六三	五二	五五	六○	九三	六二	六二	七○	一四	七二	八三
九一	六○	九○	三二	二○	七○	六○	三二	三五	八○	○一	四二	七四	九○	九○	五二	九三
○二	七○	二四	一二	○一	八○	○四	二二	一○	九○	○四	二二	五五	○一	二四	三二	六四

六二	五二	四二	三二	二二	一二
七一	五一	四一	二一	〇一	九〇
六三	一五	一一	三三	三五	六一
					九一
					八一
八一	六一	五一	三一	一一	八一
〇三	四四	五〇	七二	九四	一一
					〇二
					〇一
九一	七一	五一	四一	二一	一一
三二	九三	八五	三二	七四	〇一
					一二
					六〇
〇二	八一	六一	五一	三一	二一
四一	二三	五五	九一	六四	四一

黃緯	南北	距午時刻	〇	一	二	三	四	五
二十度	北	度	〇九	六六	七四	五三	七二	一二
		分	〇〇	二〇	二五	一三	四〇	三〇
	南	度	〇九	五八	〇八	五七	一七	七六
		分	〇〇	六一	五三	九五	一三	四一
二十一度	北	度	〇九	三六	四四	一三	三二	八一
		分	〇〇	二一	一一	二五	〇五	四〇
	南	度	〇九	五八	〇八	六七	一七	七六
		分	〇〇	三二	七四	七一	五五	二四
二十二度	北	度	〇九	九五	九三	七二	〇二	五一
		分	〇〇	三四	九四	九四	三四	〇二
	南	度	〇九	五八	〇八	六七	二七	八六
		分	〇〇	八二	九五	九三	五二	〇二
二十三度	北	度	〇九	五五	四三	三二	七一	二一
		分	〇〇	四〇	〇五	六四	五〇	二二
	南	度	〇九	五八	一八	六七	二七	八六
		分	〇〇	四三	〇一	一五	九三	五三

六	七	八	九	○一	一一	二一	三一	四一
六一	二一	九○	七○	四○	三○	一○	一○	二○
五二	二四	二四	二一	八四	三○	六○	三二	五三
三六	九五	五五	二五	八四	五四	二五	○四	七三
七○	三一	一三	二○	五四	九三	四四	○○	三二
三一	○一	七○	五○	三○	一○	○○	二○	三○
七四	一三	○四	八○	九一	一○	二五	二三	三五
三六	九五	六五	二五	九四	六四	三四	○四	八三
九三	八四	九○	二四	七二	六二	○三	八四	八○
○一	八○	五○	三○	一○	○○	二○	三○	五○
五五	八一	○四	六二	三五	○○	七○	三三	四○
四六	○六	七五	三五	○五	七四	四四	一四	九三
五二	三二	九○	七四	九○	七○	五一	七二	一○
八○	六○	三○	一○	○○	二○	三○	四○	六○
九四	二○	五四	○二	○四	二一	九二	一五	六二
四六	○六	七五	四五	○五	七四	四四	二四	九二
○四	六五	三二	一○	○五	九四	九五	九七	七四

黃緯		距午時刻						
		刻	五一	六一	七一	八一	九一	〇二
二十度	北	度	四〇	五〇	七〇	八〇	〇一	一一
		分	三一	七四	八一	六四	二一	一四
	南	度	四三	二三	〇三	八二	六二	四二
		分	八五	〇四	二三	八二	五一	七二
二十一度	北	度	五〇	六〇	八〇	九〇	一一	二一
		分	九一	六五	九一	一五	四一	〇四
	南	度	五三	三三	一三	九二	六二	五二
		分	七四	九二	二二	八一	二五	八二
二十二度	北	度	六〇	八〇	九〇	〇一	二一	三一
		分	七一	二〇	二二	二五	五一	八三
	南	度	六三	四三	二三	〇三	七二	六二
		分	六三	九一	一一	九〇	八二	〇二
二十三度	北	度	七〇	九〇	〇一	一一	三一	四一
		分	九四	〇一	四三	六五	九一	六四
	南	度	七三	五三	三三	〇三	八二	七二
		分	四二	八〇	〇〇	八五	五〇	二一

一二	广二	三二	四二	五二	六二
三一	四一	六一	七一	九一	一二
二一	三四	五一	九四	六二	六口
二二					
口五					
四一	五一	七一	八一	口二	一二
九口	九三	口一	三四	口二	九五
三二					
二四					
五一	六一	八一	九一	一二	二二
七口	六三	六口	八三	三一	二五
六一	七一	九一	口二	二二	三二
六口	三三	二口	三三	七口	五四

黃緯二十三度半

距午時刻	〇	一	二	三	四	五
北 度	〇九	二五	一三	一二	四一	〇一
北 分	〇〇	三一	一五	〇三	六五	九二
南 度	〇九	五八	一八	七七	二七	八六
南 分	〇〇	七三	六一	〇〇	〇五	八四

六	〇七	二〇	六四	五六
七	〇四	五五	六一	一七
八	〇三	一八	五七	四二
九	〇一	三一	五四	四五
一〇	〇二	〇〇	五一	一二
一一	〇一	五四	四八	一二
一二	〇四	一七	四五	二二
一三	〇五	四四	四二	四三
一四	〇七	一二	四〇	一一

黃緯 二十三度半

距午時刻	北 度	北 分	南 度	南 分
五一	八○	五二	七三	一○
六一	○一	四○	五三	三三
七一	一一	一一	三三	六二
八一	二一	八二	一三	三二
九一	三一	○五	八二	三二
○二	五一	六一	七二	七三

一二	二二	三二	四二	五二	六二	七二
六一	八一	九一	一二	二二	四二	五二
五三	四〇	一三	二〇	六三	三一	四五

黃緯	赤道	距午時刻	北極出○	一	二	三	四	五
○度	赤道	度	○九	二八	五七	八六	一六	五五
		分	○○	二三	五一	八一	九四	○五
一度	北	度	○九	二八	四七	七六	一六	五五
		分	○○	八一	○四	一四	三○	三○
	南	度	○九	二八	五七	九六	二六	六五
		分	○○	五四	○四	三一	三三	四四
二度	北	度	○九	二八	四七	七六	○六	四五
		分	○○	二○	○二	一○	五一	三○
	南	度	○九	三八	六七	九六	三六	七五
		分	○○	四○	四○	七二	五一	七二
三度	北	度	○九	一八	三七	六六	九五	三五
		分	○○	八四	○五	○二	四一	六○
	南	度	○九	三八	六七	九六	三六	八五
		分	○○	九○	八二	九五	四五	三一

地三十度

六	七	八	九	〇一	一一	二一	三一	四一
〇五	五四	〇四	六三	三三	九二	六二	三二	〇二
二二	四二	四五	九四	五〇	一四	四三	〇四	九五
九四	四四	九三	五三	二三	八二	五二	二二	九一
六二	〇一	三五	七四	九〇	一四	五〇	一四	九五
一五	六四	一四	七三	四三	〇三	七二	四二	一二
六一	〇二	二五	一四	五〇	〇四	三三	九三	七五
八四	三四	八三	四三	一三	七二	四二	一二	九一
八一	三二	七二	五四	〇一	二四	三三	四四	二〇
二五	二四	二四	八二	五三	一三	八二	五二	二二
八〇	六一	九四	五四	三〇	九三	九二	五三	一五
七四	一四	七三	三三	九三	六二	三二	〇二	八一
六二	九五	七四	〇四	九五	七二	三三	二四	五〇
二五	八四	三四	九三	五三	二三	九二	六二	三二
八五	九〇	四四	一四	九五	四三	六二	〇三	八四

黃緯	赤道南北	距午時刻	一五	一六	一七	一八	一九	二〇
〇度	赤道	度	一八	一六	一三	一一	〇九	〇七
		分	二九	〇五	五二	四二	三八	三八
一度	北	度	一七	一五	一二	一〇	〇八	〇六
		分	三一	一〇	五六	四八	四五	四三
	南	度	一九	一七	一四	一二	一〇	〇七
		分	二五	〇一	四五	三六	三四	三二
二度	北	度	一六	一四	一二	〇九	〇七	〇五
		分	三五	一五	〇〇	五四	五〇	五三
	南	度	二〇	一七	一五	一三	一一	〇九
		分	二一	〇六	三一	三〇	二四	二三
三度	北	度	一九	一三	一一	〇九	〇六	〇四
		分	三八	一七	〇六	〇〇	五五	五七
	南	度	三一	一八	一六	一四	一二	一〇
		分	一五	五〇	三二	二二	一七	一五

四一	三一	二二	一二
	一○	四○	五○
	三五	○○	○四
○○	○○	二○	四○
三五	九五	三五	八四
	二○	四○	六○
	五四	八三	七三
一○	○○	二○	三○
五四	○○	○○	五五
	三○	五○	七○
	七三	○三	六二
三○	○○	一○	二○
七二	三四	八○	二五
	四○	六○	八○
	八二	三二	七一

黃緯	距午時刻		○	一	二	三	四	五
四度	北	度	○九	一八	三七	五六	八五	二五
		分	○○	七二	八一	六三	○一	六○
	南	度	○九	三八	六七	○七	四六	八五
		分	○○	○二	八四	○三	三二	八五
五度	北	度	○九	一八	三七	四六	七五	一五
		分	○○	三一	四四	八四	四三	一○
	南	度	○九	三八	七七	○七	五六	九五
		分	○○	○三	八○	九五	九○	○四
六度	北	度	○九	○八	二七	三六	六五	九四
		分	○○	四五	○一	八五	四三	八五
	南	度	○九	三八	七七	一七	五六	○八
		分	○○	○四	八二	三二	四四	一二
七度	北	度	○九	○八	一七	二六	五五	八四
		分	○○	二三	八二	四○	○三	九四
	南	度	○九	三八	七七	一七	六六	一六
		分	○○	六五	六四	四五	七一	○○

六	七	八	九	〇一	一一	二一	三一	四一
六四	一四	六三	二三	八二	五二	二三	九一	七一
二二	五一	〇四	六三	四五	六三	七二	一四	四〇
三五	九四	四四	〇四	六三	三三	〇三	七二	四二
七四	一〇	八三	六三	四五	〇三	三二	五二	二三
五四	〇四	五三	一三	七二	四二	一二	八一	六一
八一	七〇	五三	七二	八四	九二	六二	九三	四〇
四五	九四	五四	一四	七三	四三	一三	八二	五二
四三	一五	〇三	〇三	九四	五二	六一	〇二	七三
四四	九三	四三	〇三	六二	三一	〇二	七一	五一
七〇	〇〇	三二	八一	〇四	一二	二二	六二	二〇
五五	〇五	六四	三四	八三	五二	二三	九二	六二
九一	九三	二一	二二	二四	八一	九〇	四一	〇三
二四	七二	三三	九二	五二	二二	九一	六一	四一
四五	四四	九〇	六〇	九二	五一	七一	二三	一〇
六五	一五	七四	三四	九三	六三	三三	〇三	七二
三〇	六二	〇一	三一	四三	〇一	九〇	七〇	二二

黃緯	四度				五度				六度				七度			
距午時	北		南		北		南		北		南		北		南	
刻	度	分	度	分	度	分	度	分	度	分	度	分	度	分	度	分
五一	四一	九三	二二	八〇	三一	八三	三二	三〇	二一	九三	三二	五五	一一	九三	四二	八四
六一	二一	〇二	九一	三四	一一	三二	〇二	七三	〇一	六二	一二	〇三	九〇	一二	二二	二二
七一	〇一	八〇	七一	六二	九〇	一一	八一	九一	八〇	六一	九一	二一	七〇	九一	〇二	四〇
八一	八〇	四〇	五一	五一	七〇	七〇	六一	八〇	六〇	二一	七一	〇〇	五〇	五一	七一	二五
九一	六〇	二〇	三一	九〇	五〇	七〇	三一	七五	四〇	七〇	四一	三五	三〇	四一	五一	五四
〇二	四〇	四〇	一一	七〇	三〇	八〇	一一	九五	二〇	九一	二一	一五	一〇	八一	三一	三四

四二	三二	二二	一二
三〇	二〇	〇〇	二〇
八二	四三	九二	〇一
	五〇	六〇	九〇
	一二	一五	九〇
四〇	二〇	〇〇	一〇
九一	八二	三三	三一
	六〇	八〇	〇一
	二一	五二	一〇
五〇	三〇	一〇	〇〇
二一	一二	八二	〇〇
	七〇	八〇	〇一
	四〇	八五	三五
六〇	四〇	二〇	〇〇
四〇	二一	三二	五二
	七〇	九〇	一一
	六五	九四	四四

黃緯	距午時刻		○	一	二	三	四	五
八度	北	度	〇九	〇八	〇七	二六	四五	七四
		分	〇〇	〇一	六四	七〇	四二	四三
	南	度	〇九	三八	八七	二七	六六	一六
		分	〇〇	九五	四七	〇二	〇五	八三
九度	北	度	〇九	九七	〇七	一六	三五	六四
		分	〇〇	五四	〇〇	五〇	一一	七一
	南	度	〇九	四八	八七	二七	七六	二六
		分	〇〇	八〇	一二	四四	一二	四一
十度	北	度	〇九	九七	九六	九五	一五	四四
		分	〇〇	七一	一一	五五	四五	七五
	南	度	〇九	四八	八七	五七	七六	二六
		分	〇〇	六一	七三	七〇	七五	九四
十一度	北	度	〇九	八七	八六	八五	〇五	二四
		分	〇〇	九四	五一	八四	三三	〇三
	南	度	〇九	四八	八七	三三	八六	三六
		分	〇〇	四二	八五	〇三	〇二	四二

四一	三一	二一	一一	口一	九	八	七	六
三一	五一	八一	一二	四二	七二	一三	六三	一四
口口	九二	九口	六口	九一	四五	五五	八二	八三
八二	口三	三三	七三	口四	四四	七四	二五	六五
五一	八五	四五	二口	二二	二口	八五	六一	五四
一一	四一	七一	九一	三二	六二	口三	五三	口四
五五	二二	一口	五五	六口	八三	六三	八口	九一
九二	一三	四三	七三	一四	四四	八四	二五	七四
六口	口五	五四	五三	五一	二五	五四	六五	六三
口一	三一	五一	八一	一二	五二	九二	三三	八三
七七	三一	二五	三四	一五	九一	六一	八四	七五
九二	二三	五三	八三	二四	二四	九四	三五	八五
七五	一四	六三	三四	四口	九三	一二	九三	六口
九口	二一	四一	七一	口三	三二	七二	二三	七三
四四	八口	口四	九二	五三	九五	四五	口二	一三
口二	三三	六三	九三	二四	六四	口五	四五	八五
七四	一三	六二	三二	二五	三二	六一	二二	四四

黃緯	八度				九度				十度				十一度			
距	北		南		北		南		北		南		北		南	
午時刻	度	分	度	分	度	分	度	分	度	分	度	分	度	分	度	分
五一	○一	七三	五二	○四	九○	五五	六二	二三	八○	四三	七二	九一	七○	二三	八二	三一
六一	八○	五二	三二	四一	七○	七二	三二	六五	六○	四二	四二	六五	五○	一二	九二	七四
七一	六○	一二	○二	五五	五○	○二	一二	七四	四○	一二	二二	一四	二○	八一	三二	八二
八一	四○	○二	八一	三四	三○	八一	九一	四三	二○	七二	○二	五二	一○	三二	一二	七一
九一	二○	○二	六一	六三	一○	七三	七一	八二	○○	○○	八一	○二	○○	五二	九一	○二
○二	○○	一○	四一	四三	○○	九二	五一	六二	一○	八一	六一	七二	二○	○二	七一	八○

一二	二二	三二	四二	五二
一〇	三〇	五〇	六〇	八〇
七二	四一	六〇	六五	〇五
二一	〇一			
六三	一四			
二〇	四〇	五〇	七〇	九〇
一二	八〇	八五	九三	〇四
三一	一二			
八二	二三			
三〇	五〇	六〇	八〇	〇一
三一	二〇	一五	一四	二三
四一	二一			
三一	四二			
四〇	五〇	七〇	九〇	一一
六〇	五五	五四	三三	二二
五一	三一			
〇一	六一			

黃緯	距午時	刻	〇	一	二	三	四	五
十二度	北	度	〇九	八七	七六	七五	九四	二四
		分	〇〇	六一	七一	一三	六〇	七〇
	南	度	〇九	四八	九七	三七	八六	三六
		分	〇〇	二三	八〇	一五	八四	七五
十三度	北	度	〇九	七七	六六	六五	七四	〇四
		分	〇〇	〇四	二一	七〇	五三	四二
	南	度	〇九	四八	九七	四七	九六	四六
		分	〇〇	九三	二二	三一	五一	九三
十四度	北	度	〇九	六七	五六	四五	五四	八三
		分	〇〇	九五	〇〇	五三	三五	一四
	南	度	〇九	四八	九七	四七	九六	五六
		分	〇〇	六四	六三	四三	一四	〇〇
十五度	北	度	〇九	八七	三六	二五	四四	六三
		分	〇〇	四一	九三	〇三	五〇	五五
	南	度	〇九	四八	九七	四七	〇七	五六
		分	〇〇	三五	〇五	三五	六〇	〇三

四一	三一	二一	一一	〇一	九	八	七	六
八〇	〇一	三一	六一	九一	二二	六二	〇三	五三
〇四	九五	八二	四一	四一	七三	八一	六五	八五
一三	四三	七三	〇四	三四	七四	〇五	五五	九五
七三	一二	五一	〇〇	九三	一一	九五	三〇	三三
七〇	九〇	二一	四一	七一	一二	五二	九三	四三
〇三	〇四	五一	八五	六五	三一	〇〇	一二	四二
二三	五三	八三	〇四	四四	七四	一五	五五	九五
七二	〇一	三〇	八〇	五二	〇五	二四	二四	八五
六〇	八〇	一一	三一	六一	九一	三二	七二	二三
三二	六三	二〇	七三	一三	七四	八二	七四	五四
三三	五三	八三	一四	五四	八四	二五	六五	〇六
六一	八五	四四	五五	一一	〇四	三二	一二	三三
五〇	七〇	九〇	二一	五一	八一	一二	六二	一三
七一	五二	四四	九一	五〇	八一	四五	四〇	一〇
四三	六三	九三	〇四	五四	九四	二五	六五	一六
四〇	六四	八三	七四	五五	三二	四〇	八五	八〇

黃緯	十二度				十三度				十四度				十五度			
距午時刻	北		南		北		南		北		南		北		南	
刻時	度	分	度	分	度	分	度	分	度	分	度	分	度	分	度	分
五一	六〇	七二	九二	八一	五〇	九一	九二	三五	五〇	六一	〇三	二四	三〇	一一	一三	五二
六一	四〇	三二	六二	七三	三〇	〇二	七二	七二	二〇	七〇	八二	七一	一〇	〇二	九二	五〇
七一	二〇	八一	四二	八一	一〇	三三	五二	五〇	〇〇	一〇	六二	四一	一〇	五四	六二	九四
八一	〇〇	九一	二二	七〇	〇〇	〇〇	二二	七五	一〇	九二	三一	七四	二〇	九二	四二	七三
九一	一〇	七二	〇二	一〇	二〇	一二	〇二	五	三〇	一二	一二	二四	四〇	〇二	二二	二三
〇二	三〇	〇一	七一	六五	四〇	二一	八一	九四	五〇	七〇	九一	〇四	六〇	五〇	〇二	〇二

一二 五〇 二〇 六一 一〇 五〇 八五 六一 二五 七〇 七一 七一 三四 七〇 八四 八一 四二

二二 六〇 〇四 四一 六〇 七〇 四四 八〇 五一 九〇 三三

三二 八〇 八三 九〇 一三 〇一 四二 一一 七一

四二 〇一 六二 一一 九一 二一 一一 三一 四〇

五二 二一 五一 三一 七〇 四一 〇〇 四一 二五

六二 四一 九五 九一 〇五 六一 〇四

黃緯	距午時刻		○	一	二	三	四	五
十六度	北	度	〇九	五七	二六	一五	二四	五三
		分	〇〇	三二	一一	七〇	一一	一〇
	南	度	〇九	五八	〇八	五七	〇七	六六
		分	〇〇	〇〇	三〇	二一	一二	〇〇
十七度	北	度	〇九	四七	〇六	九四	〇四	三三
		分	〇〇	四二	〇三	八〇	七〇	〇〇
	南	度	〇九	五六	〇八	五七	〇七	六六
		分	〇〇	六〇	五一	一三	四五	八二
十八度	北	度	〇九	三七	八五	六四	七三	〇三
		分	〇〇	七一	一四	九五	六五	三九
	南	度	〇九	五八	〇八	五七	二一	六六
		分	〇〇	三一	八二	九四	八一	六五
十九度	北	度	〇九	一七	六五	四四	五三	八二
		分	〇〇	七五	二三	二五	二三	五三
	南	度	〇九	五八	〇八	六七	一七	七六
		分	〇〇	九一	〇四	六〇	三四	三二

四一	三一	二一	一一	〇一	九	八	七	六
四〇	六〇	八〇	〇一	三一	六一	〇二	四二	九二
四〇	四五	七二	四五	一四	六四	五一	一二	〇一
四三	七三	〇四	三一	六四	〇五	三五	七五	一六
二五	五三	四二	六二	〇四	五〇	四四	六三	一四
二〇	五〇	〇〇	九〇	二一	五一	八一	二二	七二
四五	二〇	一一	四三	六二	一一	七三	六三	七一
五三	八三	一四	四四	七四	〇五	四五	八五	二六
〇四	〇二	〇一	一二	七二	六四	三二	二一	四一
一〇	三〇	五〇	八〇	〇一	三一	六二	〇二	五二
九四	九三	一五	五〇	二四	七三	四五	〇四	六一
六三	九三	一四	四四	八四	一五	五五	八五	二六
六二	四〇	九五	四五	五〇	七二	一〇	七四	六四
〇〇	三〇	四〇	六〇	九〇	一一	五一	八一	三二
一〇	六一	九二	三四	一一	三五	五〇	八四	二二
七三	九三	二四	五四	八四	二五	五五	九五	三六
三一	一五	五四	八三	七四	七〇	八三	一六	七一

黃緯	距午	時刻	五一	六一	七一	八一	九一	〇二
十六度	北	度	一〇	〇〇	一〇	三〇	五〇	七〇
		分	二五	〇〇	三五	四三	七一	二〇
	南	度	二三	九二	七二	五二	三二	一二
		分	九一	五五	八三	七二	二二	二一
十七度	北	度	〇〇	一〇	二〇	四〇	六〇	七〇
		分	〇五	七一	五四	五二	八一	九五
	南	度	三三	〇三	八二	六二	四二	二二
		分	七〇	三四	七二	六一	二一	二一
十八度	北	度	〇〇	一〇	三〇	五〇	七〇	八〇
		分	三五	八五	一五	三三	七一	七五
	南	度	三三	一三	九二	七二	五二	三二
		分	九五	二二	六一	六〇	二〇	二〇
十九度	北	度	一〇	三〇	四〇	六〇	八〇	九〇
		分	四二	四一	八五	六三	八六	六五
	南	度	四三	二三	〇三	七二	五二	三二
		分	三四	〇二	四〇	五五	一五	三五

七二	六二	五二	四二	三二	二二	一二
	七一	五一	三一	二一	〇一	八〇
	三三	三四	七五	二一	八二	五四
						九一
						五二
	八一	六一	四一	三一	一一	九〇
	五二	六三	〇五	六〇	三二	一四
						〇二
						六一
	九一	七一	五一	三一	二一	〇一
	六一	八二	三四	九五	八一	八三
						二二
						七〇
一二	〇二	八一	六一	四一	三一	一一
八五	八〇	一二	七三	四五	三一	四三
						〇〇
						〇〇

黃緯		距午時刻	○	一	二	三	四	五
二十度	北	度	〇九	〇七	四五	一四	二三	六二
		分	〇〇	五二	八〇	六三	八五	〇一
	南	度	〇九	五八	〇八	六七	二七	七六
		分	〇〇	四二	一五	三二	二一	九四
二十一度	北	度	〇九	八六	一五	七二	〇三	三二
		分	〇〇	四三	一二	〇五	一一	三四
	南	度	〇九	五八	一八	六七	二七	八六
		分	〇〇	〇三	三〇	一四	三二	五一
二十二度	北	度	〇九	六六	八四	五三	七二	一二
		分	〇〇	九一	三一	七四	一一	〇〇
	南	度	〇九	五八	一八	六七	二七	八六
		分	〇〇	六三	四一	六五	四四	〇四
二十三度	北	度	〇九	三六	四四	二三	四二	八一
		分	〇〇	九二	一三	一四	八〇	三一
	南	度	〇九	五八	一八	七七	三七	九六
		分	〇〇	一四	四二	一一	四〇	四〇

四一	三一	二一	一一	〇一	九	八	七	六
一〇	一〇	三〇	五〇	七〇	〇一	三一	六一	〇二
四一	三二	七〇	一二	八三	一一	七一	九四	八五
七三	〇四	三四	六四	九四	二五	六五	九五	三六
九五	七三	四一	一二	七二	六四	五一	五五	七四
二〇	〇〇	二〇	三〇	五〇	八〇	一一	四一	八一
一一	〇五	二四	九三	四四	一三	二二	〇四	八三
八三	一四	四四	七四	〇五	三五	六九	〇六	四六
五四	二二	八〇	三〇	七一	四二	九四	八二	七一
三〇	一〇	〇〇	二〇	四〇	六〇	九〇	二二	六一
四二	八三	一〇	九〇	〇三	八四	八二	七三	〇二
九二	二四	四四	七四	〇五	四五	七五	一六	四六
一二	七〇	一五	五四	八四	二〇	六二	一〇	六四
四〇	三〇	一〇	一〇	二〇	五〇	七〇	〇二	二一
一四	一一	九四	二三	八五	四一	一四	四三	八五
一四	二四	五四	八四	一五	四五	八五	二六	五六
五一	〇五	三三	五二	七二	八三	〇〇	一三	三一

黄緯		距午時刻	五一	六一	七一	八一	九一	〇二
二十度	北	度	二〇	四〇	六〇	七〇	九〇	〇一
		分	八四	〇二	〇〇	七三	六一	三五
	南	度	五三	三三	〇三	八二	六二	四二
		分	〇三	八〇	三五	四四	一四	一五
二十一度	北	度	三〇	五〇	七〇	八〇	〇一	一一
		分	三四	二二	四〇	〇四	六一	五五
	南	度	六三	三三	一三	九二	七二	五二
		分	六一	五五	一四	三三	一三	四三
二十二度	北	度	四〇	六〇	八〇	九〇	一一	二一
		分	九五	六三	〇一	三四	八一	二五
	南	度	七三	四三	二三	〇三	八二	八二
		分	三〇	三四	九二	二二	一二	四二
二十三度	北	度	六〇	七〇	九〇	〇一	二一	三一
		分	六一	一五	三二	四五	四二	三五
	南	度	七三	五三	三三	七三	九二	七二
		分	八四	九二	六一	〇一	九〇	四一

八十九

七二	六二	五二	四二	三二	二二	一二
二二	一二	五一	七一	五一	四一	二一
〇五	〇〇	二一	〇三	九五	九〇	一三
三二	一二	〇二	八一	六一	四一	三一
〇四	四五	六〇	三二	三四	九四	七二
四二	二二	〇二	九一	七一	六一	四一
二三	三四	六四	七一	八三	一〇	六二
五二	三二	一二	〇二	八一	六一	五一
三二	六三	九三	二一	五三	九五	六二

黃緯 二十三度半

午時刻	距北 度	距北 分	距南 度	距南 分
○	〇九	〇〇	〇九	〇〇
一	一六	六四	五八	四四
二	二四	〇二	一八	〇三
三	〇三	七〇	七七	〇二
四	二二	一二	三七	五一
五	六一	〇四	九六	八二

六	七	八	九	〇一	一一	二一	三一	四一
二一	七〇	六〇	三〇	二〇	一〇	二〇	三〇	五〇
三三	四〇	〇二	八二	〇〇	〇〇	二一	六三	一一
五六	一六	八五	四五	一五	八四	五四	二四	〇四
九二	九四	九一	九五	七四	六四	六五	四一	四三

黄緯 二十三度半

距午時刻	北度	北分	南度	南分
一五	〇六	四八	三八	一三
一六	〇八	二八	三五	〇五
一七	〇九	五四	三三	四二
一八	一一	二二	三一	三六
一九	一二	五三	二九	三六
二〇	一四	二三	二七	四〇

一二	二二	三二	四二	五二	六二	七二
五一	七一	九一	〇二	二二	四二	五二
五五	八二	三〇	〇四	七〇	三〇	〇五

黃緯	赤道	距午時刻	北極出 ○	一	二	三	四	五
○度		度	○九	二八	六七	九六	三六	七五
		分	○○	七五	四○	五二	一一	二二
一度	北	度	○九	二八	五七	八六	二六	六五
		分	○○	五四	九三	三五	○三	五三
	南	度	○九	三八	六七	九六	三六	八五
		分	○○	八○	五二	七五	○五	六○
二度	北	度	○九	二八	五七	八六	一六	五五
		分	○○	二三	五一	八一	六四	六四
	南	度	○九	三八	六七	○七	四六	八五
		分	○○	九一	六四	七二	六二	○五
三度	北	度	○九	二八	四七	七六	一六	四五
		分	○○	九一	九四	一四	二○	四五
	南	度	○九	三八	七七	○七	五六	九五
		分	○○	○三	六○	六五	三○	二三

地三十二度

六	七	八	九	〇一	一一	二一	三一	四一
一五	七四	二四	八三	四三	一三	七二	四二	二二
九五	四〇	二三	六三	八三	八〇	五五	五五	八〇
一五	六四	一四	七三	三三	〇三	六二	四二	一二
八〇	九〇	七三	八二	〇四	〇二	九五	〇〇	四一
二五	七四	三四	九三	五二	二三	八二	五二	三二
九四	六五	七二	一二	七二	五〇	一五	一五	三〇
〇五	五四	〇四	六三	二二	九二	六二	三二	〇二
五一	三一	九三	〇三	二四	四一	一〇	二〇	七一
三五	八四	四四	〇四	六三	三三	九二	六二	三二
六三	七四	〇二	四一	九二	〇〇	六四	八四	六五
九四	四四	九三	五三	一三	八二	五二	二二	九一
〇二	五一	九三	一三	一四	四一	二〇	五〇	〇二
四五	九四	五四	一四	七三	三三	〇三	七二	四二
二二	六三	二一	七〇	一二	二五	九三	九三	九四

距午時刻	黃緯○度 赤度 度	黃緯○度 赤度 分	一度 北 度	一度 北 分	一度 南 度	一度 南 分	二度 北 度	二度 北 分	二度 南 度	二度 南 分	三度 北 度	三度 北 分	三度 南 度	三度 南 分
五一	九一	一三	八一	六三	○二	四二	七一	○四	一二	五一	六一	四四	二二	○一
六一	七一	二○	六一	七○	七一	四五	五一	二一	八一	八四	四一	七一	九一	九三
七一	四一	二四	三一	七四	五一	二三	二一	一五	六一	四二	一一	八五	七一	六一
八一	二一	三二	一二	○三	三一	三一	○一	七三	四一	四○	九○	四四	四一	七五
九一	○一	二一	九○	○二	一一	二○	八○	八二	一一	四五	七○	六三	二一	六四
○二	八○	五○	七○	三一	八○	五五	八○	一二	九○	六四	五○	九二	○一	八三

一二	二二	三二	四二
六〇	四〇	二〇	
二〇	〇〇	〇〇	
五〇	三〇	一〇	〇〇
一一	九〇	二一	六五
六〇	四〇	二〇	
二五	〇五	一五	
四〇	二〇	〇〇	一〇
〇二	九一	三二	三四
七〇	五〇	二〇	
三四	一四	一四	
三〇	一〇	〇〇	二〇
八二	七二	五三	三三
八〇	六〇	四〇	
四三	二三	二三	

黃緯四度　五度　六度　七度

距午時刻	四度北 度	分	四度南 度	分	五度北 度	分	五度南 度	分	六度北 度	分	六度南 度	分	七度北 度	分	七度南 度	分
○	〇九	〇〇	〇九	〇〇	〇九	〇〇	〇九	〇〇	〇九	〇〇	〇九	〇〇	〇九	〇〇	〇九	〇〇
一	二八	四〇	三八	九三	一八	九四	三八	九四	一八	三三	三八	八五	一八	五一	四八	六〇
二	四七	二二	七七	五二	三七	二五	七七	三四	三七	一二	八七	〇〇	二七	四五	八七	七一
三	七六	三〇	一七	三二	六六	一二	一七	九四	五六	八三	二七	四一	四六	二五	二七	八三
四	〇六	四一	五六	四三	九五	四二	六六	九〇	八五	一三	六六	二四	七五	五三	七六	三一
五	四五	〇〇	〇六	一一	三五	四〇	〇六	〇五	二五	六〇	一六	七二	一五	五〇	一六	三〇

四一	三一	二一	一一	〇一	九	八	七	六
八一	一二	四二	七二	〇三	四三	八三	三四	八四
二二	五〇	二〇	三一	一四	〇二	八三	五一	二二
五二	八二	一三	四三	八三	二四	六四	〇五	五五
三四	二三	三三	六四	四一	〇〇	一〇	四二	七〇
七一	〇二	三二	六二	九二	三三	七三	二四	七四
〇三	六〇	八〇	八一	六四	三三	六三	二一	二二
六二	九二	二三	五三	九三	二四	六四	一五	五五
三三	三二	四二	七三	五〇	九四	九四	〇一	〇五
六一	九一	二二	五二	八二	二三	六三	一四	六四
五二	三五	〇〇	九〇	三三	二三	〇三	八〇	〇二
七二	〇七	三三	六三	九三	三四	七四	一五	六五
六二	六一	七一	九二	六五	九三	二五	五五	二三
五一	八一	〇二	四二	七二	一三	五三	〇四	五四
五二	三〇	八五	四〇	七二	四二	二二	〇〇	五一
八一	一三	四三	七三	〇四	四五	八四	二七	七五
七一	七〇	八〇	〇二	五四	七二	四二	九三	二一

距午時刻	黃緯四度 北 度	分	南 度	分	黃緯五度 北 度	分	南 度	分	黃緯六度 北 度	分	南 度	分	黃緯七度 北 度	分	南 度	分
五一	五一	七四	三二	二〇	四一	七五	四二	二〇	三一	九五	四二	二五	二二	八五	五二	二四
六一	三一	三二	〇二	二三	二一	九一	一二	二二	一一	八二	二二	五一	〇一	三三	三二	五〇
七一	一一	二〇	八一	八〇	〇一	四一	八一	八二	九〇	二一	九一	〇五	八〇	七四	〇二	一四
八一	八〇	一九	五一	〇五	八〇	四〇	六一	一四	七〇	一〇	七一	三三	二〇	六〇	八一	三二
九一	六〇	三四	三一	八三	五〇	六五	四一	七二	五〇	〇〇	五一	〇二	四〇	八〇	六一	一二
〇二	四〇	六三	一一	〇三	三〇	三九	二一	九一	二〇	一五	三一	一一	二〇	〇〇	四一	二〇

一二	二二	三二	四二	五二
二〇	〇〇	一〇	三〇	
六三	六四	八二	四二	
九〇	七〇	五〇		
六二	三二	三二		
二〇	〇〇	二〇	四〇	
〇〇	九四	一二	五一	
〇一	八〇	六〇		
五一	三一	三一		
〇〇	一〇	三〇	五〇	七〇
四五	六一	七〇	六〇	四〇
一一	九〇			
六〇	五〇			
〇〇	二〇	五〇	五〇	七〇
七二	六〇	〇〇	七五	五五
一一	九〇			
七五	五五			

黃緯		距午時刻	〇	一	二	三	四	五
八度	北	度	〇九	〇八	二七	四六	六五	〇五
		分	〇〇	六五	一一	二〇	六三	〇〇
	南	度	〇九	四八	八七	三七	七六	二六
		分	〇〇	四一	三三	一〇	二四	八三
九度	北	度	〇九	〇八	一七	三六	五五	八四
		分	〇〇	六三	六三	三一	七三	五五
	南	度	〇九	四八	八七	三七	八六	三六
		分	〇〇	二二	八四	五二	一一	二一
十度	北	度	〇九	〇八	〇七	二六	四五	七四
		分	〇〇	四一	一五	二一	七二	八三
	南	度	〇九	四八	九七	三七	八六	三六
		分	〇〇	〇三	三〇	五四	八五	四四
十一度	北	度	〇九	九七	〇七	一六	三三	六四
		分	〇〇	九四	五〇	四一	七一	三三
	南	度	〇九	四八	九七	四七	九六	四六
		分	〇〇	七三	六一	一〇	五〇	九一

六	七	八	九	〇一	一一	二一	三一	四一
四四	八三	四三	〇三	六二	三二	九一	七一	四一
七〇	〇五	一一	二一	二二	〇〇	六五	四〇	六二
七五	三五	九四	五四	一四	八三	四三	一三	九二
一五	〇二	九〇	三一	三三	〇一	八五	八五	七〇
二四	七三	三三	八二	五一	一二	八一	六一	三一
八五	七三	五〇	七五	五一	五五	二五	四〇	五二
八五	四五	九四	六四	二四	八三	五三	二三	九二
九二	四〇	四五	〇〇	九一	八五	六四	七四	七五
一四	六三	一三	七二	四二	〇一	七一	四一	二一
二二	一二	七四	〇四	〇〇	一四	一四	五五	九一
九五	四五	〇五	六四	三四	九三	六三	三三	〇三
六〇	三四	六三	四四	七〇	四四	五三	四三	六四
〇四	五三	〇三	六二	二二	九一	六一	三一	一一
六一	八〇	五三	三二	七四	三〇	五三	九四	六一
九五	五五	〇五	七四	三四	〇四	七三	四三	一三
二四	二二	八一	八二	二五	一三	三二	二二	五三

黃緯	八度北 度	八度北 分	八度南 度	八度南 分	九度北 度	九度北 分	九度南 度	九度南 分	十度北 度	十度北 分	十度南 度	十度南 分	十一度北 度	十一度北 分	十一度南 度	十一度南 分
距午時刻	度	分	度	分	度	分	度	分	度	分	度	分	度	分	度	分
五一	一一	七五	六二	○三	○一	七五	七二	八一	九○	三五	八二	六○	八○	三五	八三	六五
六一	九○	三三	三二	五五	八○	○四	四二	六四	七○	七三	五三	五三	六○	九二	六二	四二
七一	七○	○一	一二	一三	六○	五二	二二	一二	五○	三二	三二	一一	四○	八二	四二	○○
八一	五○	三一	九一	三一	四○	八一	○二	三○	三○	一二	○二	三五	二○	○二	一二	二四
九一	三○	五一	七一	一○	二○	二二	九一	一五	一○	八二	八一	○四	○○	七二	九一	○三
○二	一○	一一	四一	二五	○○	○三	九一	一四	○○	四四	六一	二三	一○	二四	七一	二二

一二	二二	三二	四二	五二
〇〇	二〇	四〇	六〇	八〇
九四	三五	〇五	八四	六四
二一	〇一			
七四	六四			
一〇	三〇	五〇	七〇	九〇
二五	六四	〇四	〇四	七三
三一	一一			
七三	六三			
二〇	四〇	六〇	八〇	〇一
三四	八三	四三	〇三	七二
四一	二一			
八二	七二			
三〇	五〇	七〇	九〇	一一
四三	二三	六二	二二	九二
五一				
八一				

黄緯	十二度				十三度				十四度				十五度			
距午時刻	北		南		北		南		北		南		北		南	
	度	分	度	分	度	分	度	分	度	分	度	分	度	分	度	分
○	〇九	〇〇	〇九	〇〇	〇九	〇〇	〇九	〇〇	〇九	〇〇	〇九	〇〇	〇九	〇〇	〇九	〇〇
一	九七	二二	四八	四四	八七	三五	四八	一五	八七	二二	四八	七五	七七	八四	五八	三〇
二	九六	五一	九七	九二	八六	一二	九七	三四	七六	三二	九七	六五	六六	八二	〇八	〇一
三	〇六	〇一	四七	九一	九五	〇〇	四七	〇四	七五	五四	五七	一〇	六五	三二	九七	二二
四	二五	二〇	九六	一三	〇五	二四	九六	五五	九四	四一	〇七	九一	七四	〇五	〇七	二四
五	五四	三〇	四六	六四	三四	八三	五六	五一	二四	七〇	五六	三四	〇四	五三	六六	二一

六	七	八	九	〇一	一一	二一	三一	四一
八三	三三	九二	五二	一二	七一	五一	二一	一
五五	九四	八一	七〇	四三	二五	七二	四四	二一
〇六	六五	一五	八四	四四	一四	八三	三三	二三
七一	〇〇	九五	一一	七三	七一	〇一	一一	四一
七三	二三	七二	三二	〇二	六一	四一	一一	九〇
九二	五二	六五	七四	九一	九三	七一	六三	六〇
〇六	六五	二五	八四	五四	二四	八三	五二	三三
〇五	七三	八三	三五	一三	二〇	六五	六五	一一
五三	〇二	六二	二二	九一	五二	三一	〇一	八〇
五五	五五	八二	七二	三〇	五二	五〇	七二	一〇
一六	七五	三五	九四	六四	三四	九三	六三	三三
三二	三一	七一	四三	四〇	六四	一四	四四	七五
四三	九二	五二	一二	七一	四一	一一	九〇	六〇
四二	四二	〇〇	七〇	七四	八三	四五	八一	七五
一六	七五	三五	〇五	六四	三四	〇四	七三	四三
四五	八四	五五	三一	六四	〇三	五二	九二	三四

黃緯	十二度				十三度				十四度				十五度			
距午時	北		南		北		南		北		南		北		南	
刻	度	分	度	分	度	分	度	分	度	分	度	分	度	分	度	分
五一	七〇	三五	九二	五四	六〇	〇五	〇三	三三	五〇	八四	一三	〇二	四〇	六四	二二	六〇
六一	五〇	一四	七二	三一	四〇	二四	八二	一〇	三〇	〇四	八二	九四	二〇	八三	九二	八三
七一	三〇	三三	四二	九四	二〇	六二	五二	八三	一〇	〇〇	六二	六二	一〇	四〇	七二	四一
八一	一〇	七五	二二	一二	〇〇	〇〇	三二	〇二	〇〇	八三	四二	九〇	一〇	二三	四二	八五
九一	〇〇	五四	〇二	九一	一〇	九五	一二	九〇	二〇	〇〇	一二	八五	三〇	九二	二二	六四
〇二	二〇	七三	八一	二一	三〇	〇三	九一	二〇	四〇	四二	九一	一五	五〇	四二	〇二	〇四

一二	二二	三二	四二	五二	六二
四〇	六〇	八〇	〇一	二一	四一
九二	五二	八一	三一	九〇	七〇
六〇					
九〇					
五〇	七〇	九〇	一一	三一	四一
三二	八一	一一	五〇	〇〇	八五
六二					
九五					
六〇	八〇	〇一	一一	三一	五一
六一	〇一	三〇	六五	二五	八四
七一					
八四					
七〇	九〇	〇一	二一	四一	二一
三一	五〇	六五	九四	三四	九三
八一					
八三					

黄緯	距午時	刻	○	一	二	三	四	五
十六度	北	度	○九	七七	五六	四五	六四	九三
		分	○○	六○	二二	九五	七一	四○
	南	度	○九	五八	○八	五七	一七	六六
		分	○○	九○	二二	九三	四○	九三
十七度	北	度	○九	六七	三六	三五	四四	七三
		分	○○	二二	二五	○一	七二	一二
	南	度	○九	五八	○八	五七	一七	七六
		分	○○	五一	三二	六五	六二	六○
十八度	北	度	○九	五七	二六	一五	二四	五三
		分	○○	一三	七二	四二	二三	八二
	南	度	○九	五八	○八	六七	一七	七六
		分	○○	一二	四四	三一	八四	二三
十九度	北	度	○九	四七	○六	九四	○四	三三
		分	○○	四三	七四	七二	七二	五二
	南	度	○九	五八	○八	六七	二七	七六
		分	○○	七二	五五	九二	九○	七五

六	七	八	九	〇一	一一	二一	三一	四一
二三	七二	三二	九一	六一	三一	〇一	八〇	五〇
五五	二四	四二	九三	五二	五二	六四	二一	三四
二六	八五	四五	〇五	七四	四四	一四	八二	五三
五三	三二	三三	五五	九二	四一	一一	三一	〇三
一三	六二	一二	八一	五一	二一	九〇	七〇	四〇
〇一	三〇	〇五	〇一	一〇	八〇	三三	三〇	七二
二六	八五	五五	一五	八四	四四	一四	八三	六三
五五	七五	一一	五三	一一	七五	六五	七五	六一
九二	四二	〇二	六一	三一	〇一	八〇	五〇	三〇
八一	七一	九〇	六三	三三	五四	五一	八四	四二
三六	九五	五五	二五	八四	五四	二四	九三	七三
四二	〇三	五四	三一	一五	九三	九三	三四	一〇
七二	二二	八一	五一	二一	九〇	六〇	四〇	二〇
二二	一三	八二	〇〇	三〇	八一	二五	〇三	三一
三六	〇六	六五	二五	九四	六四	三四	〇四	七三
五五	二〇	〇二	〇五	〇三	〇二	一二	〇三	六四

黃緯	十六度				十七度				十八度				十九度			
距午	北		南		北		南		北		南		北		南	
時刻	度	分	度	分	度	分	度	分	度	分	度	分	度	分	度	分
五一	三〇	九二	二三	三五	二〇	〇〇	三三	〇四	一〇	一三	四三	六二	〇〇	一四	五三	一一
六一	一〇	〇三	〇三	四二	〇〇	〇〇	一三	三〇	〇〇	〇〇	一三	八五	一〇	六五	二二	五四
七一	〇〇	一五	八二	二〇	〇〇	〇五	八二	〇五	二〇	六三	九二	七三	三〇	〇四	〇三	四二
八一	二〇	六二	五二	七四	三〇	九一	六二	五三	四〇	三三	七二	三二	五〇	〇四	八二	〇一
九一	四〇	五二	三二	六三	五〇	二二	四二	五二	六〇	〇二	五二	三一	七〇	九一	六二	一〇
〇二	六〇	九一	一二	〇三	七〇	二一	二二	〇一	八〇	一一	三二	九〇	九〇	七〇	三二	八五

八十

七二	六二	五二	四二	三二	二二	一二
	七一	五一	三一	一一	九〇	八〇
	九二	四三	〇四	八四	八五	六〇
						九一
						八二
	八一	六一	四一	二一	〇一	九〇
	九一	四二	一三	一四	二五	〇〇
						〇二
						八一
一二	九一	七一	五一	三一	一一	九〇
七〇	〇一	六一	五二	四三	六四	六五
一二	〇二	八一	六一	四一	二一	〇一
七五	一〇	八〇	七一	八二	一四	四五

黃緯	二十度				二十一度				二十二度				二十三度			
	北		南		北		南		北		南		北		南	
距午時刻	度	分	度	分	度	分	度	分	度	分	度	分	度	分	度	分
○	〇九	〇〇	〇九	〇〇	〇九	〇〇	〇九	〇〇	〇九	〇〇	〇九	〇〇	〇九	〇〇	〇九	〇〇
一	三七	八二	五八	二三	二七	〇一	五八	七三	〇七	〇四	五八	二四	八六	〇五	五八	八四
二	八五	六五	一八	六〇	六九	二五	一八	六一	四五	八二	一八	六二	一五	七四	一八	七三
三	七四	五一	六七	五四	四四	〇五	七七	〇〇	二四	二一	七七	五一	九三	二二	七七	〇三
四	八三	九〇	二七	〇三	五三	一四	二七	九四	三三	八〇	三七	八〇	〇三	〇三	三七	八二
五	一三	〇〇	八六	二二	八二	一四	八六	五四	六二	七一	九六	九〇	三一	八四	九六	三三

六	七	八	九	〇一	一一	二一	三一	四一
五二	〇二	六一	三一	〇一	七〇	五〇	三〇	一〇
二二	八三	五四	一二	六二	三四	三二	五〇	四一
四六	〇六	六五	三五	〇五	七四	四四	一四	八三
三二	四三	五五	七二	九〇	〇〇	二〇	二一	一三
三二	八一	四一	一一	八〇	六〇	三〇	二〇	〇〇
四一	四四	四五	二四	三五	九一	九五	七〇	〇〇
四六	一六	七五	四五	〇五	七四	四四	一四	九三
〇五	六〇	九二	三〇	七四	〇四	三四	五五	五一
一二	六一	三一	〇一	七〇	四〇	二〇	〇〇	一〇
一〇	二四	三〇	七〇	八一	五五	五三	四五	二四
五六	一六	八五	四五	一五	八四	五四	二四	九三
七二	六三	三〇	九三	五二	〇二	五二	八二	五五
八一	四一	一一	八〇	五〇	三〇	一〇	〇〇	二〇
三四	八三	三一	七一	一五	〇三	九五	一五	九四
五六	二六	八五	五五	一五	九四	六四	三四	〇四
五四	六〇	六三	四一	三〇	〇〇	六〇	〇二	三四

距午時刻	黃緯二十度				二十一度				二十二度				二十三度			
	北		南		北		南		北		南		北		南	
	度	分	度	分	度	分	度	分	度	分	度	分	度	分	度	分
五一	一〇	八一	五三	七五	二〇	七〇	六三	三四	三〇	七一	七三	八二	四〇	〇三	八三	二一
六一	三〇	四〇	三三	一三	四〇	四〇	四三	七一	五〇	一一	五三	三〇	六〇	五一	五三	九四
七一	四〇	七四	一三	二一	五〇	〇五	七三	九五	六〇	二五	二三	五四	七〇	七九	三三	一二
八一	六〇	五三	八二	八五	七〇	八三	九二	六四	八〇	六三	〇三	三三	九〇	〇四	一三	一二
九一	八〇	〇二	六二	〇五	九〇	一二	七二	八三	〇一	一二	八二	七三	一一	一二	九二	五一
〇二	〇一	四〇	四二	七四	二一	三〇	五二	六二	一一	二〇	六二	五二	三一	一〇		

八二	七二	六二	五二	四二	三二	二二	一二
	二二	〇二	八一	七一	五一	三一	一一
	七四	二五	九五	九〇	一二	六三	九四
	三二	一二	九一	八一	六一	四一	二一
	七三	二四	一五	二〇	五一	〇三	六四
	四二	二二	〇二	八一	七一	九一	三一
	七二	四三	三四	五五	〇一	五二	三四
七二	五二	三二	一二	九一	八一	六一	四一
四一	七一	四二	五三	八四	四〇	二二	九三

黃緯 二十三度半

距午時刻	北 度分	南 度分
○	〇九 〇〇	〇九 〇〇
一	七六 八四	五八 〇五
二	〇五 四一	一八 二四
三	七三 二四	七七 七二
四	九二 八〇	三七 八三
五	二二 一三	九六 五四

六	七	八	九	〇一	一一	二一	三一	四一
七一	二一	〇一	七〇	五〇	二〇	一〇	一〇	三〇
五四	一四	八一	二三	〇一	四五	八三	四四	四三
五六	二六	八五	五五	二五	九四	六四	三四	一四
九五	二二	三五	二三	二二	〇二	七二	二四	五〇

黃緯　二十三度半

距午時刻	北度	分	南度	分
五一	五〇	三一	八三	六三
六一	六〇	七五	六三	三一
七一	八〇	六三	三三	七五
八一	〇一	四一	一三	六四
九一	一一	二五	九二	一四
〇二	三一	〇三		

八二	七二	六二	五二	四二	三二	二二	一二
七二	五二	三二	二二	〇二	八一	六一	五一
〇四	四四	二五	二〇	七一	三三	一五	〇一

新製靈臺儀象志卷之七

治理曆法極西南懷仁纂著

秋官正張問門同受

從八品博士加一級鮑英華

博　士盧完璧

地平儀表北極出地三十四度二十六度三十八度三十九度五十五分

北極出

黃緯	赤道	距午時刻	○	一	二	三	四	五
○度		度	○九	三八	六七	○七	四六	八五
		分	○○	九一	五四	五二	四二	五四
一度	北	度	○九	三八	六七	九六	六六	八五
		分	○○	八○	四二	六五	八四	二○
	南	度	○九	三八	七七	○七	六六	九五
		分	○○	九二	五○	三五	○○	六二
二度	北	度	○九	二八	六七	九六	三六	七五
		分	○○	七五	三○	五二	九○	八一
	南	度	○九	三八	七七	一七	五六	○六
		分	○○	九三	三二	○二	三三	五○
三度	北	度	○九	二八	五七	八六	二六	六五
		分	○○	六四	○四	三五	九二	一三
	南	度	○九	三八	七七	一七	六六	○六
		分	○○	○五	一四	六四	五○	二四

二

四一	三一	二一	一一	〇一	九	八	七	六
三二	六二	九二	二三	六三	九三	四四	八四	三五
三一	七〇	三一	七二	〇一	八五	五〇	六三	九二
二二	五二	八二	一三	五三	九三	三四	七四	二五
一二	四一	八一	七三	一一	三〇	三一	六四	二四
四二	七二	〇三	三三	六三	〇四	四四	九四	四五
六〇	〇〇	六〇	五二	八五	八四	六五	四二	四一
一二	四二	七二	〇三	三三	八三	二四	六四	一五
六二	〇二	四二	三四	四一	八〇	九一	三五	三五
四二	七二	〇三	四三	七三	二四	五四	〇五	四五
八五	三五	八五	六一	九四	七三	五四	一一	八五
〇二	三二	六二	九二	三三	七三	一四	六四	一五
二三	三二	七六	六四	九一	一一	四二	〇〇	二〇
五二	八二	一三	五三	八三	二四	六四	〇五	五五
〇五	四四	〇五	八〇	九三	八二	三三	六五	〇四

黃緯	○度		一度				二度				三度			
距午時刻	赤道		北		南		北		南		北		南	
	度	分	度	分	度	分	度	分	度	分	度	分	度	分
五一	○二	九二	九一	七三	一二	一二	八一	四四	二二	三一	七一	○五	三二	四二
六一	七一	四五	七一	一○	八一	六四	六一	九○	九一	七三	五一	四一	○二	八二
七一	五一	六二	四一	四三	六一	七一	三一	四五	七一	八○	二一	八四	七一	八五
八一	三一	七一	二一	一一	三一	五五	一一	九一	四一	四四	○一	八二	五一	四三
九一	○一	八四	九○	四五	一一	六三	九○	四○	二一	六二	八○	一一	三一	一五
○二	八○	二三	七○	○四	九○	二二	六○	○五	○一	二一	五○	八五	一一	一○

四二	三二	二二	一二
	二〇	四〇	六〇
	八〇	一一	三二
〇〇	一〇	三〇	五〇
〇五	四一	四二	一三
	三〇	五〇	七〇
	五二	三〇	一一
一〇	〇〇	二〇	四〇
一四	四二	四三	一四
	三〇	五〇	八〇
	六四	三五	一〇
二〇	〇〇	一〇	三〇
〇三	八二	二四	八一
	四〇	六〇	八〇
	五三	一四	〇五

黃緯	距午時	刻	○	一	二	三	四	五
四度	北	度	〇九	二八	五七	八六	一六	五五
		分	〇〇	三三	六一	八一	六四	三四
	南	度	〇九	三八	七七	二七	六六	一六
		分	〇〇	六五	八五	〇一	六三	六一
五度	北	度	〇九	二八	四七	七六	一六	四五
		分	〇〇	〇二	〇五	二四	二〇	九四
	南	度	〇九	四八	八七	二七	七六	一六
		分	〇〇	五〇	四一	四三	六〇	五五
六度	北	度	〇九	二八	四七	七六	〇六	四五
		分	〇〇	六〇	四二	四〇	五一	〇〇
	南	度	〇九	四八	八七	二七	七六	二六
		分	〇〇	三一	〇三	六五	五三	九二
七度	北	度	〇九	一八	三七	六六	九五	三五
		分	〇〇	〇五	五五	四二	六二	五〇
	南	度	〇九	四八	八七	三七	八六	三六
		分	〇〇	〇二	五四	八一	三〇	一〇

四一	三一	二一	一一	○一	九	八	七	六
九一	二二	五二	八二	二三	六三	○四	五四	○五
三四	八二	五三	七四	七一	四一	七二	六○	九○
六二	九二	二三	五三	九三	三四	七四	一五	六五
六三	五三	○四	八五	○三	六五	九一	○四	○二
八一	一二	四二	七二	一三	五三	九三	四四	九四
○四	一三	○二	○五	二二	四一	八二	七三	五一
七二	○三	三三	六三	○四	四四	八四	二五	七五
○三	九二	○三	七四	八一	四○	四○	三二	○三
七一	○二	三二	六二	○三	四三	八三	三四	八四
二四	一三	四三	九四	○二	四一	九二	八○	八一
八二	一三	四三	七三	一四	四四	八四	三五	七五
○二	四一	九一	六三	六○	九四	九四	二○	八三
六一	九一	二二	五二	九二	三三	七三	二四	八四
五四	二三	四三	七四	九一	一一	五二	七○	八○
五二	二三	五三	九三	一四	五四	九四	三五	八五
八○	一○	六○	八三	一五	一三	三三	五四	五一

黃緯	距午時刻		五一	六一	七一	八一	九一	〇二
四度	北	度	七一	四一	一一	九〇	七〇	五〇
		分	七〇	二二	五五	七三	〇二	七〇
	南	度	三三	一二	八一	六一	四一	一一
		分	六五	七一	八四	五二	五〇	一五
五度	北	度	五一	三一	一一	八〇	六〇	四〇
		分	九五	六二	〇〇	一四	七二	一一
	南	度	四二	〇二	九一	七一	四一	二一
		分	五四	三三	八三	四〇	五五	八四
六度	北	度	五一	二一	〇一	七〇	五〇	三〇
		分	三〇	一三	七〇	一五	七三	八二
	南	度	五二	二二	〇二	八一	五一	三一
		分	四三	七五	七二	三〇	五四	〇三
七度	北	度	五一	一一	九〇	六〇	四〇	二〇
		分	九三	七三	三一	七五	二四	〇三
	南	度	六二	三二	一二	九一	六一	四一
		分	三二	六四	七一	〇一	四三	九一

一二	二二	三二	四二	五二
二〇	〇〇	一〇	三〇	
一〇	四五	一五	〇二	
九〇	七〇	五〇		
八三	二三	五二		
二〇	〇〇	三〇	四〇	六〇
六〇	八一	二〇	九〇	四一
九二	八〇			
九二	一二			
一〇	〇〇	二〇	五〇	七〇
九一	八五	八三	三〇	四〇
一一	九〇			
九一	一一			
〇〇	一〇	三〇	五〇	七〇
八二	九三	五四	八四	四五
二一	〇一			
八〇	〇〇			

黃緯		距午時刻	○	一	二	三	四	五
八度	北	度	○九	一八	三七	五六	八五	二五
		分	○○	五三	五二	一四	五三	五○
	南	度	○九	四八	八七	三七	八六	三六
		分	○○	八二	九五	九三	○三	三三
九度	北	度	○九	一八	二七	五六	七五	一五
		分	○○	七一	二五	○一	○四	六○
	南	度	○九	四八	九七	三七	八六	四六
		分	○○	六三	四一	九五	五五	四○
十度	北	度	○九	○八	二七	四六	六五	○五
		分	○○	八五	六一	七○	二四	○○
	南	度	○九	四八	九七	四七	九六	四六
		分	○○	五四	六二	八一	○二	四三
十一度	北	度	○九	○八	一七	二六	五五	八四
		分	○○	八三	九三	五五	一四	四五
	南	度	○九	四八	九七	四七	九六	五六
		分	○○	八四	○四	八三	五四	一○

四一	三一	二一	一一	〇一	九	八	七	六
五一	八一	一二	四二	八二	二三	六三	一四	六四
五四	三三	二三	四四	四一	六〇	九一	二〇	七一
九二	二三	五三	九三	二四	六四	〇五	四五	八五
七五	〇五	四五	九〇	八三	八一	四一	五二	一五
四一	七一	〇二	三二	七二	〇三	五三	九三	五四
八四	五五	〇三	〇四	〇一	九五	四一	六五	一一
〇三	三三	六三	九三	三四	七四	〇五	五五	九五
四四	八三	一四	五五	二二	二〇	五五	四〇	六二
三一	六一	九一	二二	六二	九二	四三	八三	四四
五四	〇三	四二	四三	二〇	二五	三二	七四	四〇
一三	四三	七三	〇四	四四	七四	一五	五五	〇六
二三	六二	七二	〇四	五〇	四四	五三	〇四	〇〇
二一	五一	八一	一二	四二	八二	二三	七三	二四
五四	七二	九一	八二	五五	一四	三五	五三	四五
二三	五三	八三	一四	四四	八四	二五	六五	〇六
八一	一一	三一	五二	九四	五二	四一	〇二	三三

黄緯	八度				九度				十度				十一度			
距午時刻	北		南		北		南		北		南		北		南	
	度	分	度	分	度	分	度	分	度	分	度	分	度	分	度	分
五一	三一	九○	七二	一一	二一	三一	七二	八五	一一	一一	九二	○○	○一	三一	九二	五三
六一	○一	九三	四二	五三	九○	九三	五二	三二	八○	六四	六二	一一	七○	八四	六二	八五
七一	八○	七一	二二	五○	七○	三二	二二	四五	六○	七二	三二	二四	五○	○三	四二	九二
八一	六○	四○	九一	一四	五○	六○	○二	○三	四○	○一	一二	八一	三○	七一	二二	六○
九一	三○	九四	七一	三二	二○	四五	八一	一一	二○	五○	九一	○○	一○	○○	九一	八四
○二	一○	五四	五一	八○	○○	四五	五一	四四	○○	○○	六一	六四	○○	二五	七一	四三

一二	二二	三二	四二	五二	六二
〇〇	二〇	四〇	六〇	八〇	
八二	〇三	四三	九三	四四	
二一	〇一				
七五	九四				
一〇	三〇	五〇	七〇	九〇	
五一	四二	四二	九二	三三	
三一	一一				
六四	九三				
一〇	四〇	六〇	八〇	〇一	
一四	四一	七一	九一	三〇	
四一	二二				
五三	八二				
二〇	五〇	七〇	九〇	一一	三一
二三	七〇	七〇	九〇	二一	七一
五一					
四二					

黄緯	十二度				十三度				十四度				十五度			
距午時	北		南		北		南		北		南		北		南	
刻	度	分	度	分	度	分	度	分	度	分	度	分	度	分	度	分
○	〇九	〇〇	〇九	〇〇	〇九	〇〇	〇九	〇〇	〇九	〇〇	〇九	〇〇	〇九	〇〇	〇九	〇〇
一	〇八	七一	四八	五五	九七	三五	五八	一〇	九七	七二	五八	七〇	八七	九五	五八	三一
二	〇七	八五	九七	二五	〇七	四一	〇八	四〇	九六	五二	〇八	六一	八六	三三	〇八	八二
三	二六	〇二	四七	六五	一六	一二	五七	四一	〇六	七一	五七	一三	九五	八〇	五七	八四
四	四五	五二	〇七	八〇	三五	五二	〇七	一三	二五	二一	〇七	三五	一五	五〇	一七	六一
五	七四	二四	五六	一三	六四	七二	五六	八五	五四	八〇	六六	五二	三四	二四	六六	一五

四一	三一	二一	一一	〇一	九	八	七	六
一一	四一	七一	〇二	三二	七二	一三	六三	一四
二四	四二	四一	九一	四四	八二	九五	〇二	〇四
三三	五三	八二	二四	五四	九四	二五	六五	一六
五〇	六五	七五	九〇	二三	五〇	二五	二五	五〇
〇一	三一	六一	九一	二二	六二	〇三	五三	〇四
九三	五一	六〇	一一	二三	四一	〇二	一〇	四二
三三	六三	九三	二四	六四	九四	三五	七五	一六
〇五	二四	一四	二五	三一	五四	〇三	八二	六三
九〇	二一	四一	七一	一二	五二	九二	三三	九三
三三	〇一	八五	八五	四三	二二	二〇	九三	一〇
四三	七三	〇四	二四	六四	〇五	四五	七五	二六
六三	六二	五二	四三	三五	四二	七〇	一四	七〇
八〇	一一	三一	六一	九一	二二	七二	二三	七三
八二	〇〇	九四	三四	九五	〇三	一四	六一	五三
五三	八三	一四	四四	七四	一五	四五	八五	二六
二二	〇一	八〇	六一	四三	三〇	三四	四三	七三

黃緯	距午時	刻					
			五一	六一	七一	八一	九一	〇二
十二度	北	度	九〇	六〇	四〇	二〇	〇〇	二〇
		分	〇一	八四	四三	三三	〇〇	三五
	南	度	〇三	七二	五二	二二	〇二	八一
		分	一二	五四	七一	四五	六三	三二
十三度	北	度	八〇	五〇	三〇	一〇	〇〇	二〇
		分	〇一	九四	六三	二二	一五	五四
	南	度	一三	八二	六二	三二	一二	九一
		分	八〇	二三	一一	一四	四二	〇一
十四度	北	度	七〇	四〇	二〇	〇〇	一〇	三〇
		分	二四	七四	二三	九三	六二	二四
	南	度	一三	九二	六二	四二	二二	九一
		分	四五	九一	一五	九二	一一	九五
十五度	北	度	六〇	三〇	一〇	〇〇	二〇	四〇
		分	四〇	七四	一三	九三	二三	七三
	南	度	三三	〇三	七二	五二	三二	〇二
		分	二一	五〇	八三	六一	一〇	八四

六二	五二	四二	三二	二二	一二
四一	二一	九〇	七〇	五〇	三〇
七〇	二〇	九五	八五	七五	二三
					六一
					三一
四一	二一	〇一	八〇	六〇	〇〇
六五	二五	〇五	〇五	九四	七四
					七一
					二〇
五一	三一	一一	五〇	七〇	五〇
五四	二四	一四	三四	一四	九三
					七一
					一五
六一	四一	二一	〇一	八〇	六〇
五三	二三	二三	二三	三三	四三
					八一
					〇四

黃緯	十六度				十七度				十八度				十九度			
距午	北		南		北		南		北		南		北		南	
時刻	度	分	度	分	度	分	度	分	度	分	度	分	度	分	度	分
○	○九	○○	○九	○○	○九	○○	○九	○○	○九	○○	○九	○○	○九	○○	○九	○○
一	八七	八二	五八	八一	七七	二五	五八	四二	七七	四一	五八	九二	六七	○三	五八	○三
二	七六	六三	○八	九三	六六	三三	○八	九四	五六	四二	一八	○○	四六	七○	一八	○一
三	七五	三五	六七	四○	六五	三一	六七	○二	五五	三○	六七	五三	三五	六二	六七	○五
四	九四	七二	一七	六三	七四	七五	一七	七五	六四	七一	二七	六一	四四	○三	二七	六三
五	二四	四一	七六	六一	○四	六三	七六	一四	八三	七五	八六	五○	七三	三一	八六	九二

四一	三一	二一	一一	〇一	九	八	七	六
七〇	九〇	二一	五一	八一	二二	六二	〇三	五三
五二	一五	三三	七二	一四	二一	四一	八四	三五
六三	九三	一四	四四	八四	一五	五五	九五	三六
五〇	八三	〇五	七五	三一	〇四	四〇	六〇	六〇
六〇	九〇	一一	四一	七一	〇二	四二	九二	四三
六一	四〇	九一	五一	一二	二五	八四	九一	六三
六三	九三	二四	五四	八四	二五	五五	九五	三六
九四	七三	二三	八三	二五	七一	二五	八三	四三
五〇	七〇	〇一	二一	六一	九一	三二	七二	二三
八〇	五三	五〇	八五	〇〇	四二	五一	二四	三五
七三	〇四	三四	六四	九四	二五	六五	〇六	四六
三三	〇二	四一	八一	一三	四五	六二	〇一	三〇
四〇	六〇	八〇	一一	四一	七一	一二	六二	一三
四〇	一二	二五	三三	七三	七五	〇四	一〇	四二
八三	一四	三四	六四	〇五	三五	七五	〇六	四六
六一	二〇	五五	七五	九〇	九二	〇〇	六三	〇三

黃緯	距午	時刻	五一	六一	七一	八一	九一	〇二
十六度	北	度	五〇	二〇	〇〇	一〇	三〇	五〇
		分	〇〇	二四	二五	四二	四〇	二二
	南	度	三三	〇三	八二	六二	三二	一二
		分	五二	一五	一二	四〇	八四	六三
十七度	北	度	三〇	一〇	〇〇	二〇	四〇	六〇
		分	七五	三四	二五	七二	一二	六二
	南	度	〇三	一三	九二	六二	四二	二二
		分	九〇	七三	一一	〇五	八三	四二
十八度	北	度	二〇	〇〇	一〇	三〇	五〇	七〇
		分	二五	〇〇	七二	四二	三二	二二
	南	度	四三	二三	九二	七二	五二	三二
		分	四五	二二	七五	七三	二二	二一
十九度	北	度	一〇	〇〇	二〇	四〇	六〇	八〇
		分	一五	〇〇	五一	六二	八一	九一
	南	度	五三	三三	〇三	八二	六二	四二
		分	八三	七〇	〇四	四二	〇一	〇〇

二一	二二	二三	二四	二五	二六	二七
〇七	〇九	一一	一三	一五	一七	
二九	二六	二四	二二	二二	二四	
〇九						
二八						
〇八	一〇	一二	一四	一六	一八	三〇
二三	一九	一六	一三	一三	一三	一七
〇九	一一	一三	一五	一七	一九	二一
一六	一三	〇八	〇五	〇三	〇三	〇六
一〇	一二	一四	一五	一七	一九	二一
一三	〇六	〇一	五五	五三	五五	五五

黃緯			距午時刻 ○	一	二	三	四	五
二十度	北	度	〇九	五七	二六	一五	二四	五三
		分	〇〇	一四	一四	九〇	〇四	一二
	南	度	〇九	〇四	一八	七七	二七	八六
		分	〇〇	〇四	〇二	五〇	五五	二五
二十一度	北	度	〇九	四七	一六	九四	〇四	三三
		分	〇〇	五四	三〇	一四	五三	〇二
	南	度	〇九	一四	一八	七七	三七	九六
		分	〇〇	四五	〇三	九一	三一	四一
二十二度	北	度	〇九	三七	九五	七四	八三	一三
		分	〇〇	九三	六一	七三	五二	〇一
	南	度	〇九	三四	一八	七七	三七	九六
		分	〇〇	五〇	九三	三二	二二	二四
二十三度	北	度	〇九	二七	七五	五四	六三	八二
		分	〇〇	四二	二一	二一	二〇	三五
	南	度	〇九	四四	一八	七七	三七	九六
		分	〇〇	三一	九四	七四	〇五	八五

四一	三一	二一	一一	○一	九	八	七	六
二○	五○	七○	○一	三一	六一	○二	四二	九二
三五	○一	○三	三一	五○	三二	五○	九一	一二
七三	一四	四四	七四	○五	四五	七五	一六	四六
五一	四四	六三	六三	六四	五○	三三	○一	九五
一○	三○	六○	八○	一一	四一	八一	二二	七二
四四	五四	七一	一五	八三	○五	八一	一三	五二
九三	二四	五四	八四	一五	四五	八五	一六	五六
二四	五二	六一	五一	三二	九三	五○	九三	三二
一○	二○	四○	六○	○一	三一	六一	○二	五二
四○	五三	一四	五四	七○	八○	三一	六三	六二
○四	三四	五四	八四	一五	五五	八五	二六	五四
五二	八一	六五	三五	九五	三一	七三	八○	八四
○○	一○	三○	五○	八○	一一	四一	八一	三二
四五	九三	九二	三五	二三	六二	一五	○四	七一
一四	三四	六四	九四	二五	五五	九五	二六	六六
七○	七四	五三	一三	五三	七四	八○	七三	三一

黄緯	距午	時刻	一五	一六	一七	一八	一九	二〇
二十度	北	度	〇〇	〇一	〇二	〇五	〇七	〇九
		分	二八	三七	二九	二六	一九	一四
	南	度	三六	三三	三一	二九	二六	二四
		分	二三	五二	二九	一〇	五〇	四八
二十一度	北	度	〇〇	〇二	〇四	〇六	〇八	一〇
		分	〇〇	三八	三三	二八	二一	一四
	南	度	三七	三四	三二	二九	二七	
		分	〇六	三七	一四	五七	四四	
二十二度	北	度	〇一	〇五	〇五	〇七	〇九	一一
		分	四〇	三六	五二	三〇	三四	〇九
	南	度	三七	三五	三三	三〇	二八	
		分	五〇	二二	〇〇	四五	三一	
二十三度	北	度	〇二	〇四	〇六	〇八	一〇	一二
		分	四四	四二	三九	三〇	一八	〇六
	南	度	三八	三六	三三	三一	二九	
		分	三三	〇六	四五	二九	一五	

一二	二二	三二	四二	五二	六一	七一	八一
一一	三一	四〇	六一	八一	二二	二二	
七〇	〇〇	三五	九四	四四	七一	四四	

二一	三一	五一	七一	九一	三二	三二
三〇	三五	三四	九三	四三	三〇	三三

二一	四一	六一	八一	〇二	五二	四二	六二
八五	八四	九三	〇三	五二	五四	二二	五二

三一	五一	七一	九一	一二	四一	五二	七二
五五	三四	二三	三二	六一	九三	一一	二一

黃緯二十三度半

時刻	距北度	距北分	距南度	距南分
〇	〇九	〇〇	〇九	〇〇
一	一七	六三	四四	六四
二	五五	九五	一八	三五
三	三四	三五	七七	四五
四	四三	四四	三七	九五
五	一三	四一	〇七	九〇

六	二二	一一	六六	二七
七	一七	三九	六二	五一
八	一三	五五	五九	二四
九	一〇	三六	五六	〇四
一〇	〇七	四六	五二	五四
一一	〇五	〇六	四九	五一
一二	〇二	四一	四六	五五
一三	〇一	〇〇	四四	〇九
一四	〇一	五五	四一	二九

黄緯 二十三度半

距午時刻	北度	北分	南度	南分
五一	三〇	五三	八三	六五
六一	五〇	六二	六三	〇三
七一	七〇	四一	四三	九〇
八一	九〇	五〇	一三	四五
九一	〇一	二五	九二	四三
〇二	二一	七三		

八二	七二	六二	五二	四二	三二	二二	一二
七二	五二	五二	一二	九一	八一	六一	四一
八三	七三	一〇	四四	一五	一〇	二一	六二

黃緯	赤道	距午時刻	北極出○	一	二	三	四	五
○度	赤道	度	○九	三八	七七	一七	五六	○六
		分	○○	八三	二二	三二	九二	○○
一度	北	度	○九	三八	七七	○七	四六	九五
		分	○○	九二	四○	三五	七五	一二
	南	度	○九	三八	七七	一七	六六	○六
		分	○○	七四	○四	三四	一○	七三
二度	北	度	○九	三八	六七	○七	四六	八五
		分	○○	九一	五四	五二	三二	一四
	南	度	○九	三八	七七	二七	六六	一六
		分	○○	六五	七五	七○	二三	二一
三度	北	度	○九	三八	六七	九六	三六	七五
		分	○○	九○	五二	六五	七四	九五
	南	度	○九	四八	八七	二七	七六	○六
		分	○○	四○	三一	○三	二○	七四

地三十六度

六	七	八	九	一〇	一一	一二	一三	一四
五四	五〇	四五	四一	三七	三三	三〇	二七	二四
五〇	〇〇	三〇	二〇	二七	五〇	二六	一六	一六
五四	四九	四四	四〇	三六	三二	二九	二六	二三
〇七	一四	四二	三〇	四三	五九	三六	二四	二五
五五	五〇	四六	四二	三八	三四	三一	二八	二五
三一	四五	一八	〇九	一六	三九	一七	〇七	〇七
五三	四八	四三	三九	三五	三二	二八	二五	二二
二〇	二七	五二	三九	四四	〇六	四三	三三	三三
五六	五一	四七	四二	三九	三五	三二	二八	二五
一一	二八	〇四	五七	〇六	三〇	〇七	五七	五七
五二	四七	四三	三八	三四	三一	二七	二四	二一
三七	二八	〇二	四六	五〇	一七	五〇	三九	四二
五六	五二	四七	四三	三九	三六	三二	二九	二五
五〇	一〇	四八	四三	五三	二一	五六	四六	四七

黃緯	○度		一度				二度				三度			
距午時刻	赤道		北		南		北		南		北		南	
	度	分	度	分	度	分	度	分	度	分	度	分	度	分
五一	一二	七二	○二	六二	二二	七一	九一	四四	三一	七○	八一	二五	三二	六五
六一	八二	四四	七一	四五	九一	五三	七一	三○	○二	四二	六一	二一	一二	三一
七一	六一	○一	五一	九一	七一	○○	四一	九二	七一	九四	三一	九三	八一	七三
八一	三一	一四	二一	一五	四一	○三	二一	一○	五一	○二	一一	○二	六一	八○
九一	一一	七一	○一	七二	二一	六○	九○	八三	二一	五五	九○	○一	三一	四四
○二	八○	七五	八○	八○	九○	六四	七○	九一	○一	四三	六○	八二	一一	三二

十七

一二	二二	三二	四二
六〇	四〇	二〇	〇〇
一四	五二	四一	〇〇
五〇	三〇	一〇	〇〇
二五	八三	六〇	〇五
七〇	五〇	三〇	
九二	六一	一〇	
五〇	二〇	〇〇	一〇
三〇	〇五	九二	八三
八〇	六〇	三〇	
八一	三〇	〇五	
四〇	一〇	〇〇	二〇
四一	九五	〇〇	六二
九〇	六〇	四〇	
六〇	五四	八三	

黃緯	四度				五度				六度				七度			
	北		南		北		南		北		南		北		南	
距午時刻	度	分	度	分	度	分	度	分	度	分	度	分	度	分	度	分
○	○九	○○	○九	○○	○九	○○	○九	○○	○九	○○	○九	○○	○九	○○	○九	○○
一	二八	○五	四八	二一	二八	七四	四八	九一	二八	四三	四八	七二	二八	一二	四八	三三
二	六七	四○	八七	九二	五七	二四	八七	二四	五七	八一	八七	六五	四七	三五	九七	○一
三	九六	六二	二七	二五	八六	四五	三七	四一	八六	一二	三七	四三	七六	六四	三七	四五
四	三六	七○	七六	九二	○六	○三	七六	六五	一六	九四	八六	二二	一六	五○	八六	八四
五	七五	六一	二六	○二	六五	○三	二六	七四	五五	三四	三六	○二	○五	○五	三六	一五

四一	三一	二一	一一	〇一	九	八	七	六
〇二	三二	六二	〇三	三三	七三	二四	六四	一五
七四	六四	五五	九二	六五	三五	九〇	〇四	九四
七二	〇三	三三	七三	〇四	四四	八四	二五	七五
七三	四三	四四	六〇	〇四	八二	二三	一五	七二
九一	三二	五二	九二	三三	六三	一四	五四	〇五
三五	一〇	九五	二二	〇〇	〇五	四一	四五	九五
八二	一三	四三	七三	一四	五四	九四	三五	八五
三二	二二	二三	二五	五二	二一	三一	一三	三〇
八一	一二	五二	八二	二三	六三	〇四	五四	〇五
九五	五五	五〇	六二	四〇	一〇	九一	〇〇	八〇
九二	二三	五三	八三	二四	五四	九四	四五	八五
一一	〇一	九一	八三	〇一	六五	五五	〇一	九三
八一	一二	四二	七二	一三	五三	九三	四四	九四
三〇	一〇	六〇	七二	五〇	二〇	〇二	三〇	四一
九二	二三	六三	九三	二四	六四	〇五	四五	九五
八五	五五	四〇	六二	五五	八三	五三	七四	三一

黄緯	四度				五度				六度				七度			
距午	北		南		北		南		北		南		北		南	
時刻	度	分	度	分	度	分	度	分	度	分	度	分	度	分	度	分
五一	八一	一〇	四二	五四	七一	六〇	五二	二三	六一	三一	六二	一二	五一	七一	七二	八〇
六一	五一	九一	二二	三〇	四一	六二	二二	〇五	三一	五三	三二	九三	二一	〇四	四二	五二
七一	二一	七四	九一	七二	一一	四五	〇二	五一	一一	二〇	一二	三〇	〇一	九〇	一二	〇五
八一	〇一	一二	六一	七五	九〇	八二	七一	五四	八〇	八三	八一	三三	七〇	五四	九一	〇二
九一	七〇	八五	四一	二三	七〇	六〇	五一	〇二	六〇	六一	六一	九〇	五〇	八二	六一	六五
〇二	五〇	〇四	二一	一一	四〇	七四	三一	〇〇	三〇	八五	三一	八四	三〇	六〇	四一	五三

十九

五二	四二	三二	二二	一二
	三〇	一〇	一〇	三〇
	五一	三〇	二一	三二
		五〇	七〇	九〇
		七二	〇四	四〇
	四〇	一〇	〇〇	二〇
	二〇	〇五	八一	二三
		六〇	八〇	〇一
		四一	八二	二四
七〇	四〇	二〇	〇〇	一〇
二〇	二五	一四	二三	三四
			九〇	一一
			六一	〇三
七〇	五〇	三〇	一〇	〇〇
二〇	一四	九二	八一	〇四
			〇一	二一
			四〇	八一

黃緯		距午時刻	〇	一	二	三	四	五
八度	北	度	〇九	二八	四七	七六	〇六	四五
		分	〇〇	八〇	八二	〇一	九一	九〇
	南	度	〇九	四八	九七	四七	九六	四六
		分	〇〇	〇四	三二	三〇	二一	三二
九度	北	度	〇九	一八	三七	六六	九五	三五
		分	〇〇	三五	九五	九二	〇三	二二
	南	度	〇九	四八	九七	四七	九六	四六
		分	〇〇	六四	一〇	一三	六三	六五
十度	北	度	〇九	一八	三七	五六	八五	二五
		分	〇〇	七三	〇三	八四	〇四	八〇
	南	度	〇九	四八	九七	四七	九六	五六
		分	〇〇	二五	八四	九四	九五	九一
十一度	北	度	〇九	一八	二七	五六	八五	一五
		分	〇〇	〇二	七五	三〇	三〇	〇一
	南	度	〇九	四八	〇八	五七	〇七	五六
		分	〇〇	九五	〇〇	七〇	一二	七四

四一	三一	二一	一一	〇一	九	八	七	六
七一	〇二	三二	六二	〇三	四三	八三	三四	八四
六〇	〇〇	七〇	八二	六〇	〇〇	九一	四〇	八一
〇三	三三	六三	〇四	三四	七四	一五	五五	九五
三四	一四	〇四	七〇	七三	九一	四一	三二	七四
六一	九一	二二	五二	九二	二三	七三	二四	七四
〇一	二〇	七〇	六二	二〇	八五	九一	三〇	九一
一三	四三	七〇	〇四	四四	八四	一五	五五	〇六
九二	七二	四三	一五	九一	〇〇	三五	九五	八一
五一	八一	一三	四二	七二	一三	六三	一四	六四
一一	四〇	六〇	四二	三〇	五五	三一	〇〇	九一
二三	五三	八三	一四	五四	八四	二五	六五	〇六
五一	二一	九一	四三	一〇	九三	〇三	四三	〇五
四一	六一	〇二	三二	六二	〇三	五三	〇四	五四
二一	九三	五〇	二二	九三	九四	六〇	四〇	四一
三三	六三	九三	二四	五四	九四	三五	七五	二六
〇〇	二一	一〇	六一	二四	九一	七〇	八〇	一二

距午時刻	黃緯八度 北 度	分	南 度	分	九度 北 度	分	南 度	分	十度 北 度	分	南 度	分	十一度 北 度	分	南 度	分
五一	四一	四二	七二	五五	三一	六二	八二	一四	二一	九二	九二	六二	一一	〇三	〇三	一一
六一	一一	七四	五二	三一	〇一	一五	五二	九五	九〇	三五	六二	五四	八〇	七五	七二	一三
七一	九〇	八一	二二	七三	八〇	〇二	三二	四二	七〇	〇三	四二	一一	六〇	四三	四二	七五
八一	六〇	三五	〇二	八〇	五〇	九五	〇二	五五	五〇	五〇	一二	二四	四〇	三一	二二	七一
九一	四〇	五一	七一	四四	三〇	〇四	八一	一三	二〇	〇五	九一	八一	二〇	〇〇	〇二	五〇
〇二	二〇	〇二	五一	三二	一〇	五二	六一	一一	〇〇	四四	六一	八二	〇〇	六三	七一	六四

五二	四二	三二	二二	一二
八〇	六〇	四〇	二〇	〇〇
〇四	九二	八一	〇一	八二
			〇一	三一
			二五	七〇
九〇	七〇	五〇	二〇	〇〇
九二	八一	九〇	九五	五四
			一一	三一
			一四	四五
〇一	八〇	五〇	三〇	一〇
七一	八〇	八五	〇五	一四
			二一	四一
			九二	一四
一一	八〇	六〇	四〇	二〇
六〇	六五	七四	八三	二三
			三一	五一
			七一	〇三

黄緯	十二度				十三度				十四度				十五度			
距午	北		南		北		南		北		南		北		南	
時刻	度	分	度	分	度	分	度	分	度	分	度	分	度	分	度	分
○	〇九	〇〇	〇九	〇〇	〇九	〇〇	〇九	〇〇	〇九	〇〇	〇九	〇〇	〇九	〇〇	〇九	〇〇
一	一八	三〇	五八	四〇	〇八	三四	五八	〇一	〇八	一二	五八	五一	九七	八三	五八	一二
二	二七	二二	〇八	一一	一七	五四	〇八	一二	一七	五〇	〇八	三三	〇七	二二	〇八	四四
三	四六	五一	五七	八二	三六	五二	五七	一四	二六	〇三	五七	六五	一六	二三	六七	一一
四	六五	九四	〇七	三四	五五	九四	一七	四〇	四五	一四	一七	四二	三五	六三	一七	四四
五	〇五	七〇	六六	二一	九四	〇〇	六六	七三	七四	〇二	七六	二〇	六四	四三	七六	六二

四一	三一	二一	一一	○一	九	八	七	六
三一	六一	○二	二二	五二	九二	四三	八三	四四
一一	一○	八一	七一	九四	○四	○○	六四	六○
三三	七三	九三	二四	六四	九四	三五	七五	一六
四四	五○	四四	八五	二二	六五	三四	一四	三五
二一	五一	七一	一二	四二	八二	二三	七三	二四
二一	一一	六五	一一	五一	二三	九四	六三	八五
四三	七三	○四	三四	七四	○五	四五	八五	二六
八二	三二	六二	八三	一○	四三	八一	三一	○二
一一	三一	六一	九一	三二	七二	一三	六三	一四
九○	二五	一五	九五	○三	七一	五三	一一	三四
五三	八三	一四	四四	七四	一五	四五	八五	二六
一一	三○	七○	八一	○四	七○	三五	五四	八四
○一	二一	五一	八一	二二	六二	○三	五三	○四
七○	七四	三四	一五	六一	四○	八一	四○	四二
五三	八三	一四	四四	八四	一五	五五	九五	三六
四五	八四	九四	九五	七一	七四	六二	六一	六一

黃緯	十二度				十三度				十四度				十五度			
距午時	北		南		北		南		北		南		北		南	
刻	度	分	度	分	度	分	度	分	度	分	度	分	度	分	度	分
五一	〇一	二三	〇二	七五	九〇	三三	一三	一四	八〇	二三	二三	七二	七〇	五三	三三	〇一
六一	八〇	三〇	八二	一三	七〇	一〇	九二	二〇	六〇	七〇	九二	七四	五〇	三〇	〇三	二三
七一	五〇	五三	五二	三四	五〇	八二	六二	七三	四〇	〇三	七二	三一	二〇	七四	八二	〇〇
八一	三〇	一〇	三二	五一	二〇	一二	四二	一〇	一〇	〇三	四二	七四	〇〇	七三	五二	三三
九一	一〇	七〇	〇二	二五	〇〇	〇〇	一二	八三	〇〇	四五	二二	五二	一〇	四四	三二	二一
〇二	一〇	二四	八一	三三	二〇	二〇	九一	〇二	二〇	八五	〇二	七〇	三〇	〇四	〇二	四五

六二	五二	四二	三二	二二	一二
四一	二一	九〇	七〇	五〇	三〇
五〇	五五	六四	八三	九二	二〇
					八一
			〇	六〇	四〇
四一	二一	〇一	八〇	六〇	四〇
六五	三四	四三	七二	〇三	三一
					七一
					五〇
五一	三一	一一	九〇	七〇	五〇
一四	二三	五二	八一	一一	三〇
					七一
					三五
六一	四一	二二	〇一	八〇	五〇
〇三	一二	四一	七〇	九〇	六五
					八一
					九二

黃緯	距午時刻		○	一	二	三	四	五
十六度	北	度	○九	九七	九六	○六	二五	五四
		分	○○	三三	五三	八二	八一	七一
	南	度	○九	五八	○八	六六	二七	七六
		分	○○	五二	四五	六二	四○	九四
十七度	北	度	○九	九七	八六	九五	一五	三四
		分	○○	六○	四四	一二	五○	四五
	南	度	○九	五八	一八	六七	二七	八六
		分	○○	二三	四○	一四	三二	三一
十八度	北	度	○九	八七	七六	○五	九四	二四
		分	○○	四三	八四	三○	○四	六二
	南	度	○九	五八	一八	六七	二七	八六
		分	○○	六三	四一	五五	二四	五三
十九度	北	度	○九	八七	六六	六五	八四	○四
		分	○九	一○	七四	八四	一一	三五
	南	度	○○	五八	一八	七七	三七	八六
		分	○九	一四	三二	九○	○○	七五

四一	三一	二一	一一	〇一	九	八	七	六
九〇	一一	四一	七一	一二	四二	九二	三三	九三
二〇	四五	五三	一四	四〇	一五	〇〇	五四	七〇
六一	九三	二四	五四	〇四	二五	五五	九五	三六
八三	九二	九二	八三	六五	二二	九五	七四	三四
七〇	〇一	三一	六一	九一	三二	七二	二三	八三
七五	三三	三三	六二	七四	九二	九三	九一	〇三
七三	〇四	三四	五四	九四	二五	六五	〇六	四六
〇二	一一	九〇	五四	二〇	八五	二三	六一	〇一
六〇	九〇	二一	五一	八一	二二	六二	〇三	六三
七四	四二	三五	九〇	八二	九〇	一一	三五	二二
八三	〇四	三四	六四	〇五	三五	七五	〇六	四六
二〇	二五	九四	四五	二一	〇五	四〇	五四	六三
五〇	八〇	一一	三一	七一	〇一	四二	九二	四三
〇三	六一	一〇	六五	二一	七四	八四	四二	〇四
八三	一四	四四	七四	四五	四五	七五	一六	五六
四四	三三	九二	一三	六四	六〇	六三	四一	二〇

黃緯	距赤	時刻	五一	六一	七一	八一	九一	〇二
十度	北	度	六〇	四〇	一〇	〇〇	二〇	四〇
		分	八二	一一	三四	〇〇	五三	四四
	南	度	三三	一三	八二	六二	三二	一二
		分	四五	六一	五四	九一	七五	一四
十七度	北	度	五〇	三〇	〇〇	一〇	三〇	五〇
		分	〇三	三〇	二五	四二	三三	一四
	南	度	四三	二三	九二	七二	四二	二二
		分	七三	〇〇	〇三	三〇	四四	五二
十八度	北	度	四〇	一〇	〇〇	二〇	四〇	六〇
		分	八二	八五	九一	八一	九二	二三
	南	度	五三	二三	〇三	七二	五二	二二
		分	〇二	四四	四一	〇五	〇三	七一
十九度	北	度	三〇	一〇	一〇	三〇	五〇	七〇
		分	一三	六〇	三一	一二	一二	七二
	南	度	六三	三三	一三	八二	六二	四二
		分	三〇	八二	九一	五三	六一	二〇

七二	六二	五二	四二	三二	二二	一二
九一	七一	五一	三一	〇一	九〇	六〇
八二	〇二	〇一	五〇	九五	一〇	〇五

〇二	八一	五一	三一	一一	九〇	七〇
六一	六〇	九五	四五	〇五	六四	二四

一二	八一	六一	四一	二一	〇一	八〇
三〇	五五	八四	四四	〇四	八三	七三

一二	九一	七一	五一	三一	一一	九〇
一五	三四	〇四	四三	二三	〇三	九二

黄緯	二十度				二十一度				二十二度				二十三度			
距午時	北		南		北		南		北		南		北		南	
刻	度	分	度	分	度	分	度	分	度	分	度	分	度	分	度	分
○	○九	○○	○九	○○	○九	○○	○九	○○	○九	○○	○九	○○	○九	○○	○九	○○
一	七七	三二	五八	五四	六七	○四	五八	○五	五七	二五	五八	四五	四七	七五	五八	九五
二	五六	八三	一八	二三	四六	三二	一八	一四	二六	九五	一八	○五	一六	四二	一八	九五
三	四五	九五	七七	二二	三五	四四	七七	六三	一五	九五	七七	九四	○五	五○	八七	二○
四	六四	四三	三七	七一	四四	九四	三七	九三	二四	六五	三七	○五	○四	六五	四七	九○
五	九三	四一	九六	九一	七三	五二	九六	○四	五三	六三	○七	○○	三二	四三	○七	一二

四一	三一	二一	一一	〇一	九	八	七	六
四〇	七〇	九〇	二一	五一	九一	三二	七二	三三
〇二	一〇	二四	三三	四五	三一	四一	三四	八〇
九三	二四	五四	八四	一五	四五	八五	一六	五六
八二	三一	七〇	〇一	〇二	九三	六〇	二四	七二
三〇	五〇	八〇	一一	四一	七一	一二	六二	一三
五二	六五	七二	八一	一二	六四	〇四	四〇	八一
〇四	二四	五四	八四	一五	五五	八五	二六	五六
四〇	三五	六四	六四	五五	二一	七三	〇一	一五
二〇	四〇	七〇	九〇	三一	六一	〇二	四二	九二
〇一	三四	五〇	八五	二一	五一	二〇	一二	八三
〇四	三四	六四	九四	二五	五五	九五	二六	六六
八四	二三	四三	三二	〇三	六四	七〇	七三	五一
〇〇	三〇	五〇	八〇	一一	四一	九一	二二	七二
四五	〇〇	一五	七二	五二	一四	六四	六三	五三
一四	四四	七四	〇五	三五	六五	九五	三六	六六
九二	二一	二〇	一〇	四〇	六一	六三	四〇	九三

黃緯

距十時刻	二十度 北 度	分	二十度 南 度	分	二十一度 北 度	分	二十一度 南 度	分	二十二度 北 度	分	二十二度 南 度	分	二十三度 北 度	分	二十三度 南 度	分
五一	二〇	〇一	六三	五四	一〇	一一	七三	八二	〇〇	〇〇	八三	四〇	〇〇	九五	八三	一五
六一	〇〇	〇〇	四三	一一	一〇	八〇	四三	五五	二〇	九〇	五三	八三	三〇	六一	六二	一二
七一	二〇	一一	一三	四四	三〇	七一	二三	八二	四〇	六二	三三	二一	五〇	八一	三三	六五
八一	四〇	〇三	九二	一二	五〇	六一	〇三	六〇	六〇	七一	〇三	四五	七〇	一二	一三	六三
九一	六〇	一二	七二	三〇	七〇	八一	七二	九四	八〇	八一	八二	五三	九〇	七一	九二	一二
〇二	八〇	四二			九〇	〇二			〇一	四〇	八六		一一	三一		

八二	七二	六二	五二	四二	三二	二二	一二
四二	二二	〇二	八一	六一	四一	三一	〇一
九四	八三	一三	七二	四二	五二	四二	三二

五二	三二	一二	九一	七一	五一	三一	一一
六三	六二	五一	六一	五一	五一	六一	七一

六二	四二	二二	〇二	八一	六一	四一	二一
三二	四一	九〇	七〇	六〇	七〇	〇一	三一

七二	五二	二二	〇二	八一	七一	五一	三一
〇一	二一	八五	六五	七五	〇〇	三〇	八〇

黃緯 二十三度半

距午時刻	北 度	北 分	南 度	南 分
○	○九	○○	○九	○○
一	四七	五二	六八	一○
二	○六	○三	二八	三○
三	九四	八一	八七	八○
四	九三	○五	四七	七一
五	二二	九二	○七	一三

四一	三一	二一	一一	〇一	九	八	七	六
一〇	二〇	五〇	七〇	〇一	三一	七一	一二	六二
〇四	八三	三一	八四	四四	三五	三三	九三	五三
〇四	四四	七四	〇五	三五	六五	九五	三六	六六
〇五	二三	二二	八一	一四	三三	七五	八一	一五

黃緯二十三度半

距午時刻　北度分　南度分

五一	二〇	〇一	九三	四一
六一	三〇	三五	六三	四四
七一	五四	八五	四三	九一
八一	八〇	〇〇	二三	〇〇
九一	九〇	八四	九二	五四
〇一	一一	三四	六六	五一

八二	七二	六二	五二	四二	三二	二二	一二
七二	五二	三二	一二	九一	七一	五一	三一
五三	八二	四二	四二	五二	九二	三三	九三

北極出

黃緯	赤道	距午時刻	○	一	二	三	四	五
○度		度	〇九	三八	七七	二七	六六	一六
		分	〇〇	六五	六五	六〇	九二	九〇
一度	北	度	〇九	三八	七七	一七	五六	〇六
		分	〇〇	八四	〇四	三四	九五	三三
	南	度	〇九	四八	八七	二七	六六	一六
		分	〇〇	三〇	一一	八二	七五	〇三
二度	北	度	〇九	三八	七七	一七	五六	九五
		分	〇〇	八二	三二	八一	八二	七五
	南	度	〇九	四八	八七	二七	〇六	二六
		分	〇〇	一一	六二	〇五	五二	四一
三度	北	度	〇九	三八	七七	〇七	四六	九五
		分	〇〇	九二	五〇	二五	六五	九一
	南	度	〇九	四八	八七	三七	七六	二六
		分	〇〇	九〇	四四	〇一	〇五	六四

地三十八度

六	七	八	九	〇一	一一	二一	三一	四一
六五	一五	六四	二四	八三	五三	一三	八二	五二
五〇	九一	〇五	五四	四四	四〇	七三	二二	七一
五五	〇五	六四	一四	七三	四三	〇三	七二	四二
五二	六三	六〇	三五	七五	六一	八四	三三	七二
六五	一五	七四	三四	九三	五三	二三	九二	六二
二四	九五	五三	五二	一三	二五	五二	七一	五〇
四五	九四	五四	一四	七三	三三	〇三	六二	三二
五四	一五	九一	五〇	九一	六一	四〇	三四	九三
七五	二五	八四	四四	〇四	六二	三三	九二	六二
九一	〇四	七一	九〇	六一	九三	三一	八〇	四五
四五	九四	四四	〇四	六三	二三	九二	五二	二二
二〇	七〇	二三	六一	七一	六三	七〇	三五	八四
七五	二五	八四	四四	一四	七二	三三	〇三	七三
四五	八一	八五	三五	一〇	四二	九九	五四	一四

距午時刻	黃緯〇度 距赤道 度	分	一度 北 度	分	一度 南 度	分	二度 北 度	分	二度 南 度	分	三度 北 度	分	三度 南 度	分
五一	二二	三二	一二	二三	二二	四一	〇二	三四	三二	二三	九一	三五	四二	六四
六一	九一	四三	八一	二四	〇二	二二	七一	六五	一二	〇一	七一	六〇	一二	七五
七一	六一	三〇	六一	五〇	七一	二四	五一	六一	八一	〇三	四一	七二	九一	六一
八一	四一	〇二	三一	〇三	五一	八〇	二一	二四	五一	四五	一一	四五	六一	一四
九一	一一	九四	一一	一〇	二一	六三	〇一	三一	三一	三二	九〇	四二	四一	一一
〇二	九〇	二二	八〇	四三	〇一	〇一	七〇	七四	〇一	七五	六〇	八五	一一	四四

四二	三二	二二	一二
	一〇	四〇	七〇
	九一	八三	〇〇
〇〇	一〇	二〇	六〇
七四	二三	二五	一〇
	三〇	五〇	七〇
	七〇	六二	五二
一〇	〇〇	三〇	五〇
三三	七四	五〇	四二
	三〇	五〇	八〇
	三五	二四	四三
二〇	〇〇	二〇	四〇
六二	〇〇	八一	六三
	四〇	七〇	八〇
	六二	〇〇	九五

黄緯	距午	時刻	○	一	二	三	四	五
四度	北	度	九○	八三	七六	七○	六四	五八
		分	○○	二○	四六	二六	二二	三六
	南	度	九○	八四	七八	七三	六八	六三
		分	○○	二五	五四	三○	二九	一六
五度	北	度	九○	八三	七六	六九	六三	五七
		分	○○	一○	二七	五八	四七	五七
	南	度	九○	八四	七九	七二	六八	六三
		分	○○	三二	○七	五○	四二	四五
六度	北	度	九○	八二	七六	六九	六三	五七
		分	○○	五九	○六	二九	一一	二六
	南	度	九○	八四	七九	七四	六九	六四
		分	○○	三八	二○	○八	○六	一四
七度	北	度	九○	八二	七五	六八	六二	五六
		分	○○	四八	四四	五七	三三	三二
	南	度	九○	八四	七九	七四	六九	六四
		分	○○	四五	三二	二六	二九	四一

四一	三一	二一	一一	○一	九	八	七	六
二二	五二	八二	一三	五三	九三	三四	八四	三九
八○	○○	六一	三四	七二	六二	三四	○三	三二
八二	一三	四三	八三	一四	五四	九四	三五	八五
八二	一三	五四	九○	六四	五三	八三	六五	九二
一二	四二	七二	○三	四三	八三	二四	七四	二五
四○	九○	三二	一五	四三	四三	二五	一三	三二
九二	二三	五三	八三	二四	六四	○五	四五	九五
三一	六一	九二	八四	四二	○五	八一	三三	二○
○二	三二	六二	九二	三三	七三	二四	六四	一五
二一	六一	一三	七五	一四	二四	一○	二四	七四
九二	三三	六三	九三	三四	六四	一五	五五	○五
九五	一○	四一	七三	一一	七五	三○	八○	四三
九一	二二	五二	九二	三三	六三	二四	五四	一五
九一	三二	六三	三○	六四	九四	七○	○五	四○
○三	二二	六三	○四	三四	七四	一五	五五	○六
五四	六四	八五	九一	二五	四一	四三	四四	六○、

黃緯	四度				五度				六度				七度			
距	北		南		北		南		北		南		北		南	
距午時刻	度	分	度	分	度	分	度	分	度	分	度	分	度	分	度	分
五一	九一	二〇	五二	二三	八一	二一	六二	八一	七一	九一	七二	四〇	六一	七二	七二	〇五
六一	六一	六一	二二	五四	五一	五二	二二	一三	四一	三三	四二	七一	三四	二四	五一	三〇
七一	三一	八二	〇二	四〇	二一	六四	〇二	〇五	二一	〇〇	一二	六二	一一	四〇	二二	二二
八一	一一	四〇	七一	九二	〇一	三三	八一	五一	九〇	三二	九一	一〇	八〇	三三	九一	七四
九一	八〇	四三	四一	八五	七〇	八一	五一	五四	七一	四三	六一	一三	六〇	六〇	七一	七一
〇二	六〇	九〇	二一	一二	五〇	四三	三一	八一	四〇	一三	四一	四〇	三〇	五四	四一	九五

五二	四二	三二	二二	一二
	三〇	〇〇	一〇	二〇
	二一	二五	一三	九四
		五〇	七〇	〇一
		八二	七四	八〇
六〇	三〇	一〇	〇〇	二〇
四一	六五	六三	六一	九五
			八〇	〇一
			八五	四五
七〇	四〇	二〇	〇〇	二〇
五〇	五四	八二	〇〇	〇二
			九〇	一一
		〇	一二	一四
七〇	五〇	二〇	八〇	一〇
九四	二三	四一	〇〇	二一
			〇一	二一
			八〇	八二

黃緯	八度				九度				十度				十一度			
	北		南		北		南		北		南		北		南	
距午時刻	度	分	度	分	度	分	度	分	度	分	度	分	度	分	度	分
〇	〇九	〇〇	〇九	〇〇	〇九	〇〇	〇九	〇〇	〇九	〇〇	〇九	〇〇	〇九	〇〇	〇九	〇〇
一	二八	六三	四八	一五	二八	四二	四八	七五	二八	〇一	五八	二〇	一八	六五	五八	八〇
二	五七	一二	九七	四四	四七	七五	九七	六五	四七	一三	〇八	七〇	四七	四〇	〇八	八一
三	八六	五二	四七	四四	七六	〇五	五七	一〇	七六	四一	五七	七一	六六	五三	五七	三三
四	一六	二五	九六	一五	一六	九〇	〇七	三一	〇六	二二	〇七	五二	八五	七三	〇八	五五
五	五五	六四	五六	八〇	四五	七五	五六	四三	四五	六〇	六六	〇〇	三五	二一	六六	五二

四一	三一	二一	一一	〇一	九	八	七	六
八一	一二	四二	八二	一三	五三	〇四	四四	〇五
五二	六二	一四	六〇	六五	〇五	〇一	七五	七〇
一三	四三	七三	一四	四四	八四	二五	六五	〇六
八二	〇三	一四	一〇	三三	八三	〇一	八一	七三
七一	〇二	三二	七二	〇二	四三	九三	四四	九四
一三	〇三	三四	八〇	〇五	三五	五一	二〇	五一
二三	五三	八三	一四	五四	八四	二五	六五	〇六
二一	三一	三二	二四	二一	三五	六四	〇五	七四
六一	九一	二二	六二	九二	三三	八三	三四	八四
四三	三三	五四	七〇	二五	二五	五二	二〇	〇二
二三	五三	九三	三四	五四	九四	三五	七五	一六
六五	六五	五〇	三二	六四	一三	一二	三二	六三
五一	八一	一二	五二	八二	二三	七三	二四	七四
五三	五三	四四	〇一	一五	〇五	八二	二〇	一二
三三	六三	九三	二四	六四	〇五	二五	七五	二六
九三	九三	六四	八五	一三	八〇	六五	二五	二〇

黃緯	八度		九度		十度		十一度	
距午時刻	北	南	北	南	北	南	北	南
	度分	度分	度分	度分	度分	度分	度分	度分
一五	一五 三四	二八 三五	一四 三九	二九 一九	一三 四四	三〇 〇三	一二 四七	三〇 四七
一六	一二 四九	二五 四八	一一 五五	二六 三二	一一 〇二	二七 一八	一〇 〇一	二八 〇一
一七	一〇 一二	二三 一七	〇九 二二	一二 五三	〇八 二八	二四 三九	〇七 三三	二五 二二
一八	〇七 四二	二〇 三三	〇六 五〇	二一 一九	〇五 五九	二五 〇四	〇五 〇三	二二 四〇
一九	〇五 一五	一八 〇三	〇四 二七	一八 四九	〇三 三一	一九 三五	〇二 三一	二〇 一一
二〇	〇二 五三	一五 三六	〇二 〇六	一六 〇六	〇一 二九	一七 一〇	〇〇 〇〇	一七 五六

卅五

八二	五二	四二	三二	二二	一二
	八〇	六〇	四〇	一〇	〇〇
	六三	七一	〇〇	〇五	八二
				〇一	三一
				六五	五一
	九〇	七〇	四〇	二〇	〇〇
	四二	七〇	一五	四三	〇〇
				一一	四一
				二四	一〇
二一	〇一	七〇	五〇	二〇	一〇
九二	一一	八五	二一	四二	九〇
					四一
					八四
六一	〇一	八〇	六〇	四〇	一〇
五一	八五	二四	七二	二一	五五
					五一
					四三

黃緯	十二度				十三度				十四度				十五度			
距	北		南		北		南		北		南		北		南	
距午時刻	度	分	度	分	度	分	度	分	度	分	度	分	度	分	度	分
○	〇九	〇〇	〇九	〇〇	〇九	〇〇	〇九	〇〇	〇九	〇〇	〇九	〇〇	〇九	〇〇	〇九	〇〇
一	一八	〇四	五八	三一	一八	四二	五八	八一	一八	六〇	五八	三二	〇八	八四	五八	八二
二	三七	五二	〇八	九二	三七	四〇	〇八	九三	二七	〇三	〇八	九四	一七	四五	〇八	八五
三	五六	五五	五七	八四	五六	一一	六七	二〇	四六	四二	六七	八一	三六	五三	六七	三三
四	八五	八四	一七	五一	七五	四五	一七	二二	六五	九五	一七	三五	五五	九五	二七	一一
五	二五	六一	六六	九四	一九	六一	七六	二一	〇五	五一	七六	五三	九四	〇一	七六	七五

廿六

四一	三一	二一	一一	〇一	九	八	七	六
四二	七一	〇二	三二	七二	一三	六三	一四	六四
三二	五三	五四	九五	九四	八四	一一	二〇	二二
四三	七三	〇四	三四	七四	〇五	四五	八五	二六
一二	〇二	七一	三四	八〇	四四	九二	六三	二三
三一	六一	九一	三二	六二	〇三	五三	六三	五四
九三	五二	二四	八一	四四	二四	五〇	六五	八一
五三	八三	一四	四四	七四	一五	五五	八五	二六
四〇	一〇	七〇	二二	五四	九一	二〇	六五	九五
二一	五一	八一	二二	五二	九二	三三	八三	四四
〇一	六三	〇四	〇〇	八三	六三	九五	四四	三一
五三	八三	一四	五四	八四	一五	五五	九五	三六
一五	二四	四〇	〇〇	二二	四五	五三	六二	六二
一一	四一	七一	〇二	四二	八二	二三	七三	三四
三四	三三	八三	五五	二三	七二	八四	三三	四〇
六三	九三	二四	七四	八四	二五	六五	九五	三六
六二	一二	五二	二二	九五	六二	五〇	三五	一五

黃緯	距午時刻		五一	六一	七一	八一	九一	〇二
十二度	北	度	一一	九〇	六〇	四〇	一〇	〇〇
		分	一五	四一	九三	二二	五五	八二
	南	度	一三	八二	六二	三二	一二	八一
		分	〇三	六四	七〇	四三	六〇	二四
十三度	北	度	四一	八〇	六〇	三〇	二〇	一〇
		分	四五	五一	六二	九一	二五	七二
	南	度	二三	九二	七二	四二	一二	九一
		分	三一	〇三	〇〇	九一	一五	九二
十四度	北	度	九〇	二〇	四〇	一〇	〇〇	二〇
		分	五五	一二	一五	八二	〇〇	九〇
	南	度	二三	〇二	七二	五二	二二	〇二
		分	六五	三一	六三	四〇	七三	三一
十五度	北	度	九〇	六〇	四〇	一〇	二〇	三〇
		分	三〇	六二	一一	〇五	一〇	五一
	南	度	三三	〇三	八二	五二	三二	〇二
		分	七三	五五	八一	八四	一二	九五

七二	六二	五二	四二	三二	二二	一二
	四一	一一	九〇	七〇	五〇	二〇
	二〇	五四	一三	〇二	六〇	五四
						六一
						一二
	四一	二一	〇一	八〇	五〇	二〇
	九四	二二	八一	五〇	〇五	八三
						七一
						七〇
	五一	三一	〇一	八〇	六〇	四〇
	六三	〇二	八五	九五	一四	九一
						七一
						三五
八一	六一	四一	一一	九〇	七〇	五〇
〇四	四二	〇一	七五	五四	四三	四〇

黃緯		距午時刻	〇	一	二	三	四	五
十六度	北	度	〇九	〇八	一七	二六	四二	八四
		分	〇〇	七二	七一	二四	七二	二〇
	南	度	〇九	〇八	一八	六七	二七	八六
		分	〇〇	三三	八〇	七四	〇三	〇二
十七度	北	度	〇九	〇八	〇七	一六	三五	七四
		分	〇〇	四〇	二三	四四	〇五	八二
	南	度	〇九	五八	一八	七七	二七	八六
		分	〇〇	八三	七一	〇〇	八四	四四
十八度	北	度	〇九	九七	九六	〇六	二五	五四
		分	〇〇	九三	一五	四四	七三	九二
	南	度	〇九	五八	一八	七七	三七	九六
		分	〇〇	二四	六二	三一	五〇	二〇
十九度	北	度	〇九	九七	八六	九五	一五	四四
		分	〇〇	三一	六五	六三	九〇	八〇
	南	度	〇九	五八	一八	七七	三七	九六
		分	〇〇	七四	五三	六二	二二	三二

四一	三一	二一	一一	〇一	九	八	七	六
〇一	三一	六一	九一	三二	七二	一三	六三	一四
六三	八二	一三	五四	九一	八〇	五三	四二	二五
七三	〇四	三四	六四	九四	三五	六五	〇六	四六
八〇	三〇	四〇	五一	四三	一〇	八三	四二	七一
九〇	二一	五一	八一	二一	五二	〇三	五三	〇四
五三	二二	三二	六三	七〇	九五	九一	五〇	四三
七三	〇四	三四	六四	〇六	三五	七五	〇六	四六
九四	三四	三四	二五	九〇	五三	九〇	一五	二四
八〇	一一	四一	七一	〇二	四二	九二	三三	九三
九二	八一	四一	四二	五五	三四	〇〇	九四	四一
八三	〇四	四四	七四	〇五	四五	七五	一一	五五
〇三	二二	二二	八二	四四	七〇	九三	九一	二一
七〇	〇一	三一	六一	九一	三二	七二	一三	七二
四二	九〇	一〇	三一	七三	四二	八二	六二	〇五
九二	二四	四四	八四	一五	四五	八五	七六	五六
〇一	一〇	九九	五〇	八〇	九〇	八〇	六四	一二

黄緯	十六度				十七度				十八度				十九度			
距午時刻	北		南		北		南		北		南		北		南	
	度	分	度	分	度	分	度	分	度	分	度	分	度	分	度	分
五一	七〇	五五	四三	〇二	六〇	九五	五二	二〇	五〇	一五	五三	四四	二〇	六五	三三	五二
六一	五〇	二二	一三	九三	四〇	六二	二三	八〇	五〇	五二	二三	一五	二〇	七一	三三	七四
七一	三〇	四〇	九二	二〇	二〇	六〇	九二	七四	一〇	二〇	〇三	〇三	〇〇	〇三	一三	二一
八一	〇〇	〇〇	六二	三三	〇〇	〇〇	七二	七一	一〇	〇二	八三	一〇	二〇	六一	八二	五四
九一	一〇	七四	四二	六〇	二〇	〇四	四二	二五	三〇	八二	五二	七三	四〇	三二	六二	一二
〇二	三〇	八五	一二	五四	四〇	八四	二二	一三	五〇	二四	二二	六一	六〇	五三		

七二	六二	五二	四二	三二	二二	一二
九一	七一	五一	二一	〇一	八〇	六〇
六二	〇一	七四	四四	一三	九一	九〇
〇二	七一	五一	二一	一一	九〇	七〇
三一	七五	四四	二三	三二	二一	二〇
〇二	八一	五一	四一	二一	〇一	七〇
九五	五四	九五	二二	三一	四〇	三五
二二	九一	七一	五一	三一	〇一	八〇
九〇	二三	一二	一一	一〇	五五	五四

黃緯	距	午時刻	○	一	二	三	四	五
二十度	北	度	〇九	八七	八六	八五	九〇	二四
		分	〇〇	〇四	一〇	三二	六五	〇四
	南	度	〇九	五八	一八	七七	三七	九六
		分	〇〇	一五	三四	九三	八三	三四
二十一度	北	度	〇九	八七	七六	七五	八四	一四
		分	〇〇	九〇	一〇	五〇	七二	六〇
	南	度	〇九	五八	一八	七七	三七	〇七
		分	〇〇	五五	二五	一五	九五	三〇
二十二度	北	度	〇九	七七	二六	五五	六四	九三
		分	〇〇	一三	四五	九三	二五	一三
	南	度	〇九	五八	二八	八七	四七	〇七
		分	〇〇	五五	〇〇	三〇	〇一	二二
二十三度	北	度	〇九	六七	四六	四五	五四	七三
		分	〇〇	一五	一四	六〇	七〇	五四
	南	度	〇九	六八	二八	八七	四七	〇七
		分	〇〇	四〇	八〇	六一	六二	二四

四一	三一	二一	一一	〇一	九	八	七	六
六〇	八〇	一一	四一	八一	二二	六二	〇三	六三
一二	五三	三五	六五	二二	八一	三一	九五	九二
九三	二四	五四	八四	一五	五五	八五	二六	五六
〇五	〇四	六三	〇四	一五	一一	八三	二一	四五
五〇	七〇	〇一	三一	七一	〇二	四二	九二	四三
三一	二五	九三	二四	二四	〇四	五四	六二	〇五
〇四	三四	六四	九四	二五	五五	九五	二六	六六
九二	八一	三二	三一	五二	二四	六〇	八三	七一
四〇	六〇	九〇	二一	五一	九一	三二	七二	三三
七〇	六三	五二	三二	九三	〇一	五一	一五	一一
一四	三四	六四	九四	二五	六五	九五	三六	六六
九〇	六五	〇五	〇五	八五	三一	五三	四〇	〇四
二〇	五〇	六〇	一一	三一	七一	一二	六二	一一
〇五	一三	〇一	四〇	四三	七三	〇四	二一	〇三
一四	四四	七四	〇五	三五	六五	〇六	三六	七六
八四	四三	六二	五二	一三	四四	三〇	九二	二〇

黃緯	距午時刻		五一	六一	七一	八一	九一	〇二
二十度	北	度	三〇	一〇	一〇	三〇	五〇	七〇
		分	四四	七二	三〇	〇一	三〇	二三
	南	度	七三	四三	一三	九二	七二	
			六〇	九二	六五	九二	六〇	
二十一度	北	度	二〇	〇〇	二〇	四〇	六〇	八〇
		分	六四	〇〇	八〇	二一	七一	九二
	南	度	七三	五三	二一	〇三	七二	
		分	七四	〇一	九三	三一	一五	
二十二度	北	度	一〇	〇〇	三〇	五〇	七〇	九〇
		分	一四	〇三	五〇	六〇	一三	一二
	南	度	八三	五三	三三	〇三	八二	
		分	七二	二二	二三	〇五	六三	〇
十三度	北	度	一〇	一〇	二〇	六〇	八〇	〇一
		分	〇〇	〇五	九五	九〇	五一	八一
	南	度	九二	六三	四三	一三		〇一
		分	八〇	四三	五〇	四四		

九二	八二	七二	六二	五二	四二	三二	二二	一二
	四二	二二	〇二	八一	六一	三一	二一	九〇
	八四	二三	九一	九〇	〇〇	二五	〇〇	九三

五二	三二	一二	八一	六一	四一	二一	〇一
三三	九七	七〇	八五	七三	四四	七三	三三

六二	四二	一二	九一	七一	五一	三一	一一
九一	五〇	五五	六四	九二	六三	一三	五二

九二	七二	四二	二二	〇二	八一	六一	四二	二一
一二	五〇	二五	三四	五三	〇三	六二	三二	九一

黃緯二十三度半

距午時刻	北 度	北 分	南 度	南 分
〇	〇九	〇〇	〇九	〇〇
一	六七	六二	六八	九〇
二	三六	九五	二八	二一
三	三五	三一	八七	一二
四	四四	三一	四七	四三
五	六三	六四	〇七	一五

六	七	八	九	一〇	一一	一二	一三	一四
三〇	二五	二〇	一六	一三	一〇	〇七	〇四	〇二
三一	一七	四九	五五	二六	二一	二〇	四七	二〇
六七	六三	六〇	五六	五三	五〇	四七	四四	四二
三九	四三	一七	五九	四六	四三	四五	五三	〇九

黄緯二十三度半

距午時刻	北 度分	南 度分
五一	一〇 二一	九三 〇三
六一	二〇 二二	六三 六五
七一	四〇 七二	四三 八二
八一	六〇 四四	三三 四〇
九一	八〇 五四	
〇二	〇一 九四	

九二	八二	七二	六二	五二	四二	三二	二二	一二
九二	七二	五二	三二	一二	八一	六一	四一	二一
五四	九二	七一	八〇	二〇	七五	四五	三五	一五

			北極出地三					
黃緯	赤道緯度	距午時刻	○	一	二	三	四	五
○度		度	○五	九四	九四	八四	七四	六四
		分	五○	九五	九三	九三	七五	九三
一度	北	度	一五	○五	○五	九四	八四	七四
		分	五○	六五	九二	六四	六四	一三
	南	度	九四	八四	八四	七四	六四	五四
		分	五○	六五	一二	九四	一五	九三
二度	北	度	二五	一五	一五	○五	九四	八四
		分	五○	六五	八二	四四	三四	七二
	南	度	八四	七四	七四	六四	五四	四四
		分	二○	七五	二三	○五	四五	三四
三度	北	度	三五	二五	二五	一五	○五	九四
		分	五○	六五	八二	二四	○四	二二
	南	度	七四	六四	六四	五四	四四	三四
		分	五○	七五	二三	二五	六五	六四

十九度五十五分

四一	三一	二一	一一	〇一	九	八	七	六
七二	一三	二三	五三	七三	九三	一四	三四	五四
四五	六〇	六五	八一	五三	四四	四四	六三	五一
八二	一二	三三	六三	八三	〇四	二四	四四	六四
三三	七〇	七三	〇〇	七一	七二	九二	一二	二〇
七二	九二	二三	四三	六三	八三	〇四	二四	四四
六〇	八三	五〇	六二	〇四	八四	六四	五二	二一
九二	一三	四三	六三	九三	一四	三四	五四	六四
六一	一五	二二	六四	五〇	七一	〇二	三一	六五
六二	八二	一三	三三	五三	七二	九三	二四	三四
二二	四五	九一	八三	一五	七五	四五	一四	六一
九二	二三	五三	七三	九三	二四	四四	六四	〇四
九五	五三	七〇	三三	三五	七〇	一一	五〇	〇五
五二	八二	〇三	二三	五三	七三	九三	〇四	二四
八三	八〇	二三	〇五	二〇	七〇	二〇	七四	二二

距午時刻	黃緯○度 赤道緯度 度	分	一度 北 度	分	一度 南 度	分	二度 北 度	分	二度 南 度	分	三度 北 度	分	三度 南 度	分
一五	二五	一七	二五	五六	二四	三一	二六	二八	二三	四八	二七	二○	二三	○四
一六	二二	三七	二三	一五	二一	五一	二三	五六	○一	○九	二四	三七	二○	二七
一七	一九	五二	二○	三一	一九	○九	二一	一二	一八	二八	二一	五二	一七	四六
一八	一七	○六	一七	四四	一六	二三	一八	二四	一五	四三	一九	○四	一五	○三
一九	一四	一九	一四	五六	一三	三六	一五	三五	一二	五六	一六	○五	一二	一六
二○	一一	二九	一二	○六	一○	四八	二二	四五	一○	○八	一六	二五	○九	二八

四二	三二	二二	一二
	二〇	五〇	八〇
	三五	五五	八三
〇〇	三〇	六〇	九〇
九三	一三	三二	六一
	二〇	五〇	八〇
	四一	六〇	〇〇
一〇	四〇	七〇	九〇
七一	〇一	一〇	四五
	〇一	四〇	七〇
	五三	八二	九一
一〇	四〇	七〇	〇一
六五	八四	〇四	三三
	〇〇	三〇	六〇
	七五	九四	九二

黃緯		距午時刻	〇	一	二	三	四	五
四度	北	度	四五	三五	三五	二五	一五	〇五
		分	五〇	五五	七二	〇四	七三	三一
	南	度	六四	五四	五四	四四	三四	九四
		分	五〇	七五	三三	三五	九五	五四
五度	北	度	五五	四五	五五	三五	二五	一五
		分	五〇	五五	六二	九三	四二	二一
	南	度	五四	四四	四四	三四	三四	六四
		分	五〇	七五	三三	四五	一〇	三五
六度	北	度	六五	五五	五五	四五	三五	二五
		分	二〇	五三	四二	七三	一三	八〇
	南	度	四四	三四	三四	二四	二四	〇四
		分	五〇	七五	九二	六五	三〇	七五
七度	北	度	七五	六五	六五	五五	四五	三五
		分	五〇	五五	四二	四三	七二	二〇
	南	度	三四	二四	二四	一四	一四	〇四
		分	五〇	七五	四四	七五	五〇	〇〇

六	七	八	九	一〇	一一	一二	一三	一四
四〇	四六	四五	四二	四〇	三八	三二	二三	三〇
四四	五八	〇二	五六	四〇	一九	五二	一九	四二
四一	三九	三八	三六	二四	三一	二九	二七	二四
二七	五四	一〇	一六	一二	五九	四五	二二	五四
四九	四七	四五	四三	四一	三九	二六	三四	二一
三七	五一	五二	四三	二八	〇五	三五	〇二	二四
四〇	三九	三七	三五	三三	三一	二八	二六	二四
三二	〇〇	一七	二五	二二	一四	五八	三七	一〇
五〇	四八	四〇	四四	四二	三九	三七	三四	三二
三一	四二	四一	三二	一四	四六	二〇	四五	〇六
三九	二八	二六	三〇	三二	三〇	二八	二五	二三
三七	〇六	二四	三三	三三	二五	一一	五一	二五
五〇	四九	四〇	四五	四三	四〇	三八	三五	三二
二四	三三	三一	二〇	〇一	〇五	〇三	二四	四八
三八	三七	三五	三三	三一	二九	二七	二五	二二
四一	一二	三一	四二	四三	三六	二三	〇三	三七

黃緯	距	午時刻	一五	一六	一七	一八	一九	二〇
四度	北	度	二八	二五	一一	一九	一六	一四
		分	〇二	一八	三二	四四	五四	〇三
	南	度	二二	〇九	一七	一一	一二	〇八
		分	二一	四四	〇四	二二	三六	四九
五度	北	度	二八	二五	二二	二〇	一七	一四
		分	四五	五八	一一	二三	三三	四二
	南	度	二一	一九	一六	一三	一〇	〇八
		分	三七	〇二	二三	四一	五六	〇九
六度	北	度	二九	二六	二三	二一	一八	一五
		分	二四	三八	五一	〇二	一二	二一
	南	度	二〇	一八	一五	一三	一〇	〇七
		分	五三	一九	四〇	〇四	一六	二九
七度	北	度	三〇	二七	二四	二一	一八	一五
		分	〇五	一八	三一	四一	五一	五八
	南	度	二〇	一七	一四	一二	四九	〇六
		分	〇九	三六	五九	一九	三五	四九

四十七

五二	四二	三二	二二	一二
	二〇	五〇	八〇	一一
	四三	六二	九一	一一
		〇〇	二〇	六〇
		九一	〇一	〇〇
〇〇	三〇	六〇	八〇	一一
〇二	二一	五〇	七五	九四
			二〇	五〇
			一三	一二
〇〇	三〇	六〇	九〇	二一
九五	〇五	二四	六三	八二
			一〇	四〇
			二五	一四
一〇	一〇	七〇	〇二	三一
七三	九二	一二	四一	六〇
			一〇	四〇
			三一	二〇

黄緯	距午時刻		○	一	二	三	四	五
八度	北	度	八五	七五	七五	六五	五五	四五
		分	五〇	四五	三二	三三	三二	七五
	南	度	二四	一四	一四	〇四	〇四	九三
		分	五〇	七五	五二	八五	七〇	三〇
九度	北	度	九五	八五	八五	七五	六五	四五
		分	五〇	四五	二二	〇三	九一	一五
	南	度	一四	〇〇	〇四	九三	九三	八一
		分	五〇	八五	六三	九五	九〇	六〇
十度	北	度	〇六	九五	九五	八五	七五	五五
		分	五〇	四五	一二	八二	五一	二四
	南	度	〇四	九三	九三	九三	八三	七三
		分	五〇	八五	六三	〇〇	一一	九〇
十一度	北	度	一六	〇六	〇六	九二	八五	六五
		分	五〇	四五	〇二	五二	一一	〇四
	南	度	九三	八三	八三	八三	七三	六二
		分	五〇	八五	四四	九〇	一二	九一

四一	三一	二一	一一	〇一	九	八	七	六
三三	六三	八三	一四	三四	六四	八四	〇五	二二
九二	〇一	七四	九一	七四	七〇	〇二	四二	八一
一二	四二	六二	八二	〇三	二三	四三	六三	七三
四五	八一	五三	七四	三五	〇五	八三	七一	五四
四三	六三	九三	二四	四四	六四	九四	一五	二五
〇一	二五	〇三	三〇	三三	四五	九〇	五一	九〇
一二	三二	五二	七二	〇三	一三	三三	五三	六三
九〇	一三	二一	八五	三〇	八五	五四	三二	九四
四一	七三	〇四	二四	五四	七四	〇四	二五	四五
一五	三三	二一	七四	八一	一四	七五	五〇	二〇
〇二	二二	四二	七二	九二	一三	二三	四三	五三
三二	五四	九五	〇一	二一	六〇	二五	八二	五五
五三	八三	〇四	三四	六四	八四	〇五	二五	四五
九二	三一	三五	九二	一〇	七二	四四	五五	四五
九一	二二	四二	六二	八二	〇三	二三	三三	五三
三四	三〇	六一	六二	七二	一二	四〇	〇四	六〇

黃緯八度　九度　十度　十一度

距午時刻	八度北 度	八度北 分	八度南 度	八度南 分	九度北 度	九度北 分	九度南 度	九度南 分	十度北 度	十度北 分	十度南 度	十度南 分	十一度北 度	十一度北 分	十一度南 度	十一度南 分
五一	○三	五四	九一	六二	○三	五二	八一	二四	二三	四○	七一	七五	二三	二四	七一	七一
六一	七二	八五	六一	二五	八二	八三	六一	二一	九二	七一	五一	六二	九二	四五	四一	七四
七一	五二	○一	四一	七一	五二	九四	三一	四三	六二	七二	二一	二五	七二	四○	二一	四一
八一	二二	○二	一一	七三	二二	五五	○一	一五	三二	七三	○一	四一	四二	三一	九○	七三
九一	九一	九二	八○	五五	○二	七○	八○	四一	○二	四四	七○	二三	一二	一二	六○	六五
○二	六一	六三	六○	九○	七一	五一	五○	○三	七一	二五	四○	○五	八一	七二	四○	四一

四十九

六二	五二	四二	三二	二二	一二
	二〇	五〇	七〇	〇一	三一
	六一	七〇	九五	五五	三二
				〇〇	三〇
				二三	一一
	二〇	五〇	八〇	一一	四一
	五五	五四	七三	〇三	四二
					二〇
					三四
〇〇	三〇	八〇	九〇	二一	五一
四四	三三	三二	四一	八〇	〇〇
					二〇
					四〇
一〇	四〇	六〇	九〇	二一	五二
九一	八〇	八五	〇五	二四	五三
					一〇
					七二

黃緯	十二度				十三度				十四度				十五度			
	北		南		北		南		北		南		北		南	
距午時刻	度	分	度	分	度	分	度	分	度	分	度	分	度	分	度	分
〇	二六	五〇	八三	五〇	三六	五〇	七三	五〇	四六	五〇	〇三	五〇	五六	五〇	五三	五〇
一	一六	三五	七三	八五	二六	三五	六三	八五	三六	二五	五三	八五	四六	二五	四三	八五
二	一六	九一	七三	七三	二六	七一	六三	七三	三六	六一	五三	八三	四六	四一	四三	八三
三	〇六	二二	七三	三〇	一六	〇二	六三	二〇	二六	七一	五三	五〇	三六	三一	四三	六〇
四	九五	七〇	六三	五一	〇六	二〇	五三	〇二	〇六	七五	四三	九一	一六	〇五	三三	〇二
五	七五	〇三	五三	四一	八五	七二	四三	八二	九五	〇二	三三	〇二	〇六	二一	二三	三二

四一	三一	二一	一一	〇一	九	八	七	六
六三	八三	一四	四四	六四	九四	一五	二五	五五
九〇	五五	六三	三二	六四	三一	三三	三四	六四
八一	一二	三二	五二	七二	九二	一三	二三	四三
二五	一一	三二	一二	〇三	二二	四〇	八三	三〇
六三	九三	二四	四四	七四	九四	二五	四五	六五
九四	五三	七一	五五	〇三	八五	〇二	三三	六三
八一	〇二	二二	四二	六二	八二	〇三	一三	三三
六〇	二二	四三	一四	九三	八二	一一	三四	一一
七三	〇四	二四	五四	八四	〇五	三五	五五	七五
九二	五一	八五	〇三	三一	三四	六〇	一二	六二
七一	九一	一二	三三	五二	七二	九二	〇三	二三
九一	六三	六四	一五	八四	七三	七一	九四	〇一
八三	〇四	三七	六四	八四	一五	三五	六五	八五
六〇	三四	八三	八一	五五	七二	二五	九〇	六一
六一	八一	〇二	三二	四二	六二	八二	九二	一三
三三	八四	八五	一〇	六五	四四	三二	四五	四一

黃緯	十二度				十三度				十四度				十五度			
距午時刻	北		南		北		南		北		南		北		南	
	度	分	度	分	度	分	度	分	度	分	度	分	度	分	度	分
五一	三三	三二	六一	八二	四三	一〇	五一	三四	四三	九三	四一	七五	五三	七一	四一	三一
六一	三	四三	四四	〇〇	一三	二一	三一	六一	一三	〇五	二一	二三	二三	七二	一一	八四
七一	七二	三四	一一	七二	八二	一二	〇一	三四	八二	九五	〇一	一〇	九二	五三	九〇	五一
八一	四五	一五	八〇	〇五	五二	九二	八〇	八〇	六二	六〇	七〇	七二	六二	三四	六〇	四四
九一	一二	二五	六〇	一一	六六	七三	五〇	〇三	三二	四一	四〇	九四	三二	〇五	四〇	八〇
〇二	九一	七〇	三〇	九二	九一	四四	二〇	九四	〇二	一二	二〇	九〇	〇二	八五	一〇	八二

七二	六二	五二	四二	三二	二二	一二
	二〇	四〇	七〇	〇一	三〇	六一
	二〇	〇五	〇四	〇三	五二	五一
						五四
	二〇	五〇	八〇	一一	三一	六一
	一四	九二	八一	八〇	九五	二五
						五〇
	三〇	六〇	八〇	一一	四一	七一
二	〇二	七〇	六五	六四	六三	九二
						一〇
一〇	二〇	六〇	九〇	二一	五一	八一
三一	八三	六四	三三	二二	四一	五〇

黄緯	十六度				十七度				十八度				十九度			
距	北		南		北		南		北		南		北		南	
午時刻	度	分	度	分	度	分	度	分	度	分	度	分	度	分	度	分
○	六六	五〇	四三	五〇	七六	五〇	三三	五〇	八六	五〇	二三	七〇	九六	五〇	一三	五〇
一	五六	一五	三三	八五	六〇	一五	二三	九五	七六	一五	一三	九五	八六	九四	〇三	九五
二	五六	三一	三三	九三	六六	一一	二三	九三	七六	九〇	一三	〇四	八六	七〇	〇三	〇四
三	四六	九〇	三三	七〇	五六	六〇	二三	八〇	六六	二〇	一三	九〇	六六	八五	〇三	八〇
四	二六	五四	二三	二二	三六	九三	一三	四二	四六	二三	〇三	五二	五六	六二	九二	七二
五	〇六	六二	二三	一二	一六	三五	〇三	七二	二六	五四	九二	〇三	三六	六三	八二	三三

四一	三一	二一	一一	〇一	九	八	七	六
八三	一四	四四	六四	九四	二五	四五	九五	九五
四四	一三	七一	九五	七二	一一	七三	六五	五〇
五一	八一	〇二	二二	四二	五二	七二	八二	〇三
七四	一〇	九〇	一一	五〇	一五	九二	九五	七一
九三	二四	四四	七四	〇五	二五	五五	七五	九五
一二	九〇	六五	九三	八一	四五	二二	二四	四五
五一	七一	九一	一二	三二	四二	六二	八二	九二
〇〇	三一	〇二	〇二	三一	九五	五三	二〇	一二
九三	三四	五四	八四	〇五	三五	六五	八五	〇六
八五	七四	四三	九一	九五	六三	六〇	九二	二四
四一	六一	八二	〇二	〇二	四二	五二	七二	八二
三一	五二	一三	〇二	二二	五〇	一四	七〇	四二
〇四	三四	六四	八四	一五	四五	六五	九五	二六
四三	四二	二一	九五	〇四	六一	九四	四二	〇三
三一	五一	七一	九一	一二	三二	四二	六二	七二
六二	七三	二四	九三	〇三	三一	六四	二一	八二

黃緯	十六度				十七度				十八度				十九度			
距	北		南		北		南		北		南		北		南	
午時刻	度	分	度	分	度	分	度	分	度	分	度	分	度	分	度	分
五一	五三	五五	三一	九二	六三	一二	二一	二四	七三	八〇	一一	七五	七三	四四	一一	一一
六一	三三	四〇	一一	四〇	三三	〇四	〇一	〇二	四三	五一	九〇	五三	四三	一五	八〇	一五
七一	〇三	一一	八〇	五三	〇三	八四	七〇	二五	一三	三二	七〇	九〇	一三	九五	六〇	五二
八一	七二	九一	六〇	一〇	七二	五五	五〇	一二	八二	一三	四〇	九三	九二	六〇	三〇	六五
九一	四二	七二	三〇	七二	五二	三〇	二〇	五四	五二	九三	二〇	五〇	六二	三一	一〇	三一
〇二	一二	五三	〇〇	八四	二二	一一	〇〇	八〇	二二	七四	〇〇	一〇	三二	三二		

八二	七二	六二	五二	四二	三二	二二	一二
	一〇	四〇	七〇	〇一	三一	五一	八一
	三五	七三	三二	一〇	〇〇	〇五	二四
	二〇	五〇	八〇	〇一	二一	六一	九一
	三三	六一	二〇	九四	七三	七二	八一
〇〇	三〇	五〇	八〇	一一	四一	七一	九一
三三	二一	四五	〇四	六二	四一	四〇	四五
一〇	三〇	六〇	九〇	二一	四一	七一	〇二
三一	二五	三三	〇二	四〇	一五	〇四	〇三

黃緯	二十度				二十一度				二十二度				二十三度			
距	北		南		北		南		北		南		北		南	
午時刻	度	分	度	分	度	分	度	分	度	分	度	分	度	分	度	分
〇	〇七	五〇	〇三	五〇	一七	五〇	九二	五〇	二七	五〇	八二	五〇	三七	五〇	七二	五〇
一	九六	〇五	九二	九五	〇七	九四	八二	九五	一七	八四	七二	九二	二七	七四	六二	九五
二	九六	五〇	八二	三三	〇七	二〇	八二	一四	〇七	九五	七二	一四	一七	六五	六二	二四
三	七六	二五	九二	二〇	八六	七四	八二	一一	九六	二四	七二	二一	〇七	六三	六二	三一
四	六六	八一	八二	〇二	七六	〇一	七二	〇三	八六	一〇	六二	一三	八六	一五	五二	三三
五	四六	六二	七二	七二	五六	四一	六二	七三	六六	一〇	五二	〇四	六六	九四	四二	二四

四一	三一	二一	一一	〇一	九	八	七	六
一四	四四	六四	九四	二五	四五	七五	〇六	二六
二一	二〇	〇五	六三	九一	八五	二三	〇〇	八一
二一	四一	六〇	八一	〇二	二二	三二	五二	六二
五三	四四	六四	二四	一三	三一	六四	六〇	四二
一四	四四	七四	〇五	二五	五五	八五	〇六	三六
五四	六三	五二	二一	七五	七三	三一	三四	三〇
一一	四一	六一	七一	九一	一二	二二	四二	五二
三五	一〇	三〇	八五	五四	六二	八五	一二	四三
二四	五四	八四	〇五	三五	六五	八五	二六	三六
〇二	一一	〇〇	八四	四二	六二	四五	六二	九四
一一	三一	五一	七一	八二	〇二	二二	三二	四二
六〇	三一	三一	七〇	四五	二三	四〇	六二	八三
〇四	五四	八四	一五	四五	六五	三五	二六	四六
四五	〇五	五三	四二	〇一	四五	三三	八〇	四三
〇一	二一	四一	六一	八二	九一	一二	二二	三二
八一	八二	三二	六一	一〇	九三	九〇	〇三	一四

黃緯	二十度				二十一度				二十二度				二十三度			
距午時	北		南		北		南		北		南		北		南	
刻	度	分	度	分	度	分	度	分	度	分	度	分	度	分	度	分
五一	八三	一二	〇一	〇二	八三	四五	九〇	〇四	九三	七二	八〇	四五	〇四	一〇	八〇	八〇
六一	五二	八二	八〇	一〇	六三	一〇	七〇	一二	六三	五三	六〇	七三	七三	八〇	五〇	二五
七一	二三	六三	五〇	七三	三三	八〇	四〇	九五	三三	二四	四〇	五一	四三	六一	三〇	二三
八一	九二	四四	三〇	〇一	〇三	六一	二〇	二三	〇三	〇五	一〇	九四	一三	三二	一〇	七〇
九一	六二	一五	〇〇	八三	七二	三二			七二	七五	〇〇	一〇	八二	一三		
〇二	三二	九五			四二	二三			五三	七〇		三八	五二	一四		

九二	八二	七二	六二	五二	四二	三二	二二	一二
	一〇	四〇	七〇	九〇	二一	五一	八一	一二
	八五	二三	七一	九五	四四	一〇	九一	九〇
	二〇	五〇	七〇	〇一	三一	六一	八一	一二
	四二	一一	〇五	二三	七一	四〇	二五	一四
〇〇	三〇	五〇	八〇	一一	三一	六一	九一	二二
一四	四一	〇五	九二	〇一	四五	一四	八二	七一
一〇	三〇	六〇	九〇	一一	四一	七一	〇二	二二
二二	四五	七二	七〇	八四	〇三	六一	三〇	一五

黄緯二十三度半

距午時刻	北度	北分	南度	南分
○	三七	七三	六二	三三
一	三七	八一	六二	八二
二	二七	六二	六二	ㄖ一
三	一七	四一	五二	六四
四	九六	八ㄖ	五二	二ㄖ
五	七六	三一	四二	二一

六	六四	五六	二三	一一
七	六二	二九	二二	〇〇
八	五九	五五	二〇	四一
九	五七	一四	一九	一一
一〇	五四	二九	一七	三四
一一	五一	四二	一五	四九
一二	〇〇	五三	一三	五七
一三	四六	〇三	一一	五九
一四	四三	一一	一〇	〇〇

黃緯　二十三度半

距午時刻　北度分　南度分

五一	〇四	八一	七〇	四四
六一	七三	六二	五〇	八二
七一	四三	三三	三〇	九〇
八一	一三	〇四	〇〇	五四
九一	八二	九四		
〇二	五三	九五		

九二	八二	七二	六二	五二	四二	三二	二二	一二
一〇	四〇	六〇	九〇	二一	四一	七一	〇二	三二
四四	五一	〇五	八二	七〇	〇五	四三	二二	九〇

黃緯	赤道緯度	距午時刻	北極出地三					
			〇	一	二	三	四	五
〇度		度	〇九	四八	八七	二七	七六	二六
		分	〇〇	〇一	二二	〇五	六一	五〇
一度	北	度	〇九	四八	八七	二七	六六	一六
		分	〇〇	三〇	〇一	五二	三五	五三
	南	度	〇九	四八	八七	三七	七六	二六
		分	〇〇	七一	八三	七〇	六四	八三
二度	北	度	〇九	三八	七七	二七	六六	一六
		分	〇〇	五五	五五	四〇	五二	二〇
	南	度	〇九	四八	八七	三七	八六	三六
		分	〇〇	四二	二五	七二	一一	七〇
三度	北	度	〇九	二八	七七	一七	五六	〇六
		分	〇〇	七四	九三	一四	六五	八二
	南	度	〇九	四八	九七	三七	八六	三六
		分	〇〇	一三	五〇	五四	五三	七三

十九度五十五分

四一	三一	二一	一一	〇一	九	八	七	六
六二	九二	二三	六三	九三	三四	七四	二五	七五
九〇	三一	六三	七〇	九四	五四	六五	一二	四〇
五二	八二	一三	五三	九三	三四	七四	一五	六五
六二	五〇	四五	六二	九〇	七〇	九一	八四	三三
七二	〇三	三三	六三	〇〇	四四	八四	三五	七五
〇〇	八〇	七二	六五	八三	二三	二四	五〇	四四
四二	七二	一三	四三	八三	二四	六四	一五	五五
九三	八四	七〇	九三	四二	二二	七三	八〇	六五
七二	〇二	四三	七三	一四	五四	九四	三五	八五
六四	三五	一一	一四	二二	五一	一二	三四	八一
三二	七二	〇三	三三	七二	一四	五四	〇五	五五
一五	〇〇	九一	一五	六三	五〇	二五	七二	八一
八二	一三	四三	八三	二四	五四	〇五	四五	八五
一三	八三	六五	四二	三〇	五五	〇〇	九一	一五

距午時刻	黃緯○度 赤緯赤道度 度	分	一度 北 度	分	一度 南 度	分	二度 北 度	分	二度 南 度	分	三度 北 度	分	三度 南 度	分
五一	三二	八〇	二二	五二	三二	八五	一二	〇五	四二	五四	〇二	九四	五二	一三
六一	〇二	五一	九一	二三	一二	六〇	八一	〇五	一二	二五	七一	七五	二二	八三
七一	七一	一三	六一	六四	八一	〇二	五一	九五	九一	六〇	五一	一一	九一	二五
八一	四一	一五	四一	七〇	五一	〇四	三一	〇二	六一	六二	二一	二三	七一	一一
九一	二一	四一	一一	一三	三一	四〇	〇一	五四	三一	九四	〇一	三一	四一	六三
〇二	九〇	三四	八〇	九五	〇一	一三	八〇	三一	一一	八一	七〇	四二	三一	四〇

四二	三二	二二	一二
	二〇	四〇	七〇
	四二	九四	五一
〇〇	一〇	四〇	六〇
八四	〇四	五〇	九二
	二〇	五〇	七〇
	一一	六三	七五
一〇	〇〇	三〇	五〇
三三	四二	〇二	四四
	三〇	六〇	六〇
	六五	一二	八四
二〇	〇〇	二〇	四〇
八一	〇〇	三三	七五
	四〇	七〇	九〇
	二四	七〇	一四

黃緯	距	午時刻	○	一	二	三	四	五
四度	北	度	〇九	三八	七七	一七	五六	九五
		分	〇〇	八三	二二	七一	六二	六二
	南	度	〇九	四八	九七	四七	八六	四六
		分	〇〇	七三	七一	四〇	八五	六〇
五度	北	度	〇九	三八	七七	〇七	四六	九五
		分	〇〇	九二	五〇	三五	四五	六一
	南	度	〇九	四八	九七	四七	九六	四六
		分	〇〇	三四	九二	一二	一二	二三
六度	北	度	〇九	三八	六七	〇七	四六	八五
		分	〇〇	〇二	七四	五二	〇二	七三
	南	度	〇九	四八	九七	四七	九六	四六
		分	〇〇	〇四	二四	八三	三四	八五
七度	北	度	〇九	三八	六七	九六	三六	七五
		分	〇〇	〇一	八二	八五	七四	七五
	南	度	〇九	四八	九七	四七	〇七	五六
		分	〇〇	五五	一五	五五	四〇	三二

四一	三一	二一	一一	〇一	九	八	七	六
三二	六二	九二	三三	六三	〇四	五四	九四	四五
一〇	〇一	九二	二〇	九四	八四	六〇	二四	八三
九二	二三	五三	九三	二四	六四	〇五	四五	九五
三一	三二	〇四	九〇	五四	五三	九三	四五	三二
二二	五二	八二	二三	五三	〇四	四四	八四	三五
一一	〇二	〇四	二一	八五	二〇	〇二	八五	七五
九二	三三	六三	九三	三四	七四	一五	五五	九五
八五	六〇	三二	九四	六二	三一	五一	八二	四五
一二	四二	七二	一三	五三	九三	三四	八四	三五
一二	九二	九四	七二	九〇	一二	三三	二一	四一
〇三	三三	七三	〇四	四四	七四	一五	六五	〇六
二四	九四	五〇	〇三	五〇	二五	一五	一〇	四二
〇三	三二	六二	〇三	四三	八三	二四	七四	二五
〇二	四四	八五	九二	六一	〇二	三四	五二	〇三
一三	四三	七三	一四	四四	八四	一五	六五	〇六
七二	三三	七四	一一	四四	九二	六二	三三	三五

距午時刻	黃緯四度 北 度	分	南 度	分	黃緯五度 北 度	分	南 度	分	黃緯六度 北 度	分	南 度	分	黃緯七度 北 度	分	南 度	分
五一	〇二	〇〇	六二	六一	九一	八〇	七二	〇〇	八一	一二	七二	五四	七一	〇三	八二	八二
六一	七一	九〇	三二	三二	六一	〇二	四二	八〇	五一	一三	四二	二五	四一	一四	五二	六三
七一	四一	二二	〇二	八三	三一	六三	一三	二二	三一	七四	二二	七〇	一一	六五	二一	一五
八一	一一	四四	七一	七五	〇一	六五	八一	一四	〇一	八〇	九一	四二	九〇	九一	〇二	一一
九一	九〇	〇一	五一	一二	八〇	一二	六一	六〇	七〇	三三	六一	一五	六〇	一四	七一	六三
〇二	六〇	九三	二一	九四	五〇	〇五	三一	四二	五〇	一〇	四一	〇二	四〇	八一	五一	五〇

五二	四二	三二	二二	一二
	三〇	〇〇	一〇	四〇
	五〇	五四	五四	一一
		五〇	七〇	〇一
		八二	三五	〇二
六〇	三〇	一〇	〇〇	三〇
四一	〇五	四二	七五	五二
			八〇	一一
			九三	五〇
七〇	四〇	二〇	〇〇	二〇
〇〇	七三	四二	〇〇	六三
			九〇	二一
			五二	一五
七〇	五〇	三〇	〇〇	一〇
六四	三一	〇〇	九二	一五
			〇一	二一
			〇一	六三

黃緯		距午時刻	○	一	二	三	四	五
八度	北	度	○九	三八	六七	九六	三六	七五
		分	○○	○○	八○	九二	一一	五一
	南	度	○九	五八	○八	五七	○七	五六
		分	○○	○○	三○	一一	五二	八四
九度	北	度	○九	二八	五七	八六	二六	六五
		分	○○	九四	六四	九五	二三	二三
	南	度	○九	五八	○八	五七	○七	六六
		分	○○	六○	三一	六二	五四	二一
十度	北	度	○九	二八	五七	八六	一六	五五
		分	○○	七三	四二	七二	三五	六四
	南	度	○九	五八	○八	五七	三七	六六
		分	○○	一一	四二	一四	五○	六三
十一度	北	度	○九	二八	五七	七六	一六	四五
		分	○○	五二	○○	三五	一一	七五
	南	度	○九	五八	○八	五七	一七	六六
		分	○○	六一	三三	四五	二二	七五

四一	三一	二一	一一	〇一	九	八	七	六
九一	二二	六二	九二	三三	七三	一四	九四	一五
七三	五四	四〇	七三	三二	八二	二五	六三	二四
二三	五三	八三	一四	五四	九四	三五	七五	一六
九〇	三一	八二	一五	三二	六〇	二〇	五〇	二二
八一	一二	五二	八二	二三	六三	〇四	五四	〇五
四四	一五	〇一	三四	八二	四三	八五	四四	六五
二三	五三	九三	二四	六四	九四	三五	七五	一六
〇五	五五	八二	〇三	〇〇	二四	四三	六三	〇五
七一	〇二	四二	七二	二三	五三	〇四	四四	〇五
九四	七五	五一	七四	二三	八三	四〇	二五	五〇
三三	六三	九三	三四	六四	〇五	四五	八五	二六
三三	六三	八四	八〇	七三	七一	七〇	六〇	六一
六一	〇二	三二	六二	〇三	四三	九三	八四	九四
九五	四〇	一二	二五	八三	二四	九〇	七五	二一
四三	七三	〇四	三四	七四	〇五	四五	八三	二六
一一	四一	五二	三四	五一	八四	二三	四三	〇四

黄緯	八度				九度				十度				十一度			
距午時刻	北		南		北		南		北		南		北		南	
	度	分	度	分	度	分	度	分	度	分	度	分	度	分	度	分
五一	六一	九三	九二	一一	五一	七四	九二	三五	四一	六五	〇三	六三	四一	五〇	一三	六一
六一	三一	〇五	六二	一二	二一	九五	七二	二〇	五一	五〇	七二	七四	一一	八一	八二	七二
七一	一一	六〇	三二	五三	〇一	五一	四二	九一	九〇	二二	五二	三〇	八〇	八三	五二	五四
八一	八〇	九二	〇二	六五	七〇	〇二	一二	二四	六〇	六四	二二	四二	六〇	四〇	三二	六〇
九一	二〇	三五	八一	一二	五〇	六〇	九一	二〇	四〇	二二	九一	〇五	二〇	七三	〇二	三三
〇二	五〇	〇三	五一	〇五	二〇	八三	六一	三三	一〇	三二	七一	九一	一〇	七一	八一	三〇

	五二	四二	三二	二二	一二
	八〇	六〇	三〇	一〇	一〇
	一三	〇一	八四	三二	三〇
				一	三一
				六五	五二
	九〇	六〇	四〇	二〇	〇〇
	八一	六五	四三	九〇	九一
					四一
					七〇
二〇	〇一	七〇	五〇	二〇	〇〇
八二	四〇	三四	三二	六五	二三
					四一
					二五
三一	〇一	八〇	六〇	三〇	一〇
四一	二五	二三	三一	六五	九二
					五一
					七三

黃緯		距午時刻	○	一	二	三	四	五
十二度	北	度	○九	二八	四七	七六	○六	四五
		分	○○	二一	四○	八一	七二	七○
	南	度	○九	五八	○八	六一	一七	七六
		分	○○	一二	三四	○一	二四	二二
十三度	北	度	○九	一八	四七	六六	九五	五五
		分	○○	八五	八○	九四	一四	四一
	南	度	○九	五八	○八	六七	二七	七六
		分	○○	六二	三五	四二	○○	三四
十四度	北	度	○九	○八	三七	五六	八五	二五
		分	○○	八四	六三	九五	一五	八一
	南	度	○九	五八	一八	六七	二七	八六
		分	○○	○三	二○	七三	八一	五○
十五度	北	度	○九	二八	三七	五六	八五	一五
		分	○○	七二	八○	七一	一○	○二
	南	度	○九	五八	一八	六七	二七	八六
		分	○○	五二	一一	○五	五三	六二

四一	三一	二一	一一	〇一	九	八	七	六
六一	九一	二二	五二	九二	三三	八三	三四	八四
三〇	四〇	一二	二五	七三	二四	八〇	二〇	七一
四三	七三	一四	四四	七四	一五	五五	九五	三六
四五	六五	六〇	三二	〇五	五二	一一	五〇	九〇
五一	八一	一二	四二	八二	二三	七三	二四	七四
四〇	六〇	二二	二五	六三	二四	八〇	一〇	二二
五三	八三	一四	五四	八四	二二	五五	九五	三六
五二	一四	五四	〇〇	五二	二〇	二四	四三	三三
四〇	七一	〇二	三二	七二	一三	六三	一四	六四
三〇	六〇	一二	一五	四三	八三	六〇	〇〇	三二
六三	九三	二四	二四	九四	二五	六五	〇六	三六
六一	一一	二二	七二	〇〇	二三	八〇	一〇	九五
三一	六一	九一	二二	六二	〇三	五三	九三	四四
九〇	九〇	九一	八四	一三	四三	一〇	五五	一二
六三	九三	三四	六四	九四	三五	六五	〇六	四六
五五	四五	〇〇	三一	四三	四〇	二四	八二	三二

黃緯		距午時刻	一五	一六	一七	一八	一九	二〇
十二度	北	度	一三	一〇	〇七	〇五	〇一	〇〇
		分	〇六	一九	四一	一一	三五	二八
	南	度	三二	二九	二六	二三	二一	一八
		分	〇〇	一一	二九	五二	一八	四九
十三度	北	度	一二	〇九	〇六	〇四	〇一	〇〇
		分	一二	二五	四八	一七	四六	五四
	南	度	二二	二九	二七	二四	二二	一九
		分	四一	五四	一二	四三	〇三	三三
十四度	北	度	一一	〇八	〇五	〇三	〇〇	〇一
		分	一六	二九	五〇	二五	五三	三四
	南	度	三三	三〇	二七	二五	二二	二〇
		分	二二	三六	五四	一八	四六	一八
十五度	北	度	一〇	〇七	〇五	〇二	〇〇	〇二
		分	一八	三四	〇一	二九	三七	二〇
	南	度	二四	三一	二八	二六	二三	二一
		分	〇三	一七	三七	〇一	三〇	〇三

一二	二二	三二	四二	五二	六二	七二
五〇	四〇	六〇	九〇	一一	三一	
〇一	七二	六五	八一	七三	九五	
六一						
二二						
二〇	五〇	七〇	〇一	二一	四一	
九四	六二	三四	二〇	三三	四四	
七一						
八〇						
三〇	六〇	八〇	〇一	三一	五一	七一
〇五	四一	〇三	九四	九〇	〇三	三五
七一						
三五						
四〇	七〇	九〇	一一	二一	六一	八一
四四	一〇	九一	七三	五五	一二	八二

黃緯	距午時刻		○	一	二	三	四	五
十六度	北	度	〇九	一八	二七	四六	七五	〇五
		分	〇〇	〇一	五三	二三	五〇	〇二
	南	度	〇九	五八	一八	七七	二七	八六
		分	〇〇	九三	〇二	四〇	二五	七四
十七度	北	度	〇九	〇八	二七	三六	六五	九四
		分	〇〇	一五	〇〇	二四	六〇	七一
	南	度	〇九	五八	一八	七七	三七	九六
		分	〇〇	三四	八二	六一	九〇	七〇
十八度	北	度	〇九	〇八	一七	二六	五五	八四
		分	〇〇	〇二	一二	九四	五〇	七〇
	南	度	〇九	五八	一八	七七	三七	九六
		分	〇〇	八四	七三	九二	五二	六二
十九度	北	度	〇九	〇八	〇七	一六	三五	六四
		分	〇〇	九〇	〇四	二五	六五	三五
	南	度	〇九	五八	一八	七七	三七	九六
		分	〇〇	二五	五四	一四	一四	五四

四一	三一	二一	一一	〇一	九	八	七	六
二一	五一	八一	一二	五二	九二	三三	八三	四四
九〇	九〇	八一	三四	五二	五二	四五	九四	七一
七三	〇四	三四	六四	〇三	三五	七五	〇六	四六
五三	二三	七三	八四	八〇	六三	二一	五五	七四
一一	四一	七一	〇二	四二	八二	二三	七三	三四
九〇	七〇	三一	七三	八二	六一	三四	八三	八〇
八三	一四	四四	七四	〇五	四五	七五	二六	五六
四一	〇一	四一	四二	二四	七〇	一四	二二	一一
〇一	三一	六一	九一	三二	七二	一三	六三	一四
七〇	三〇	九〇	七二	八〇	五〇	〇三	五二	五五
八三	一四	四四	七四	一五	四五	八五	一六	五六
三五	八四	〇二	八二	四一	八三	九〇	八四	四三
九〇	一一	四一	八一	一二	五二	〇二	五三	〇四
五〇	六五	九五	二一	二五	九四	七一	〇一	一四
九三	二四	五四	八四	一五	五六	八五	二六	五六
三三	六二	六二	三三	七四	八〇	七三	三一	六五

黃緯	十六度				十七度				十八度				十九度			
距午時刻	北		南		北		南		北		南		北		南	
	度	分	度	分	度	分	度	分	度	分	度	分	度	分	度	分
五一	九〇	七一	四三	三四	八〇	二二	五三	四二	七〇	八一	六三	四〇	六〇	五一	六三	四四
六一	六〇	六三	一三	九五	五〇	一四	二三	〇四	四〇	〇五	三三	三二	三〇	八四	四三	二〇
七一	四〇	一一	九二	九一	三〇	八〇	〇三	一〇	二〇	二二	〇三	七三	一〇	四一	一三	五二
八一	一〇	三四	六二	五四	一〇	一〇	七二	七二	〇〇	九一	八二	〇一	〇〇	八四	八二	三五
九一	|〇〇	五四	四二	四一	一〇	二四	四二	八五	二〇	一三	五二	一四	三〇	九一	六二	五二
〇二	三〇	七〇	一二	七四	四〇	〇〇	二二	一三	〇〇	二五	三二	六一	五〇	三四		

八二	七二	六二	五二	四二	三二	二二	一二
	九一	七一	四一	二一	〇一	七〇	五〇
	三二	二〇	三四	三三	七〇	一〇	二三
	〇二	七一	五一	三一	〇一	八〇	六〇
	八一	八四	九二	二一	一二	〇四	四二
三二	〇二	八一	六一	四一	一一	九〇	七〇
六一	四五	四二	六一	〇〇	三四	九二	四一
三二	一二	九一	七一	四一	二一	〇一	八〇
五五	九三	〇二	二〇	七四	三三	九一	五〇

黃緯	二十度				二十一度				二十二度				二十三度			
	北		南		北		南		北		南		北		南	
距午時刻	度	分	度	分	度	分	度	分	度	分	度	分	度	分	度	分
〇	〇九	〇〇	〇九	〇〇	〇九	〇〇	〇九	〇〇	〇九	〇〇	〇九	〇〇	〇九	〇〇	〇九	〇〇
一	九七	四四	九八	六五	九七	八一	六八	〇〇	八七	九四	六八	四〇	八九	六一	六八	八〇
二	九六	四五	一八	四五	九六	六〇	二八	一〇	八六	二一	一八	九〇	七六	二一	二八	六一
三	〇六	二五	七七	四五	九九	七四	八七	四〇	八五	五二	八七	六一	七五	三〇	八七	七二
四	二五	六四	三七	八五	一五	九二	四七	二一	〇五	八〇	四七	七二	八四	二四	四七	一四
五	五四	五二	〇七	六〇	四四	五一	〇七	三二	二四	一五	〇七	一四	一四	六一	一七	〇〇

四一	三一	二一	一一	〇一	九	八	七	六
七〇	〇一	三一	七一	〇二	四二	八二	三二	九三
六四	一四	六四	四〇	九三	四二	五五	七四	九一
〇四	三四	六四	九四	二五	五五	九五	二六	六六
二一	四〇	三〇	九〇	〇二	〇四	七〇	一四	〇二
六〇	九〇	二一	五一	九一	三二	七三	二三	七三
四五	一四	一四	五五	四二	八一	六三	五二	八五
〇四	三四	六四	九四	二五	六五	九五	三六	六六
九四	〇四	七一	一四	一五	八〇	二三	三〇	〇四
五〇	八〇	一一	四一	八一	二二	六二	〇三	六三
三四	〇三	二三	二四	四四	六五	〇一	七五	八二
一四	四四	七四	〇五	三五	六五	九五	三六	七六
七二	六一	二一	四一	二二	八三	九二	七二	二〇
四〇	六〇	〇一	五一	六一	〇二	四二	九二	四三
〇三	九三	七一	三二	〇五	二三	五四	五二	四五
二四	四四	七四	〇五	三五	七五	〇六	三六	七六
五〇	二五	七四	七四	四五	七〇	六二	一五	三二

黃緯	二十度				二十一度				二十二度				二十三度			
距午時刻	北		南		北		南		北		南		北		南	
	度	分	度	分	度	分	度	分	度	分	度	分	度	分	度	分
五一	四〇	八五	七三	五三	四〇	六〇	八三	三〇	三〇	七一	八三	三四	二〇	四〇	九三	二二
六一	二〇	八一	四三	四四	一〇	〇四	五三	四二	〇〇	二三	六三	四〇	〇〇	二四	六三	四四
七一	〇〇	〇〇	二三	八〇	〇〇	二五	二三	九四	一〇	五四	三三	〇三	二〇	七三	四三	二一
八一	一〇	〇二	九二	六三	二〇	八五	〇三	八一	三〇	八五	一三	一〇	五〇	一〇	一三	三四
九一	四〇	一一	七二	九〇	五〇	三二	七二	二五	六〇	九一			七〇	九一		
〇二	六〇	四三			七〇	七三			八〇	八三			九〇	三二		

九二	八二	七二	六二	五二	四二	三二	二二	一二
	四二	二二	〇二	七一	五一	三一	一一	八〇
	四四	五二	五〇	八四	三三	八一	五〇	九四

五二	三二	〇二	八一	六一	四一	二一	九〇
〇三	〇一	三五	三四	五二	二一	〇〇	九四

八二	六二	三二	一一	九一	七一	九一	二一	〇一
六三	四一	五五	九三	六二	四一	一〇	一五	一四

九二	六二	四二	二二	〇二	八一	五一	三一	一一
五一	九五	二四	六二	四一	三〇	三五	三四	四三

黄緯 二十三度半

距北 南

時刻	北 度	北 分	南 度	南 分
○	○九	○○	○九	○○
一	七七	七五	六八	○一
二	六六	九三	二八	○二
三	六五	三二	八七	三三
四	七四	○五	四七	九四
五	○四	七二	一七	九○

六	三四	〇八	六七	三四
七	二八	三八	六四	〇四
八	二三	五二	六〇	四〇
九	一九	四六	五七	二二
一〇	一六	〇七	五四	一〇
一一	一二	四五	五一	〇五
一二	〇九	三九	四八	〇五
一三	三六	四一	四五	一二
一四	〇四	〇三	四一	二三

黄緯二十三度半

距午時刻	北度分	南度分
五一	一〇 五四	九三 二四
六一	七〇 三四	七二 六〇
七一	三〇 七一	四三 四三
八一	五〇 七三	二三 六〇
九一	七〇 五四	
〇二	九〇 三五	

一二	二二	三二	四二	五二	六二	七二	八二	九二
二一	四一	六一	八一	〇二	二二	五二	七二	九二
三〇	〇一	〇二	九二	九三	一五	五〇	二二	二四

新製靈臺儀象志卷之八

治理曆法極西南懷仁纂著

慱士加一級鮑選
仝　　薄般鐙同受
慱　士張登科

黄赤二儀表 降婁宮至娵訾宮

黄赤二儀互相推測度分表

黄赤二儀互相推測度分者何以黄道儀測各星之經緯度立爲表。而推各星之赤道經緯度。以赤道儀測各星之經緯度立爲表而推各星之黄道經緯度也。其表有二。一以赤道經度爲主。一以緯度爲主。縱横兩行所列者。黄道經緯度也。中兩行相遇之方内。赤道相應經緯之度也其赤道經度。皆從春分起算。若黄赤兩儀所測之度分。或過與不及則用中比例法以推定之。

其查表法。與查他表無異。

降婁 戌宮

黃道北緯度

宮	○ 度	○ 分	一 度	一 分	二 度	二 分	三 度	三 分
○	○○	○○	九五三	七三	九五三	三一	八五三	九四
一	○	五五	○	二三	○	八○	九五三	四四
二	一	○五	一	七二	一	三○	○	九三
三	二	五四	二	二二	一	八五	一	四三
四	三	○四	三	七一	二	三五	二	九二
五	四	五三	四	二一	三	八四	三	四二
六	五	○三	五	七○	四	三四	四	九一
七	六	五二	六	二○	五	八三	五	四一
八	七	一二	六	七五	六	三三	六	九○
九	八	六一	七	二五	七	八二	七	四○
○一	九	一一	八	七四	八	三二	七	九五
一一	○一	六○	九	二四	九	八一	八	五五
二一	一一	二○	○一	八三	○一	四一	九	一五
三一	一一	七五	一一	三三	一一	九○	○一	六四
四一	二一	三五	二一	九二	二一	五○	一一	二四
五一	三一	八四	三一	三二	三一	一○	二一	八三

降婁 黃道北緯度

戌宮	○度	○分	一度	一分	二度	二分	三度	三分
六一	四一	四四	四一	〇二	三一	七五	三一	四三
七一	五一	〇四	五一	六一	四一	三五	四一	〇三
八一	六一	一三	六一	二一	五一	九四	五一	六二
九一	七一	五三	七一	八〇	六一	五四	六一	二二
〇二	八一	七二	八一	四〇	七一	一四	七一	八一
一二	九一	三二	九一	〇〇	八一	七三	八一	四一
二二	〇二	〇二	九一	六五	九一	三三	九一	一一
三二	一二	六一	〇一	三五	〇二	〇三	〇二	八〇
四二	二二	二一	一二	〇五	一二	七二	一二	五〇
五二	三二	九〇	二二	七四	二二	四二	二二	二〇
六二	四二	六〇	三二	四四	二二	一二	二二	九五
七二	五二	二〇	四二	一四	四二	九一	三二	七五
八二	五二	九五	五二	八三	五二	六一	四二	四五
九二	六二	七五	六二	五三	六二	三一	五二	一五
〇三	七二	四五	七二	三三	七二	一一	六二	九四

降婁戌宮 黃道北緯度

宮	四度	四分	五度	五分	六度	六分	七度	七分
○	八五三	五二	八五三	一〇	七五三	七三	七五三	三一
一	九五三	〇二	八五三	六五	八五三	二三	八五三	八〇
二	〇	五一	九五三	一五	九五三	七二	九五三	三〇
三	一	〇一	〇	六四	〇	二二	九五三	八五
四	二	五〇	一	一四	一	七一	〇	三五
五	三	〇〇	二	六三	二	二一	一	八四
六	三	五五	三	一三	三	七〇	二	三四
七	四	〇五	四	六二	四	二〇	三	八三
八	五	五四	五	一二	四	七五	四	三三
九	六	〇四	六	六一	五	二五	五	八二
〇一	七	五三	七	一一	六	七四	六	三二
一一	八	一三	八	七〇	七	三四	七	九一
二一	九	七二	九	三〇	八	九三	八	五一
三一	〇一	二二	九	八五	九	四三	九	〇一
四一	一一	八一	〇一	四五	〇一	〇三	〇一	六〇
五一	二一	四一	一一	〇五	一一	六二	一一	二〇

降婁戌宮 黃道北緯度

宮	四度	四分	五度	五分	六度	六分	七度	七分
六一	三一	〇一	二一	六四	二一	二二	一一	八五
七一	四一	六〇	三一	二四	三一	八一	二一	四五
八一	五一	三〇	四一	九三	四一	五一	三一	一五
九一	五一	八五	五一	五三	五一	一一	四一	七四
〇二	六一	四五	六一	一三	六一	七〇	五一	四四
一二	七一	一五	七一	八二	七一	四〇	六一	一四
二二	八一	八四	八一	五二	八一	一〇	七一	八三
三二	九一	五四	九一	二二	八一	八五	八一	五三
四二	〇二	二四	〇二	九一	九一	五五	九一	二三
五二	一二	九三	一二	六一	〇二	二五	〇二	九二
六二	二二	六三	二二	三一	一二	〇五	一二	七二
七二	三二	四三	三二	一一	二二	八四	二二	五二
八二	四二	一三	四二	九〇	三二	六四	三二	三二
九二	五二	九三	五二	七〇	四二	四四	四二	一二
〇三	六二	七二	六二	五〇	五二	二四	五二	九一

降婁黄道北緯度				
戌	八		九	
宮	度	分	度	分
○	三五六	四八	三五六	二三
一	三五七	四三	三五七	一八
二	三五八	三八	三五八	一三
三	三五九	三四	三五九	○九
四	○	二九	○	○四
五	一	二四	○	五九
六	二	一九	一	五四
七	三	一四	二	四五
八	四	○九	三	四四
九	五	○四	四	三九
一○	五	五九	五	三四
一一	六	五五	六	三○
一二	七	五一	七	二六
一三	八	四六	八	二二
一四	九	四二	九	一八
一五	一○	三八	一○	一四

降婁	黃道北緯度			
戌	八		九	
宮	度	分	度	分
一六	一一	三四	一一	一〇
一七	一二	三〇	一二	〇六
一八	一三	二七	一三	〇三
一九	一四	二三	一三	五九
二〇	一五	二〇	一四	五六
二一	一六	一七	一五	五三
二二	一七	一四	一六	五〇
二三	一八	一一	一七	四七
二四	一九	〇八	一八	四四
二五	二〇	〇五	一九	四一
二六	二一	〇三	二〇	三九
二七	二二	〇一	二一	三七
二八	二二	五九	二二	三五
二九	二三	五七	二三	三四
三〇	二四	五六	二四	三二

降婁

戌宮	黃道南緯度 ○		一		二		三	
宮	度	分	度	分	度	分	度	分
○	○	〇〇	○	三二	○	七四	一	一一
一	○	五五	一	八一	一	二四	二	六〇
二	一	〇五	二	三一	二	七三	三	一〇
三	二	五四	三	八〇	三	二三	三	六五
四	三	〇四	四	三〇	四	七二	四	一五
五	四	五三	四	八五	五	二二	五	六四
六	五	〇三	五	四五	六	八一	六	二四
七	六	五二	六	九四	七	二一	七	七三
八	七	一二	七	四四	八	八〇	八	二三
九	八	六一	八	〇四	九	四〇	九	八二
〇一	九	一一	九	五三	九	九五	〇一	三二
一一	〇一	六〇	〇一	〇三	〇一	四五	一一	八一
二一	一一	二〇	一一	五二	一一	九四	二一	三一
三一	一一	七五	二一	〇二	二一	四四	三一	八〇
四一	二一	三五	三一	六一	三一	九三	四一	三〇
五一	三一	八四	四一	二一	四一	五三	四一	八五

黃道南緯度

降婁戌宮	○度	○分	一度	一分	二度	二分	三度	三分
一六	一四	四四	一五	〇七	一五	三〇	一五	五三
一七	一五	四〇	一六	〇二	一六	二五	一六	四八
一八	一六	三五	一六	五八	一七	二一	一七	四四
一九	一七	三一	一七	五四	一八	一七	一八	四〇
二〇	一八	二七	一八	五〇	一九	一三	一九	三六
二一	一九	二三	一九	〇六	二〇	〇九	二〇	三二
二二	二〇	二〇	二〇	四二	二一	〇五	二一	二八
二三	二一	一六	二一	三八	二二	〇一	二二	二四
二四	二二	一二	二二	三五	二二	五七	二三	二〇
二五	二三	〇九	二三	三一	二三	五三	二四	一六
二六	二四	〇六	二四	二八	二四	五〇	二五	一二
二七	二五	〇二	二五	二五	二五	四七	二六	〇九
二八	二五	五九	二六	二二	二六	四三	二七	〇五
二九	二六	五七	二七	一九	二七	四〇	二八	〇一
三〇	二七	五四	二八	一六	二八	三七	二八	五八

降婁戌宮 黃道南緯度

宮	四 度	四 分	五 度	五 分	六 度	六 分	七 度	七 分
〇	一	三五	一	五九	二	二三	二	四七
一	二	三〇	二	五四	三	一八	三	四三
二	三	二五	三	四九	四	一三	四	三七
三	四	二〇	四	四四	五	〇八	五	三二
四	五	一五	五	三九	六	〇三	六	二七
五	六	一〇	六	三四	六	五八	七	二二
六	七	〇六	七	三〇	七	五三	八	一七
七	八	〇一	八	二五	八	四八	九	一二
八	八	五六	九	二〇	九	四三	一〇	〇七
九	九	五一	一〇	一五	一〇	三八	一一	〇二
一〇	一〇	四六	一一	一〇	一一	三三	一一	五七
一一	一一	四一	一二	〇五	一二	二八	一二	五二
一二	一二	三六	一三	〇〇	一三	二三	一三	四七
一三	一三	三一	一三	五五	一四	一八	一四	四一
一四	一四	二六	一四	五〇	一五	一三	一五	一六
一五	一五	二一	一五	四五	一六	〇八	一六	三一

黃道南緯度

降婁戌宮	四度	四分	五度	五分	六度	六分	七度	七分
六一	六一	六一	六一	〇四	七一	三〇	七一	六二
七一	七一	一一	七二	五三	七一	八五	八一	一二
八一	八一	七〇	八一	〇三	八一	三五	九一	六一
九一	九一	二〇	九一	五二	九一	八四	〇二	一一
〇二	九一	八五	〇二	一二	〇二	三四	一二	六〇
一二	〇二	四五	一二	七一	一二	九三	二二	二〇
二二	一二	〇五	二二	二一	二二	四三	二二	七五
三二	二二	六四	三二	八〇	三二	〇二	三二	二五
四二	三二	二四	四二	四〇	四二	六二	四二	八四
五二	四二	八三	五二	〇〇	五二	一二	五二	三四
六二	五二	四三	五二	六五	六二	七一	六二	六三
七二	六二	〇三	六二	二五	七二	三一	七二	五三
八二	七二	六二	七二	八四	八二	九〇	八二	〇三
九二	八二	二二	八二	四四	九二	五〇	九二	六二
〇二	九二	九一	九二	〇四	〇三	一〇	〇二	二二

降婁戌宮	黃道南緯度 八 度	分	九 度	分
〇	三	二一	三	六三
一	四	六〇	四	〇三
二	五	一〇	五	五二
三	五	六五	六	〇二
四	六	一五	七	五一
五	七	六四	八	九〇
六	八	一四	九	四〇
七	九	六三	九	九五
八	〇一	〇三	〇一	三五
九	一一	五二	一一	八四
〇一	二一	九一	二一	二四
一一	三一	四一	三一	七三
二一	四一	九〇	四一	二三
三一	五一	四〇	五一	七二
四一	五一	九五	六一	一二
五一	六一	四五	七一	六一

降婁戌宮	黃道南緯度 八 度	八 分	九 度	九 分
六一	七一	九四	八一	一一
七一	八一	四四	九一	六〇
八一	九一	九三	〇二	一〇
九一	〇二	四三	〇二	六五
〇二	一二	九二	一二	一五
一二	二二	四二	二二	六四
二二	三二	九一	三二	一四
三二	四二	四一	四二	六三
四二	五二	〇一	五二	二三
五二	六二	五〇	六二	七二
六二	七二	〇〇	七二	二二
七二	七二	六五	八二	七一
八二	八二	一五	九二	二一
九二	九二	七四	〇三	八〇
〇三	〇三	三四	一三	四〇

大梁

酉宮	黄道北緯度○ 度	分	一 度	分	二 度	分	三 度	分
○	二七	五四	二七	三三	二七	一一	二八	四九
一	二八	五一	二八	三○	二八	○八	二七	五七
二	二九	四九	二九	二七	二九	○六	二八	四五
三	三○	四六	三○	二五	三○	○四	二九	四三
四	三一	四四	三一	二三	三一	○二	三○	三九
五	三二	四二	三二	二一	三二	○○	三四	四一
六	三三	四○	三三	二○	三二	五九	三二	三八
七	三四	三八	三四	一八	三三	五八	三三	三七
八	三五	三七	三五	一七	三四	五七	三四	三六
九	三六	三六	三六	一六	三五	五六	三五	三六
一○	三七	三四	三七	一五	三六	五五	三六	三五
一一	三八	三三	三八	一四	三七	五四	三七	三五
一二	三九	二三	二九	一四	三八	五四	三八	三五
一三	四○	三二	四○	一二	三九	五四	三九	三五
一四	四一	三一	四一	一三	四○	五四	四○	三五
一五	四二	三一	四二	一三	四一	五四	四一	三六

大梁	黃道北緯度							
酉	○		一		二		三	
宮	度	分	度	分	度	分	度	分
一六	四三	三一	四三	一三	四二	五四	四二	三六
一七	四四	三一	四四	一三	四三	五五	四三	三七
一八	四五	三一	四五	一四	四四	五六	四四	三八
一九	四六	三一	四六	一四	四五	五七	四五	三九
二〇	四七	三二	四七	一五	四六	五八	四六	四〇
二一	四八	三三	四八	一六	四七	五九	四七	四二
二二	四九	三四	四九	一七	四九	〇〇	四八	四四
二三	五〇	三五	五〇	一八	五〇	〇二	四九	四六
二四	五一	三六	五一	二〇	五一	〇四	五〇	四八
二五	五二	三八	五二	二二	五二	〇六	五一	五一
二六	五三	四〇	五三	二四	五三	〇九	五二	五四
二七	五四	四二	五四	二七	五四	一二	五三	五七
二八	五五	四四	五五	二九	五五	一五	五五	〇〇
二九	五六	四六	五八	三二	五六	一八	五六	〇三
三〇	五七	四八	五七	三五	五七	二一	五七	〇七

大梁酉宮	黃道北緯四度	黃道北緯四分	黃道北緯五度	黃道北緯五分	黃道北緯六度	黃道北緯六分	黃道北緯七度	黃道北緯七分
○	六二	七二	六二	五○	五二	二四	五二	九一
一	七二	五二	七二	三○	六二	○四	六二	七一
二	八二	三二	八二	一○	七二	八三	七二	六一
三	九二	一二	八二	九五	八二	七三	八二	五一
四	○二	九一	九二	八五	九二	六三	九二	四一
五	一三	八一	○三	七五	○三	五三	○三	三一
六	二三	七一	一三	六五	一三	四三	一三	二一
七	三三	六一	二三	五五	二三	三三	二三	二一
八	四三	五一	三三	四五	三三	三三	三三	二一
九	五三	五一	四三	四五	四三	三三	四三	二一
○一	六三	五一	五三	四五	五三	三三	五三	二一
一一	七三	五一	六三	四五	六三	三三	六三	三一
二一	八三	五一	七三	五五	七三	四三	七三	四一
三一	九三	五一	八三	六五	八三	五三	八三	五一
四一	○四	六一	九三	七五	九三	六三	九三	六一
五一	一四	七一	○三	八五	○四	八三	○四	八一

大梁酉宮	黃道北緯度							
	四		五		六		七	
宮	度	分	度	分	度	分	度	分
六一	二四	八一	一四	九五	二四	九三	一四	九一
七一	三四	九一	三四	〇〇	二四	〇四	二四	一二
八一	四四	〇二	四四	一〇	三四	二四	三四	三二
九一	五四	一二	五四	五〇	四四	四四	四四	五二
〇二	六四	三二	六四	七〇	五四	六四	五四	八二
一二	七四	五二	七四	五〇	六四	九四	六四	一三
二二	八四	七二	八四	九〇	七四	二五	七四	四三
三二	九四	九二	九四	二一	八四	五五	八四	七三
四二	〇五	二三	〇五	五一	九四	八五	九四	一四
五二	一五	五三	一五	八一	一五	二〇	〇五	五四
六二	二五	八三	二五	二二	二五	六〇	一五	九四
七二	三五	二四	三五	六二	三五	〇一	二五	四五
八二	四五	五四	四五	〇三	四五	四一	三五	八五
九二	五五	九四	五五	四三	五五	八一	五五	三〇
〇三	六五	三五	八五	八三	六五	三二	〇五	八〇

大梁 黃道北緯度

酉宮	八度	八分	九度	九分
〇	二四	五六	二四	三二
一	二五	五四	二五	三一
二	二六	五三	二六	三〇
三	二七	五二	二七	二九
四	二八	五一	二八	二八
五	二九	五〇	二九	二七
六	三〇	五〇	三〇	二七
七	三一	五〇	三一	二七
八	三二	五〇	三二	二七
九	三三	五一	三三	二七
一〇	三四	五一	三四	二八
一一	三五	五二	三五	二九
一二	三六	五三	三六	三〇
一三	三七	五四	三七	三二
一四	三八	五六	三八	三四
一五	三九	五八	三九	三六

大梁酉宮	黃道北緯度八		黃道北緯度九	
宮	度	分	度	分
一六	四一	〇〇	四〇	三八
一七	四二	〇二	四一	四〇
一八	四三	〇四	四二	四三
一九	四四	〇七	四三	四六
二〇	四五	一〇	四四	五〇
二一	四六	一三	四五	五四
二二	四七	一六	四六	五八
二三	四八	二〇	四八	〇三
二四	四九	二四	四九	〇七
二五	五〇	二八	五〇	一二
二六	五一	三三	五一	一七
二七	五二	三八	五二	二二
二八	五三	四三	五三	二七
二九	五四	四八	五四	三二
三〇	五五	五三	五五	三七

大梁酉宮 黃道南緯度

宮	〇 度	〇 分	一 度	一 分	二 度	二 分	三 度	三 分
〇	二七	五四	二八	一六	二八	三七	二八	五八
一	二八	五一	二九	一三	二九	三四	二九	五五
二	二九	四九	三〇	一〇	三〇	三一	三〇	五二
三	三〇	四六	三一	〇七	三一	二八	三一	四九
四	三一	四四	三二	〇五	三二	二八	三二	四六
五	三二	四二	三三	〇三	三三	二三	三三	四三
六	三三	四〇	三四	〇一	三四	二一	三四	四一
七	三四	三八	三四	五九	三五	一九	三五	三九
八	三五	三七	三五	五七	三六	一七	三六	三七
九	三六	三六	三六	五六	三七	一五	三七	三五
一〇	三七	三四	三七	五四	三八	一三	三八	三三
一一	三八	三三	三八	五三	三九	一二	三九	三一
一二	三九	三三	三九	五二	四〇	一一	四〇	三〇
一三	四〇	三二	四〇	五一	四一	一〇	四一	二八
一四	四一	三一	四一	五〇	四二	〇九	四二	二七
一五	四二	三一	四二	五〇	四三	〇八	四三	二六

大梁酉宮	黃道南緯							
	○		一		二		三	
宮	度	分	度	分	度	分	度	分
一六	四三	三一	四三	四○	四四	○七	四四	二五
一七	四四	三一	四四	四九	四五	○六	四五	二四
一八	四五	三一	四五	四九	四六	○六	四六	二三
一九	四六	三二	四六	四九	四七	○六	四七	二三
二○	四七	三二	四七	四九	四八	○六	四八	二三
二一	四八	三三	四八	五○	四九	○六	四九	二三
二二	四九	三四	四九	五○	五○	○六	五○	二三
二三	五○	三五	五○	五一	五一	○六	五一	二三
二四	五一	三六	五一	五二	五二	○七	五二	二三
二五	五二	三八	五二	五三	五三	○八	五三	二四
二六	五三	四○	五三	五五	五四	○九	五四	二四
二七	五四	四二	五四	五六	五五	一一	五五	二五
二八	五五	四四	五五	五八	五六	一二	五六	二六
二九	五六	四六	五七	○○	五七	一三	五七	二七
三○	五七	四八	五八	○二	五八	一五	五八	二九

黃道南緯度

大梁酉宮	四 度	四 分	五 度	五 分	六 度	六 分	七 度	七 分
〇	二九	一九	二九	四〇	三〇	〇一	三〇	二二
一	三〇	一六	三〇	三七	三〇	五七	三一	一八
二	三一	一三	三一	三四	三一	五四	三二	一四
三	三二	一〇	三二	三一	三二	五一	三三	一一
四	三三	〇七	三三	二七	三三	四七	三四	〇七
五	三四	〇四	三四	二四	三四	四四	三五	〇四
六	三五	〇一	三五	二一	三五	四一	三六	〇一
七	三五	五八	三六	一八	三六	三八	三六	五七
八	三六	五六	三七	一五	三七	三五	三七	五四
九	三七	五四	三八	一三	三八	三二	三八	五二
一〇	三八	五二	三九	一一	三九	二九	三九	四八
一一	三九	五〇	四〇	〇九	四〇	二七	四〇	四五
一二	四〇	四八	四一	〇七	四一	二五	四一	四三
一三	四一	四六	四二	〇五	四二	二三	四二	四一
一四	四二	四五	四三	〇三	四三	二一	四三	三九
一五	四三	四四	四四	〇二	四四	一九	四四	三七

大梁

酉宮	四 度	四 分	五 度	五 分	六 度	六 分	七 度	七 分
黃道南緯度								
一六	四四	四三	四五	〇〇	四五	一七	四五	三五
一七	四五	四二	四五	五九	四六	一五	四六	三三
一八	四六	四一	四六	五八	四七	一四	四七	三一
一九	四七	四〇	四七	五七	四八	一三	四八	二九
二〇	四八	三九	四八	五六	四九	一二	四九	二八
二一	四九	三九	四九	五五	五〇	一一	五〇	二七
二二	五〇	三八	五〇	五四	五一	一〇	五一	二五
二三	五一	三八	五一	五三	五二	〇九	五二	二四
二四	五二	三八	五二	五三	五三	〇八	五三	二三
二五	五三	三八	五三	五三	五四	〇八	五四	二二
二六	五四	三八	五四	五三	五五	〇七	五五	二一
二七	五五	三九	五五	五三	五六	〇七	五六	二一
二八	五六	四〇	五六	五四	五七	〇七	五七	二〇
二九	五七	四一	五七	五四	五八	〇七	五八	二〇
三〇	五八	四二	五八	五五	五九	〇七	五九	二〇

黃道南緯度

大梁酉宮	八 度	八 分	九 度	九 分
○	三○	四三	三一	○四
一	三一	三九	三一	五九
二	三二	三五	三二	五五
三	三三	三一	三三	五一
四	三四	二七	三四	四六
五	三五	二三	三五	四二
六	三六	二○	三六	三八
七	三七	一六	三七	三四
八	三八	一三	三八	三一
九	三九	一○	三九	二八
一○	四○	○七	四○	二五
一一	四一	○四	四一	二二
一二	四二	○一	四二	一八
一三	四二	五八	四三	一五
一四	四三	五六	四四	一二
一五	四四	五四	四三	一○

大梁 黃道南緯度

酉宮	八 度	八 分	九 度	九 分
一六	四五	五一	四六	〇七
一七	四六	四九	四七	〇四
一八	四七	四七	四八	〇二
一九	四八	四五	四八	五九
二〇	四九	四三	四九	五七
二一	五〇	四一	五〇	五五
二二	五一	四〇	五一	五三
二三	五二	三八	五二	五一
二四	五三	三七	五三	四九
二五	五四	三六	五四	四八
二六	五五	三五	五五	四七
二七	五六	三四	五六	四六
二八	五七	三三	五七	四五
二九	五八	三二	五八	四四
三〇	五九	三二	五九	四三

實沈申宮　黃道北緯度

宮	○ 度	○ 分	一 度	一 分	二 度	二 分	三 度	三 分
○	七五	八四	七五	五三	七五	一二	七五	七〇
一	八五	一五	八五	八三	八五	四二	八五	〇一
二	九五	三五	九五	一四	九五	七二	九五	四一
三	〇六	六五	〇六	四四	〇六	一三	〇六	八一
四	一六	九五	一六	七四	一六	五三	一六	二二
五	三六	三〇	二六	一五	二六	九三	二六	七二
六	四六	六〇	三六	五五	三六	五四	三六	二三
七	五六	九〇	四六	九五	四六	七四	四六	七三
八	六六	三一	六六	三〇	五六	二五	五六	二四
九	七六	七一	七六	七〇	六六	七五	六六	七四
〇一	八六	一二	八六	一一	八六	二〇	七六	二五
一一	九六	五二	九六	六一	九六	七〇	八六	七五
二一	〇七	九二	〇七	一二	〇七	二一	〇七	三〇
三一	一七	四三	一七	六二	一七	七一	一七	九〇
四一	二七	八三	二七	一三	二七	二二	二七	五一
五一	三七	三四	三七	六三	三七	八二	三七	一二

實沈申宮	黃道北緯〇度	〇分	一度	一分	二度	二分	三度	三分
宮	度	分	度	分	度	分	度	分
一六	七四	四七	七四	四一	七四	三三	七四	二七
一七	七五	五二	七五	四六	七五	三九	七五	三三
一八	七六	五七	七六	五一	七六	四五	七六	三九
一九	七八	〇二	七七	五六	七七	五一	七七	四五
二〇	七九	〇七	七九	〇二	七八	五七	七八	五二
二一	八〇	一二	八〇	〇八	八〇	〇三	七九	五九
二二	八一	一七	八一	一三	八一	〇九	八一	〇五
二三	八二	二二	八二	一八	八二	一五	八二	一一
二四	八三	二八	八三	二四	八三	二一	八三	一八
二五	八四	三三	八四	三〇	八四	二七	八四	二五
二六	八五	三八	八五	三六	八五	三三	八五	三二
二七	八六	四四	八六	四二	八六	四〇	八六	三九
二八	八七	四九	八七	四八	八七	四六	八七	四六
二九	八八	五五	八八	五四	八八	五三	八八	五三
三〇	九〇	〇〇	九〇	〇〇	九〇	〇〇	九〇	〇〇

黃道北緯度

實沈申宮	四度	四分	五度	五分	六度	六分	七度	七分
○	六五	三五	六五	八三	六五	三二	六五	八○
一	七五	七五	七五	二四	七五	八二	七五	三一
二	九五	一○	八五	七四	八五	三三	八五	九一
三	○六	五○	九五	二五	九五	八三	九五	五二
四	一六	○一	○六	七五	○六	四四	○六	一三
五	二六	五一	二六	二○	一六	○五	一六	七三
六	三六	○二	三六	八○	二六	六五	二六	四四
七	四六	五二	四六	三一	四六	二○	三六	○五
八	五六	○三	五六	九一	五六	八○	四六	六五
九	六六	六三	六六	五二	六六	四一	六六	三○
○一	七六	二四	七六	一三	七六	一二	七六	○一
一一	八六	八四	八六	八三	八六	八二	八六	八一
二一	九六	四五	九六	五四	九六	五三	九六	六二
三一	一七	○○	○七	一五	○七	二四	○七	三三
四一	二七	六○	一七	八五	一七	九四	一七	一四
五一	三七	三一	三七	五○	二七	七五	二七	九四

實沈申宮黃道北緯度

宮	四度	四分	五度	五分	六度	六分	七度	七分
一六	七四	一九	七四	一二	七四	〇四	七三	五七
一七	七五	二六	七五	一九	七五	一二	七五	〇五
一八	七六	三三	七六	二七	七六	二〇	七六	一四
一九	七七	四〇	七七	三四	七七	二八	七七	二二
二〇	七八	四七	七八	四一	七八	三六	七八	三〇
二一	七九	五四	七九	四九	七九	四四	七九	三九
三二	八一	〇一	八〇	五六	八〇	五二	八〇	四八
二三	八二	〇八	八二	〇四	八二	〇〇	八一	五七
二四	八三	一五	八三	一一	八二	〇九	八三	〇六
二五	八四	二二	八四	二〇	八四	六七	八四	一五
二六	八五	二九	八五	二八	八五	二五	八五	二四
二七	八六	三七	八六	三六	八六	三四	八六	三三
二八	八七	四四	八七	四四	八七	四二	八七	四二
二九	八八	五二	八八	五二	八八	五一	八八	五一
三〇	九〇	〇〇	九〇	〇〇	九〇	〇〇	九〇	〇〇

實沈申宮 黃道北緯度

申宮	八度	八分	九度	九分
〇	五五	三五	五五	八三
一	六五	九五	六五	四四
二	八五	五〇	七五	〇五
三	九五	一一	八五	七五
四	〇六	七一	〇六	四〇
五	一六	四二	一六	一一
六	二六	一三	二六	八一
七	三六	八三	三六	五二
八	四六	五四	四六	三三
九	五六	二五	五六	一四
〇一	七六	〇〇	六六	九四
一一	八六	八〇	七六	七五
二一	九六	六一	九六	五〇
三一	〇七	四二	〇七	四一
四一	一七	三三	一七	三二
五一	二七	一四	二七	三三

實沈申宮	黃道北緯八度	八分	九度	九分
宮	度	分	度	分
六一	三七	九四	三七	一四
七一	四七	八五	四七	〇五
八一	六七	七〇	五七	九五
九一	七七	六一	七七	九〇
〇二	八七	五二	八七	八一
一二	九七	四三	九七	八二
二二	〇八	三四	〇八	七三
三二	一八	二五	一八	七四
四二	三八	二〇	二八	七五
五二	四八	七一	四八	七〇
六二	五八	一二	五八	八一
七二	六八	一三	六八	八二
八二	八八	〇四	七八	九三
九二	八八	〇五	八八	九四
〇三	〇九	〇〇	〇九	〇〇

實沈申宮	黃道南緯○度		一度		二度		三度	
	度	分	度	分	度	分	度	分
○	七五	八四	八五	二〇	八五	五一	八五	九二
一	八五	一五	九五	四〇	八五	七一	九五	〇三
二	九五	三五	〇六	六〇	〇六	九一	〇六	一三
三	〇六	六五	一六	八〇	一六	一二	一六	三三
四	一六	九五	二六	一一	二六	三二	二六	五三
五	三六	三〇	三六	四一	三六	五二	三六	七三
六	四六	六〇	四六	七一	四六	八二	四六	九三
七	五六	九〇	五六	〇一	五六	一三	五六	一四
八	六六	三一	六六	三二	六六	四三	六六	四四
九	七六	七一	七二	七二	七六	七三	七六	六四
〇一	八六	一二	八六	〇三	八六	〇四	八六	九四
一一	九六	五二	九六	四三	九六	三四	九六	二五
二一	〇七	九二	〇七	八三	〇七	六四	〇七	五五
三一	一七	四三	一七	二四	一七	九四	一七	八五
四一	二七	八三	二七	六四	二七	三五	三七	一〇
五一	二七	三四	三七	〇五	三七	七五	四七	四〇

黄道南緯度

實沈申宮	〇 度	〇 分	一 度	一 分	二 度	二 分	三 度	三 分
一六	七四	四七	七四	五四	七五	〇一	七五	〇七
一七	七五	五二	七五	五八	七六	〇五	七六	一一
一八	七六	五七	七七	〇三	七七	〇九	七七	一五
一九	七八	〇二	七八	〇七	七八	一三	七八	二八
二〇	七九	〇七	七九	一二	七九	一七	七九	二一
二一	八〇	一二	八〇	一七	八〇	二一	八〇	二五
二二	八一	一七	八一	二一	八一	二五	八一	二八
二三	八二	二三	八二	二五	八二	二九	八二	三二
二四	八三	三八	八三	三〇	八三	三三	八三	三六
二五	八四	三三	八四	三五	八四	三七	八四	四〇
二六	八五	三八	八五	四〇	八五	四一	八五	四四
二七	八六	四四	八六	四五	八六	四六	八六	四八
二八	八七	四九	八七	五〇	八七	五〇	八七	五二
二九	八八	五五	八八	五五	八八	五五	八八	五六
三〇	九〇	〇〇	九〇	〇〇	九〇	〇〇	九〇	〇〇

黃道南緯度

實沈宮	四度	四分	五度	五分	六度	六分	七度	七分
〇	八五	二四	八五	五五	九五	七〇	九五	〇二
一	九五	三四	九五	五五	〇六	七〇	〇六	〇二
二	〇六	四四	〇六	六五	一六	八〇	一六	〇二
三	一六	六四	一六	七五	二六	九〇	二六	一二
四	二六	六四	二六	八五	三六	九〇	三六	二二
五	三六	〇五	三六	九五	四六	〇一	四六	一二
六	四六	二五	五六	一〇	五六	一一	五六	二二
七	五六	四五	六六	二〇	六六	二一	六六	二二
八	六六	六五	七六	四〇	七六	三一	七六	三二
九	七六	八五	八六	六〇	八六	五一	八六	四二
〇一	八六	九五	九六	七〇	九六	六一	九六	五二
一一	〇七	一〇	〇七	九〇	〇七	七一	〇七	六二
二一	一七	三〇	一七	一一	一七	九一	一七	七二
三一	二七	五〇	二七	三一	二七	一二	二七	八二
四一	三七	八〇	三七	五一	三七	三二	三七	〇三
五一	四七	一一	四七	八一	四七	五二	四七	二三

實沈申宮	黃道南緯四度		五度		六度		七度	
	度	分	度	分	度	分	度	分
一六	七五	一四	七五	二○	七五	二七	七五	三三
一七	七六	一七	七六	二三	七六	二九	七六	三五
一八	七七	二○	七七	二六	七七	三一	七七	三七
一九	七八	二三	七八	二八	七八	三三	七八	三八
二○	七九	二六	七九	三一	七九	三五	七九	四○
二一	八○	二九	八○	三四	八○	三八	八○	四二
二二	八一	三二	八一	三六	八一	四○	八一	四四
二三	八二	三三	八二	三九	八二	四二	八二	四六
二四	八三	三九	八三	四二	八三	四五	八三	四八
二五	八四	四二	八四	四五	八四	四七	八四	五○
二六	八五	四五	八五	四八	八五	四九	八五	五二
二七	八六	四九	八六	五一	八六	五二	八六	五四
二八	八七	五二	八七	五四	八七	五四	八七	五六
二九	八八	五六	八八	五七	八八	五七	八八	五八
三○	九○	○○	八九	○○	九○	○○	九○	○○

實沉 黃道南緯度

申宮	八度	八分	九度	九分
○	九五	二三	九五	三四
一	〇六	二三	〇六	二四
二	一六	二三	一六	二四
三	二六	二三	二六	一四
四	三六	二三	三六	一四
五	四六	二三	四六	一四
六	五六	二三	五六	〇四
七	六六	二三	六六	〇四
八	七六	二三	七六	〇四
九	八六	三三	八六	〇四
〇一	九六	三三	九六	〇四
一一	〇七	四三	〇七	〇四
二一	一七	五三	一七	一四
三一	二七	六三	二七	一四
四一	三七	七三	三七	二四
五一	四七	八三	四七	三四

實沈申宮	黃道南緯八度	分	九度	分
一六	七五	三九	七五	四四
一七	七六	四○	七六	四五
一八	七七	四二	七七	四六
一九	七八	四三	七八	四七
二○	七九	四四	七九	四八
二一	八○	四六	八○	四九
二二	八一	四七	八一	五○
二三	八二	四八	八二	五一
二四	八三	五○	八三	五二
二五	八四	五一	八四	五三
二六	八五	五三	八五	五四
二七	八六	五五	八六	五五
二八	八七	五六	八七	五七
二九	八八	五八	八八	五八
三○	八九	○○	九○	○九

鶉首 黃道北緯度

未宮	○度	○分	一度	一分	二度	二分	三度	三分
○	○九	○○	○九	○○	○九	○○	○九	○○
一	一九	五○	一九	六○	一九	七○	一九	七○
二	二九	一一	二九	二一	二九	四一	二九	四一
三	三九	六一	三九	八一	三九	○二	三九	一二
四	四九	二二	四九	四二	四九	七二	四九	八二
五	五九	七二	五九	○三	五九	三三	五九	五三
六	六九	二三	六九	六三	六九	九三	六九	二四
七	七九	八三	七九	二四	七九	五四	七九	九四
八	八九	三四	八九	七四	八九	一五	八九	五五
九	九九	八四	九九	二五	九九	七五	○○一	二○
○一	○○一	三五	○○一	八五	一○一	三○	一○一	八○
一一	一○一	八五	二○一	四○	二○一	九○	二○一	五一
二一	三○一	三○	三○一	九○	三○一	五一	三○一	一二
三一	四○一	八○	四○一	四一	四○一	一二	四○一	七二
四一	五○一	三一	五○一	九一	五○一	七二	五○一	三三
五一	六○一	七一	六○一	四二	六○一	三三	六○一	九三

鶉未宮	黃道北緯度 〇		一		二		三	
宮	度	分	度	分	度	分	度	分
一六	一〇七	二二	一〇七	二九	一〇七	三八	一〇七	四三
一七	一〇八	二六	一〇八	三四	一〇八	四三	一〇八	五三
一八	一〇九	三一	一〇九	三九	一〇九	四八	一〇九	五七
一九	一一〇	三五	一一〇	四四	一一〇	五三	一一一	〇三
二〇	一一一	三九	一一一	四九	一一一	五八	一一二	〇八
二一	一一二	四三	一一二	五三	一一二	〇三	一一三	一三
二二	一一三	四七	一一三	五七	一一四	〇八	一四	一八
二三	一一四	五一	一一四	〇一	一一五	一三	一一五	二三
二四	一一五	五四	一一五	〇五	一一六	一七	一一六	二八
二五	一一六	五七	一一六	〇九	一一七	二一	一一七	三三
二六	一一八	〇一	一一八	一三	一一八	二五	一一八	三八
二七	一一九	〇四	一一九	一六	一一九	二九	一一九	四二
二八	一一〇	〇七	一二〇	一九	一二〇	三三	一二〇	四六
二九	一二二	〇九	一二一	二二	一二一	三六	一二一	五〇
三〇	一二二	一二	一二二	二五	一二二	三九	一二二	五三

鶉首未宮	黃道北緯度 四 度	四 分	五 度	五 分	六 度	六 分	七 度	七 分
○	〇九	〇〇	〇九	〇〇	〇九	〇〇	〇九	〇〇
一	一九	七〇	一九	八〇	一九	九〇	一九	九〇
二	二九	五一	二九	六一	二九	八一	二九	八一
三	三九	三二	三九	四二	三九	六二	三九	七二
四	四九	〇三	四九	二三	四九	五三	四九	六三
五	五九	八三	五九	〇四	五九	三四	五九	五四
六	六九	五四	六九	八四	六九	一五	六九	四五
七	七九	二五	七九	六五	八九	〇〇	八九	三〇
八	九九	〇〇	九九	四〇	九九	八〇	九九	二一
九	〇〇一	七〇	〇〇	二一	〇〇一	六一	〇〇	一二
〇一	一〇一	四一	一〇一	九一	一〇一	四二	一〇一	〇三
一一	二〇一	一二	二〇一	六二	二〇一	二三	二〇一	八三
二一	三〇一	七二	三〇一	三三	三〇一	〇四	三〇一	六四
三一	四〇一	四三	四〇一	一四	四〇一	八四	四〇一	五五
四一	五〇一	一四	五〇一	八四	五〇一	六五	六〇一	三〇
五一	六〇一	七四	六〇一	五五	〇〇一	二〇	七〇一	一一

鶉首未宮	黃道北緯度四 度	四 分	五 度	五 分	六 度	六 分	七 度	七 分
六一	七〇一	三五	八〇一	二〇	八〇一	一一	八〇一	九一
七一	八〇一	九五	九〇一	九〇	九〇一	八一	九〇一	七二
八一	〇一一	五〇	〇一一	五一	〇一一	五二	〇一一	四三
九一	一一一	二一	一一一	二二	一一一	二三	一一一	二四
〇二	二一一	八二	三一一	九二	二一一	五三	二一一	〇五
一二	三一一	四二	三一一	五三	三一一	六四	三一一	七五
二二	四一一	〇三	四一一	一四	四一一	二五	五一一	四〇
三二	五一一	五三	五一一	七四	五一一	八五	六一一	〇一
四二	六一一	一四	六一一	二五	七一一	四〇	七一一	七一
五二	七一一	六四	七一一	八五	八一一	〇一	八一一	三二
六二	八一一	二五	九一一	三〇	九一一	六一	九一一	九二
七二	九一一	五五	〇二一	八〇	〇二一	二二	〇二一	五三
八二	〇二一	九五	一二一	三一	一二一	七二	一二一	一四
九二	二二一	三〇	二二一	八一	二二一	二三	二二一	七四
〇三	三二一	七〇	三二一	二二	三二一	七三	三二一	二五

鶉首

黃道北緯度

未宮	八度	八分	九度	九分
〇	〇九	〇〇	〇九	〇〇
一	一九	〇一	一九	一一
二	二九	〇二	二九	二二
三	三九	九二	三九	二三
四	四九	九三	四九	二四
五	五九	九四	五九	二五
六	六九	八五	七九	二〇
七	八九	八〇	八九	二一
八	九九	七一	九九	一二
九	〇〇一	六二	〇〇一	一三
〇一	一〇一	五三	一〇一	〇四
一一	二〇一	四四	二〇一	〇五
二一	三〇一	三五	三〇一	九五
三一	五〇一	二〇	五〇一	九〇
四一	六〇一	一一	六〇一	八一
五一	七〇一	九一	七〇一	七二

鶉未宮	黃道北緯度 八 度	八 分	九 度	九 分
六一	八〇一	八二	八〇一	六三
七一	九〇一	六三	九〇一	五四
八一	〇一一	四四	〇一一	四五
九一	二一一	二五	二一一	二〇
〇二	三一一	〇〇	三一一	一一
一二	四一一	八〇	四一一	九一
二二	五一一	五一	五一一	七二
三二	六一一	二二	六一一	五三
四二	七一一	九二	七一一	二四
五二	八一一	六五	八一一	九四
六二	九一一	三四	九一一	六五
七二	〇二一	九四	一二一	三〇
八二	一二一	五五	二二一	〇一
九二	三二一	一〇	三二一	六一
〇三	四二一	七〇	四二一	二二

鶉首未宮　黃道南緯度

未宮	〇						三	
宮	度	分	度	分	度	分	度	分
〇	〇九	〇〇	〇九	〇〇	〇九	〇〇	〇九	〇〇
一	一九	五〇	一九	五〇	一九	五〇	一九	四〇
二	二九	一一	二九	〇一	二九	〇一	二九	八〇
三	三九	六一	三九	五一	三九	四一	二九	二一
四	四九	二二	四九	〇三	四九	九一	四九	六一
五	五九	七二	五九	五二	五九	三二	五九	〇二
六	六九	二三	六九	〇三	六九	七二	六九	四二
七	七九	八三	七九	五三	七九	一三	七九	八二
八	八九	三四	八九	九三	八九	五三	八九	二三
九	九九	八四	九九	三四	九九	九三	九九	五三
〇一	〇〇一	三五	〇〇一	八四	〇〇一	三四	〇〇一	九三
一一	一〇一	八五	一〇一	三五	一〇一	七四	一〇一	二四
二一	三〇一	三〇	二〇一	七五	二〇一	一五	二〇一	五四
三一	四〇一	八〇	四〇一	二〇	三〇一	五五	三〇一	九四
四一	五〇一	三一	五〇一	六〇	四〇一	九五	四〇一	二五
五一	六〇一	七一	六〇一	〇一	六〇一	三〇	五〇一	六五

鶉首	黃道南緯度							
未	○		一		二		三	
宮	度	分	度	分	度	分	度	分
六一	七○一	二二	七○一	四一	七○一	七○	六○一	九五
七一	八○一	六二	八○一	八一	八○一	一一	八○一	二○
八一	九○一	一三	九○一	二二	九○一	四一	九○一	五○
九一	○一一	五三	○一一	六二	○一一	七一	○一一	八○
○二	一一一	九三	一一一	○三	一一一	○二	一一一	一一
一二	二一一	三四	二一一	三二	二一一	三二	二一一	三一
二二	三一一	七四	三一一	七三	三一一	六二	三一一	六一
三二	四一一	一五	四一一	○四	四一一	九二	四一一	九一
四二	五一一	四五	五一一	三四	五一一	二三	五一一	一二
五二	六一一	七五	六一一	六四	六一一	五三	六一一	三二
六二	八一一	一○	七一一	九四	七一一	七三	七一一	五二
七二	九一一	四○	八一一	一五	八一一	九三	八一一	七二
八二	○二一	七○	九一一	四五	九一一	一四	九一一	九二
九二	一二一	九○	○二一	六五	○二一	三四	○二一	○三
○三	二二一	二一	一二一	八五	一二一	五四	一二一	一三

鶉首未宮	黃道南緯度四度		五度		六度		七度	
宮	度	分	度	分	度	分	度	分
○	〇九	〇〇	〇九	〇〇	〇九	〇〇	〇九	〇〇
一	一九	四〇	一九	三〇	一九	三〇	一九	二〇
二	二九	八〇	二九	六〇	二九	六〇	二九	四〇
三	三九	一一	三九	九〇	三九	八〇	三九	六〇
四	四九	五一	四九	二一	四九	一一	四九	八〇
五	五九	八一	五九	五一	五九	三一	五九	〇一
六	六九	一二	六九	八一	六九	五一	六九	二一
七	七九	五二	七九	一二	七九	八一	七九	四一
八	八九	八二	八九	四二	八九	〇二	八九	六一
九	九九	一三	九九	六二	九九	二二	九九	八一
〇一	〇〇一	四三	〇〇一	九二	〇〇一	五二	〇〇一	〇二
一一	一〇一	七三	一〇一	二三	一〇一	七二	一〇一	二二
二一	二〇一	〇四	二〇一	四三	二〇一	九二	二〇一	三二
三一	三〇一	三四	三〇一	七三	三〇一	一三	三〇一	五二
四一	四〇一	六四	四〇一	〇四	四〇一	三三	四〇一	七二
五一	五〇一	九四	五〇一	二四	五〇一	五三	五〇一	八二

鶉首未宮	黃道南緯四度	四分	五度	五分	六度	六分	七度	七分
宮	度	分	度	分	度	分	度	分
一六	一〇六	五二	一〇六	四五	一〇六	三七	一〇六	三〇
一七	一〇七	五五	一〇七	四七	一〇七	三九	一〇七	三二
一八	一〇八	五七	一〇八	四九	一〇八	四一	一〇八	三三
一九	一一〇	〇〇	一〇九	五一	一〇九	四三	一〇九	三四
二〇	一一一	〇二	一一〇	五三	一一〇	四四	一一〇	三五
二一	一一二	〇四	一一一	五四	一一一	四五	一一一	三六
二二	一一三	〇六	一一二	五六	一一二	四七	一一二	三七
二三	一一四	〇八	一一三	五八	一一三	四八	一一三	三八
二四	一一五	一〇	一一四	五九	一一四	四九	一一四	三八
二五	一一六	一二	一一六	〇一	一一五	五一	一一五	三九
二六	一一七	一四	一一七	〇二	一一六	五一	一一六	三九
二七	一一八	一五	一一八	〇三	一一七	五二	一一七	三九
二八	一一九	一六	一一九	〇四	一一八	五二	一一八	四〇
二九	一二〇	一七	一二〇	〇五	一一九	五三	一一九	四〇
三〇	一二一	一八	一二一	〇五	一二〇	五三	一二〇	四〇

鶉首黃道南緯度

未宮	八		九	
宮	度	分	度	分
〇	〇九	九〇	〇九	〇〇
一	一九	二〇	一九	一〇
二	二九	四〇	二九	三〇
三	三九	五〇	三九	五〇
四	四九	七〇	四九	六〇
五	五九	九〇	五九	七〇
六	六九	〇一	六九	八〇
七	七九	二一	七九	九〇
八	八九	三一	八九	〇一
九	九九	四一	九九	一一
〇一	〇〇一	六一	〇〇一	二一
一一	一〇一	七一	一〇一	二一
二一	二〇一	八二	二〇一	三一
三一	三〇一	〇二	三〇一	四一
四一	四〇一	一二	四〇一	四一
五一	五〇一	二二	五〇一	五一

鶉首未宮黃道南緯度

未宮	八度	分	九度	分
六一	六〇一	三二	六〇一	五一
七一	七〇一	四二	七〇一	五一
八一	八〇一	五二	八〇一	六一
九一	九〇一	六二	九〇一	六一
〇二	〇一一	七二	〇一一	六一
一二	一一一	七二	一一一	六一
二二	二一一	七二	二一一	七一
三二	三一一	八二	三一一	七一
四二	四一一	八二	四一一	七一
五二	五一一	八二	五一一	七一
六二	六一一	八二	六一一	七一
七二	七一一	八二	七一一	六一
八二	八一一	八二	八一一	六一
九二	九一一	八二	九一一	五一
〇三	〇二一	八二	〇二一	五一

鶉火午宮

黃道北緯度

宮	〇 度	〇 分	一 度	一 分	二 度	二 分	三 度	三 分
〇	二二一	二一	二二一	五二	二二一	九三	二二一	三五
一	三二一	四一	三二一	八二	三二一	二四	三二一	七五
二	四二一	六一	四二一	一三	四二一	五四	五二一	〇〇
三	五二一	八一	五二一	三三	五二一	八四	六二一	三〇
四	六二一	〇二	六二一	六三	六二一	一五	七二一	六〇
五	七二一	二二	七二一	八三	七二一	四五	八二一	九〇
六	八二一	四二	八二一	〇四	八二一	六五	九二一	二一
七	九二一	五二	九二一	二四	九二一	八五	〇三一	四一
八	〇三一	六二	〇三二	三四	一三一	〇〇	一三一	六一
九	一三一	七二	一三一	四四	二三一	一〇	二三一	八一
〇一	二三一	八二	二三一	五四	三三一	二〇	三三一	〇二
一一	三三一	八二	三三一	六四	四三一	三〇	四三一	一二
二一	四三一	九二	四三一	七四	五三一	四〇	五三一	二二
三一	五三一	九二	五三一	七四	六三一	五〇	六三一	三二
四一	六三一	九二	六三一	七四	七三一	六〇	七三一	四二
五一	七三一	九二	七三一	七四	八三一	六〇	八三一	四二

鶉火 黃道北緯度

午宮	○ 度	○ 分	一 度	一 分	二 度	二 分	三 度	三 分
一六	一三八	二九	一三八	四七	一三九	○六	一三九	二五
一七	一三九	二八	一三九	四七	一四○	○六	一四○	二五
一八	一四○	二八	一四○	四六	一四一	○六	一四一	二五
一九	一四一	二七	一四一	四六	一四二	○六	一四二	二五
二○	一四二	二六	一四二	四五	一四三	○五	一四三	二五
二一	一四三	二五	一四三	四四	一四四	○四	一四四	二四
二二	一四四	二三	一四四	四三	一四五	○三	一四五	二四
五三	一四五	二二	一四五	四二	一四六	○二	一四六	二三
二四	一四六	二○	一四六	四○	一四七	○一	一四七	二二
二五	一四七	一八	一四七	三九	一四八	○○	一四八	二一
二六	一四八	一六	一四八	三七	一四八	五八	一四九	一九
二七	一四九	一四	一四九	三五	一四九	五六	一五○	一七
二八	一五○	一一	一五○	三三	一五○	五四	一五一	一五
二九	一五一	○九	一五一	三○	一五一	五二	一五二	一三
三○	一五二	○六	一五二	二七	一五二	四九	一五三	一一

鶉火午宮	黃道北緯度							
	四		五		六		七	
宮	度	分	度	分	度	分	度	分
○	一二三	○七	一二三	二二	一二三	三七	一二三	五二
一	一二四	一一	一二四	二六	一二四	四七	一二四	五七
二	一二五	一五	一二五	三○	一二五	四六	一二六	○二
三	一二六	一八	一二六	三四	一二六	五○	一二七	○六
四	一二七	二二	一二七	三八	一二七	五四	一二八	一一
五	一二八	二五	一二八	四二	一二八	五八	一二九	一五
六	一二九	二八	一二九	四五	一三○	○二	一三○	一九
七	一三○	三一	一三○	四八	一三一	○五	一三一	二三
八	一三一	三三	一三一	五一	一三二	○八	一三二	二六
九	一三二	三五	一三二	五三	一三三	一一	一三三	二九
一○	一三三	三七	一三三	五五	一三四	一四	一三四	二二
一一	一三四	三九	一三四	五七	一三五	一六	一三五	三五
一二	一三五	四○	一三五	五九	一三六	一八	一三六	三七
一三	一三六	四一	一三七	○○	一三七	二○	一三七	三九
一四	一三七	四二	一三八	○一	一三八	二一	一三八	四一
一五	一三八	四三	一三九	○二	一三九	二二	一三九	四二

鶉火午宮	黃道北緯度四度	四分	五度	五分	六度	六分	七度	七分
一六	一三九	四四	一四〇	〇三	一四〇	二四	一四〇	四四
一七	一四〇	四五	一四一	〇四	一四一	二五	一四一	四五
一八	一四一	四五	一四二	〇五	一四二	二六	一四二	四六
一九	一四二	四五	一四三	〇六	一四三	二七	一四三	四七
二〇	一四三	四五	一四四	〇六	一四四	二七	一四四	四八
二一	一四四	四五	一四五	〇六	一四五	二七	一四五	四八
二二	一四五	四五	一四六	〇六	一四六	二七	一四六	四八
二三	一四六	四四	一四七	〇五	一四七	二七	一四七	四八
二四	一四七	四三	一四八	〇四	一四八	二六	一四八	四八
二五	一四八	四二	一四九	〇三	一四九	二五	一四九	四七
二六	一四九	四一	一五〇	〇二	一五〇	二四	一五〇	四六
二七	一五〇	三九	一五一	〇一	一五一	二三	一五一	四五
二八	一五一	三七	一五一	五九	一五二	二二	一五二	四四
二九	一五二	三五	一五二	五七	二五三	二〇	一五三	四三
三〇	一五三	三三	一五三	五五	一五四	一八	一五四	四一

鶉火午宮	黃道北緯八度	分	九度	分
〇	四二一	七〇	四二一	二二
一	五二一	二一	五二一	八二
二	六二一	七一	六二一	三三
三	七二一	二二	七二一	八三
四	八二一	七二	八二一	三四
五	九二一	二三	九二一	八四
六	〇三一	六三	〇三一	三五
七	一三一	〇四	一三一	八五
八	二三一	四四	三三一	二〇
九	三三一	七四	四三一	六〇
〇一	四三一	〇五	五三一	九〇
一一	五三一	三五	六三一	二一
二一	六三一	六五	七三一	五一
三一	七三一	八五	八三一	七一
四一	九三一	〇〇	九三一	〇二
五一	〇四一	二〇	〇四一	二二

鶉火黃道北緯度

鶉火午宮	八度	八分	九度	九分
一六	一四一	〇四	一四一	二四
一七	一四二	〇六	一四二	二六
一八	一四三	〇七	一四三	二七
一九	一四四	〇八	一四四	二八
二〇	一四五	〇九	一四五	二九
二一	一四六	〇九	一四六	三〇
二二	一四七	一〇	一四七	三一
二三	一四八	一〇	一四八	三一
二四	一四九	一〇	一四九	三一
二五	一五〇	一〇	一五〇	三一
二六	一五一	〇九	一五一	三一
二七	一五二	〇八	一五二	三〇
二八	一五三	〇七	一五三	二九
二九	一五四	〇六	一五四	二八
三〇	一五三	〇四	一五五	二七

鶉火午宮	黃道南緯○度		一度		二度		三度	
宮	度	分	度	分	度	分	度	分
○	一二二	一二	一二一	五八	一二一	四五	一二一	三一
一	一二三	一四	一二三	○○	一二二	四七	一二二	三三
二	一二四	一六	一二四	○二	一二三	四八	一二三	三四
三	一二五	一九	一二五	○三	一二四	四九	一二四	三五
四	一二五	二○	一二六	○五	一二五	五一	一二五	三六
五	一二六	二二	一二七	○七	一二六	五二	一二六	三六
六	一二八	二四	一二八	○八	一二七	五三	一二七	三七
七	一二九	二五	一二九	○九	一二八	五四	一二八	三七
八	一三○	二六	一二○	一○	一二九	五四	一二九	三七
九	一三一	二七	一三一	一○	一三○	五四	一三○	三七
一○	一三二	二八	一三二	一一	一三一	五四	一三一	三七
一一	一三三	二八	一三三	一一	一三二	五四	一三二	三七
一二	一三四	二九	一三四	一一	一三三	五四	一三三	三七
一三	一三五	二九	一三五	一一	一三四	五四	一三四	三六
一四	一三六	二九	一三六	一一	一三五	五三	一三五	三五
一五	一三七	二九	一三七	一○	一三六	五二	一三六	三四

鶉火午宮	黃道南緯度 〇		一		二		三	
宮	度	分	度	分	度	分	度	分
一六	一三八	一九	一三八	一〇	一三七	五一	一三七	三三
一七	一三九	二八	一三九	〇九	一三八	五〇	一三八	三二
一八	一四〇	二七	一四〇	〇八	一三九	四九	一三九	三〇
一九	一四一	二七	一四一	〇七	一四〇	四八	一四〇	二九
二〇	一四二	二六	一四二	〇六	一四一	四七	一四一	二七
二一	一四三	三四	一四三	〇四	一四二	四五	一四二	二五
二二	一四四	二三	一四四	〇三	一四三	四三	一四三	二三
二三	一四五	二二	一四五	〇一	一四四	四一	一四五	二一
二四	一四六	二〇	一四五	五九	一四五	三九	一四六	一九
二五	一四七	一八	一四六	五七	一四六	三七	一四七	一七
二六	一四八	一六	一四七	五五	一四七	三五	一四八	一四
二七	一四九	一四	一四八	五三	一四八	三二	一四九	一一
二八	一五〇	一一	一四九	五〇	一四九	二九	一四九	〇八
二九	一五一	〇九	一五〇	四七	一五〇	二六	一五〇	〇五
三〇	一五三	〇六	一五一	四四	一五一	二三	一五一	〇二

鶉火午宮	黃道南緯度 四度	四分	五度	五分	六度	六分	七度	七分
○	一二一	一八	一二一	○五	一二○	五三	一二○	四○
一	一二二	一九	一二二	○六	一二一	五三	一二一	四○
二	一二三	二○	一二三	○六	一二二	五三	一二二	四○
三	一二四	二一	一二四	○七	一二三	五三	一二三	三九
四	一二五	二二	一二五	○七	一二四	五三	一二四	三九
五	一二六	二二	一二六	○七	一二五	五二	一二五	三八
六	一二七	二二	一二七	○七	一二六	五二	一三六	三七
七	一二八	二二	一二八	○七	一二七	五一	一二七	三六
八	一二九	二一	一二九	○六	一二八	五○	一二八	三五
九	一三○	二一	一三○	○五	一二九	四九	一二九	三三
一○	一三一	二一	一三一	○四	一三○	四八	一三○	三二
一一	一三二	二○	一三二	○三	一三一	四七	一三一	三一
一二	一三三	一九	一三三	○二	一三二	四六	一三二	二九
一三	一三四	一八	一三四	○一	一三三	四五	一三三	二七
一四	一三五	一七	一三五	○○	一三四	四二	一三四	二五
一五	一三六	一六	一三五	五八	一三五	四一	一三五	二三

鶉火午宮　黃道南緯度

鶉火午宮	四度	分	五度	分	六度	分	七度	分
六一	七三一	五一	六三一	七五	六三一	九三	六三一	一二
七一	八三一	四一	七三一	五五	七三一	七三	七三一	九一
八一	九三一	三一	八三一	三五	八三一	五三	八三一	七一
九一	〇四一	〇一	九三一	一五	九三一	三三	九三一	五一
〇二	一四一	八〇	〇四一	九四	〇四一	一三	〇四一	二一
一二	二四一	六〇	一四一	七四	一四一	八二	一四一	九〇
二二	三四一	四〇	二四一	五四	二四一	五二	二四一	六〇
三二	四四一	二〇	三四一	二四	三四一	二二	三四一	三〇
四二	四四一	九五	四四一	九三	四四一	九一	三四一	九五
五二	五四一	六五	五四一	六三	五四一	六一	四四一	六五
六二	六四一	三五	六四一	三三	一四一	三六	五四一	三五
七二	七四一	〇五	七四一	九二	七四一	九〇	六四一	九四
八二	八四一	七四	八四一	六二	八四一	六〇	七四一	六四
九二	九四一	四四	九四一	三二	九四一	三〇	八四二	二四
〇三	〇五一	一四	〇五一	〇二	九四一	九五	九四一	八三

黃道南緯度

鶉火午宮	八度		九度	
	度	分	度	分
〇	〇二一	八二	〇一一	五一
一	一二一	八二	一二一	五一
二	二二一	七二	二二一	四一
三	三二一	六二	三二一	三一
四	四二一	五二	四二一	二一
五	五二一	四二	五二一	一一
六	六二一	三二	六二一	九〇
七	七二一	二二	七二一	七〇
八	八二一	〇二	八二一	三〇
九	九二一	八一	九二一	五〇
〇一	〇三一	七一	〇三一	一〇
一一	一三一	五一	〇三一	八五
二一	一三一	三一	一三一	六五
三一	三三一	一一	二三一	四五
四一	四三一	九〇	三三一	一五
五一	五三一	六〇	四三一	八四

鶉火	黃道南緯度			
午	八		九	
宮	度	分	度	分
一六	一三六	〇四	一三五	四五
一七	一三七	〇二	一三六	四二
一八	一三七	五九	一三七	三九
一九	一三八	五六	一三八	三六
二〇	一三九	五三	一三九	三三
二一	一四〇	五〇	一四〇	三〇
二二	一四一	四七	一四一	二七
二三	一四二	四四	一四二	二四
二四	一四三	四〇	一四三	二〇
二五	一四四	三七	一四四	一六
二六	一四五	三三	一四五	一二
二七	一四六	二九	一四六	〇八
二八	一四七	二五	一四七	〇四
二九	一四八	二一	一四八	〇〇
三〇	一四九	一七	一四八	五六

鶉尾巳宮	黃道北緯度 ○ 度	分	一 度	分	二 度	分	三 度	分
○	二五一	六○	二五一	七二	二五一	九四	三五一	一一
一	三五一	四○	三五一	五二	三五一	七四	四五一	九○
二	四五一	一○	四五一	二二	四五一	四四	五五一	六○
三	四五一	八五	五五一	九一	五五一	一四	六五一	三○
四	五五一	四五	六五一	六二	六五一	九三	七五一	一○
五	六五一	一五	七五一	三一	七五一	六三	七五一	八五
六	七五一	八四	八五一	○一	八五一	三三	八五一	五五
七	八五一	四四	九五一	七○	九五一	○三	九五一	二五
八	九五一	○四	○六一	四○	○六一	七二	○六一	九四
九	○六一	七三	一六一	○○	一六一	三二	一六一	六四
○一	一六一	三三	一六一	六五	二六一	九一	二六一	二四
一一	二六一	九二	二六一	二五	三六一	五一	三六一	八三
二一	三六一	五二	三六一	八四	四六一	一一	四六一	四三
三一	四六一	○二	四六一	四四	五六一	七○	五六一	○三
四一	五六一	六一	五六一	○四	六六一	三○	六六一	六二
五一	六六一	二一	六六一	五三	六六一	九五	七六一	二二

鶉尾

黃道北緯度

巳宮	○		一		二		三	
宮	度	分	度	分	度	分	度	分
一六	一六七	○七	一六七	三一	一六七	五五	一六八	一八
一七	一六八	○三	一六八	二七	一六八	五一	一六九	一四
一八	一六八	五八	一六九	二三	一六九	四六	一七○	○九
一九	一六九	三四	一七○	一八	一七○	四二	一七一	○五
二○	一七○	四九	一七一	一三	一七一	三七	一七二	○一
二一	一七一	四四	一七二	○八	一七二	三二	一七二	五六
二二	一七二	三九	一七三	○三	一七三	二七	一七三	五一
二三	一七三	三五	一七三	五八	一七四	二一	一七四	四六
二四	一七四	三○	一七四	五三	一七五	一七	一七五	四一
二五	一七五	二五	一七五	四八	一七六	一二	一七六	三六
二六	一七六	二○	一七六	四三	一七七	○七	一七七	三一
二七	一七七	一五	一七七	三八	一七八	○二	一七八	二六
二八	一七八	一○	一七八	三三	一七八	五七	一七九	二一
二九	一七九	○五	一七九	二八	一七九	五二	一八○	一六
三○	一八○	○○	一八○	二三	一八○	四七	一八一	四一

鶉尾黄道北緯度

巳宮	四度	四分	五度	五分	六度	六分	七度	七分
〇	三五一	三三	三五一	五五	四五一	八一	四五一	一四
一	四五一	一三	四五一	三五	五五一	六一	五五一	九三
二	五五一	九二	五五一	一五	六五一	四一	六五一	七三
三	六五一	六二	六五一	九四	七五一	二一	七五一	五三
四	七五一	四二	七五一	七四	八五一	〇一	八五一	三三
五	八五一	一二	八五一	四四	九五一	八〇	九五一	一三
六	九五一	八一	九五一	一四	〇六一	五〇	〇六一	八二
七	〇六一	五一	〇六一	八三	一六一	二〇	一六一	五二
八	一六一	二一	一六一	五三	一六一	九五	二六一	二二
九	二六一	九〇	二六一	二三	二六一	六五	三六一	九一
〇一	三六一	六〇	三六一	九二	三六一	三五	四六一	六一
一一	四六一	二〇	四六一	五二	四六一	九四	五六一	二一
二一	四六一	八五	五六一	一二	五六一	五四	六六一	九〇
三一	五六一	四五	六六一	八一	六六一	二四	七六一	六〇
四一	六六一	〇五	七六一	四一	七六一	八三	八六一	二〇
五一	七六一	六四	八六一	〇一	八六一	四三	八六一	八五

鶉尾黃道北緯度

巳宮	四 度	四 分	五 度	五 分	六 度	六 分	七 度	七 分
一六	一六八	四二	一六九	〇六	一六九	三〇	一六九	五四
一七	一六九	三八	一七〇	〇二	一七〇	二六	一七〇	五〇
一八	一七〇	三三	一七〇	五七	一七一	二一	一七一	四五
一九	一七一	二九	一七一	五三	一七二	一七	一七二	四一
二〇	一七二	二五	一七二	四九	一七三	一三	一七三	三七
二一	一七三	二〇	一七三	四四	一七四	〇八	一七四	三二
二二	一七四	一五	一七四	三九	一七五	〇三	一七五	二七
二三	一七五	一〇	一七五	三四	一七五	五八	一七六	二二
二四	一七六	〇五	一七六	二九	一七六	五三	一七七	一七
二五	一七七	〇〇	一七七	二四	一七七	四八	一七八	一二
二六	一七七	五六	一七八	一九	一七八	四三	一七九	〇七
二七	一七八	五〇	一七九	一四	一七九	三八	一八〇	〇二
二八	一七九	四五	一八〇	〇九	一八〇	三三	一八〇	五七
二九	一八〇	四〇	一八一	〇四	一八一	二八	一八一	五二
三〇	一八一	三五	一八一	五九	一八二	二三	一八二	四七

鶉尾黄道北緯度

巳宮	八度	八分	九度	九分
○	一五五	〇四	一五五	二七
一	一五六	〇三	一五六	二六
二	一五七	〇一	一五七	二五
三	一五七	五九	一五八	二三
四	一五八	五七	一五九	二一
五	一五九	五五	一六〇	一九
六	一六〇	五二	一六一	一六
七	一六一	四九	一六二	一三
八	一六二	四六	一六三	一〇
九	一六三	四三	一六四	〇七
一〇	一六四	四〇	一六五	〇四
一一	一六五	三七	一六六	〇一
一二	一六六	三三	一六六	五八
一三	一六七	三〇	一六七	五四
一四	一六八	二六	一六八	五〇
一五	一六九	二二	一六九	四六

鶴尾	黄道北緯度			
己	八		九	
宮	度	分	度	分
六一	〇七一	八一	〇七一	二四
七一	一七一	四一	一七一	八三
八一	二七一	九〇	二七一	四三
九一	三七一	五〇	三七一	〇三
〇二	四七一	一〇	四七一	五二
一二	四七一	六五	五七一	一二
二二	五七一	一五	六七一	六一
三二	六七一	六四	七七一	二一
四二	七七一	一四	八七一	七〇
五二	八七一	六三	九七一	二〇
六二	九七一	一三	九七一	七五
七二	〇八一	六二	〇八一	二五
八二	一八一	二二	一八一	七四
九二	二八一	七一	二八一	二四
〇三	三八一	二一	三八一	七三

鶉尾 巳宮

黄道南緯度

宮	○度	○分	一度	一分	二度	二分	三度	三分
○	二五一	六〇	一五一	四四	一五一	三二	一五一	二〇
一	三三一	四〇	二五一	一四	二五一	〇二	一五一	九五
二	四五一	一〇	三五一	八三	三五一	七一	二五一	五五
三	四五一	八五	四五一	五三	四五一	三一	三五一	一五
四	五五一	四五	五五一	二三	五五一	〇一	四五一	八四
五	六五一	一五	六五一	九二	六五一	七〇	五五一	四四
六	七五一	八四	七五一	五二	七五一	三〇	六五二	〇四
七	八五一	四四	八五一	二二	七五一	九五	七五一	六三
八	九五一	〇四	九五一	八一	八五一	五五	八五一	二三
九	〇六一	七三	〇六一	四一	九五一	一五	九五一	八二
〇一	一六一	三三	一六一	〇一	〇六一	七四	〇六一	四二
一一	二六一	九二	二六一	六〇	一六一	三四	一六一	〇二
二一	三六一	五二	三六一	二〇	二六一	九三	二六一	六一
三一	四六一	〇二	三六	八五	三六一	五三	三六一	二一
四一	五六一	六一	四六一	三五	四六一	〇三	四六一	七〇
五一	六六一	二一	五六一	八四	五六一	五二	五六一	二〇

鶉尾 黃道南緯度

巳宮	〇 度	〇 分	一 度	一 分	二 度	二 分	三 度	三 分
一六	一六七	〇七	一六六	四四	一六六	二一	一六五	五七
一七	一六八	〇三	一六七	四〇	一六七	一七	一六六	五二
一八	一六八	五八	一六八	三五	一六八	一二	一六七	四七
一九	一六九	五四	一六九	三一	一六九	〇七	一六八	四三
二〇	一七〇	四九	一七〇	二六	一七〇	〇二	一六九	三八
二一	一七一	四四	一七一	二一	一七〇	五七	一七〇	三三
二二	一七二	三九	一七二	一六	一七一	五二	一七一	二八
二三	一七三	三五	一七三	一一	一七二	四七	一七二	二三
二四	一七四	三〇	一七四	〇六	一七三	四二	一七三	一八
二五	一七五	二五	一七五	〇二	一七四	三八	一七四	一四
二六	一七六	二〇	一七五	五七	一七五	三三	一七五	〇九
二七	一七七	一五	一七六	五二	一七六	二八	一七六	〇四
二八	一七八	一〇	一七七	四七	一七七	二三	一七六	五九
二九	一一九	〇五	一七八	四一	一七八	一八	一七七	五四
三〇	一八〇	〇〇	一七九	三七	一七九	一三	一七八	四九

鶉尾巳宮	黃道南緯四度		五度		六度		七度	
	度	分	度	分	度	分	度	分
○	一五〇	四一	一五〇	二〇	一四九	五九	一四九	三八
一	一五一	三八	一五一	一六	一五〇	五五	一五〇	三四
二	一五二	三四	一五二	一二	一五一	五一	一五一	三〇
三	一五三	三〇	一五三	〇八	一五二	四七	一五二	二五
四	一五四	二六	一五四	〇四	一五三	四三	一五三	二一
五	一五五	二二	一五五	〇〇	一五四	三九	一五四	一七
六	一五六	一八	一五五	五六	一五五	三四	一五五	一二
七	一五七	一四	一五六	五二	一五六	三〇	一五六	〇八
八	一五八	一〇	一五七	四八	一五七	三六	一五七	〇三
九	一五九	〇六	一五八	四三	一五八	二一	一五七	五八
一〇	一六〇	〇二	一五九	三九	一五九	一七	一五八	五四
一一	一六〇	五八	一六〇	三五	一六〇	一二	一五九	四九
一二	一六一	五三	一六一	三〇	一六一	〇七	一六〇	四四
一三	一六二	四九	一六二	二五	一六二	〇二	一六一	三九
一四	一六三	四四	一六三	二〇	一六三	五七	一六二	三四
一五	一六四	三九	一六四	一五	一六三	五二	一六三	二九

鶉尾黃道南緯度

巳宮	四度	四分	五度	五分	六度	六分	七度	七分
一六	一六五	三四	一六五	一〇	一六四	四七	一六四	一四
一七	一六六	二九	一六六	〇五	一六五	四二	一六五	一九
一八	一六七	二四	一六七	〇〇	一六六	三七	一六六	一三
一九	一六八	一九	一六七	五五	一六七	三二	六七	〇八
二〇	一六九	一四	一六八	五〇	一六八	二七	一六八	〇三
二一	一七〇	〇九	一六九	四五	一六九	二二	一六八	五八
二二	一七一	〇四	一七〇	四〇	一七〇	一七	一七九	五三
二三	二七一	五九	一七一	三五	一七一	一二	一七〇	四八
二四	一七二	五四	一七二	三〇	一七二	〇七	一七一	四三
二五	一七三	五〇	一七三	二六	一七三	〇二	一七二	三八
二六	一七四	四五	一七四	二一	一七三	五七	一七三	三三
二七	一七五	四〇	一七五	一六	一七四	五二	一七四	二八
二八	一七六	三五	一七六	一一	一七五	四七	一七五	二三
二九	一七七	三〇	一七七	〇六	一七六	四二	一七六	一八
三〇	一七八	二五	二七八	〇一	一七七	三七	一七七	一三

鶉尾黄道南緯度

巳宮	八度	分	九度	分
○	一四九	一七	一四八	五六
一	一五○	一三	一四九	五二
二	一五一	○九	一五○	四八
三	一五二	○四	一五一	四三
四	一五三	○○	一五二	三八
五	一五三	五五	一五三	三三
六	一五四	五○	一五四	二八
七	一五五	四六	一五五	二三
八	一五六	四一	一五六	一八
九	一五七	三六	一五七	一三
一○	一五八	三一	一五八	○八
一一	一五九	二六	一五九	○三
一二	一六○	二一	一五九	五八
一三	一六一	一六	一六○	五五
一四	一六二	一一	一六一	四八
一五	一六三	○六	一六二	四三

鶉尾黃道南緯度

巳宮	八 度	八 分	九 度	九 分
一六	一六四	〇一	一六三	三八
一七	一六四	五六	一六四	三三
一八	一六五	五一	一六五	二八
一九	一六六	四六	一六六	二三
二〇	一六七	四一	一六七	一七
二一	一六八	三五	一六八	一二
二二	一六九	三〇	一六九	〇七
二三	一七〇	二五	一七〇	〇一
二四	一七一	二〇	一七〇	五六
二五	一七二	一五	一七一	五一
二六	一七三	一〇	一七二	四五
二七	一七四	〇四	一七三	四〇
二八	一七四	五九	一七四	三四
二九	一七五	五四	一七五	二九
三〇	一七六	四八	一七六	二四

壽星辰宮	黃道北緯度							
	○		一		二		三	
宮	度	分	度	分	度	分	度	分
○	一八〇	〇〇	一八〇	二三	一八〇	四七	一八一	一一
一	一八〇	五五	一八一	一八	一八一	四二	一八二	〇六
二	一八一	五〇	一八二	一三	一八二	三七	一八三	〇一
三	一八二	四五	一八三	〇八	一八三	三二	一八三	五六
四	一八三	四〇	一八四	〇三	一八四	二七	一八四	五一
五	一八四	三五	一八四	五八	一八五	二二	一八五	四六
六	一八五	三〇	一八五	五四	一八六	一八	一八六	四二
七	一八六	二五	一八六	四九	一八七	一三	一八七	二七
八	一八七	二一	一八七	四四	一八八	〇八	一八八	三二
九	一八八	一六	一八八	三九	一八九	〇三	一八九	二七
一〇	一八九	一一	一八九	三四	一八九	五八	一九〇	二二
一一	一九〇	〇六	一九〇	二九	一九〇	五二	一九一	一七
一二	一九一	〇二	一九一	一五	一九一	四八	一九二	一三
一三	一九一	五七	一九二	二〇	一九二	四三	一九二	〇八
一四	一九二	五三	一九三	一六	一九三	三九	一九四	〇三
一五	一九三	四八	一九四	一二	一九四	三五	一九四	五八

壽星辰 黄道北緯度

宮	○度	○分	一度	一分	二度	二分	三度	三分
一六	一九四	四四	一九五	〇七	一九五	三〇	一九五	五三
一七	〇九五	四〇	二九六	〇二	一九六	二五	一九六	四八
一八	一九六	三五	一九六	五八	一九七	二一	一九七	四四
一九	一九七	三一	一九七	五四	一九八	一七	一九八	四〇
二〇	一九八	二七	一九八	五〇	一九九	一三	一九九	三六
二一	二九九	二三	一九九	四六	二〇〇	〇九	二〇〇	三二
二二	二〇〇	二九	二〇〇	四二	二〇一	〇三	二〇一	二八
二三	二〇一	一六	二〇一	三八	二〇二	〇一	二〇二	二四
二四	二〇二	一二	二〇二	三五	二〇二	五七	二〇二	二〇
二五	二〇三	〇九	二〇三	三一	二〇三	五三	二〇四	一六
二六	二〇四	〇六	二〇四	二九	二〇四	五〇	二〇五	一二
二七	二〇五	〇二	二〇五	二五	二〇五	四七	二〇六	〇九
二八	二〇五	五九	二〇六	二二	二〇六	四三	二〇七	〇一
二九	二〇六	五七	二〇七	一九	二〇七	四〇	二〇八	〇五
三〇	二〇七	五四	二〇八	一六	二〇八	三七	二〇八	三八

壽星辰宮　黃道北緯度

辰宮	四度	四分	五度	五分	六度	六分	七度	七分
○	一八一	五五	一八一	五九	一八一	五九	一八二	四七
一	一八二	三○	一八二	五四	一八二	五四	一八三	四二
二	一八三	二五	一八三	四九	一八三	四九	一八四	三七
三	一八四	二○	一八四	四四	一八四	四四	一八五	三二
四	一八五	一五	一八五	三九	一八五	三九	一八六	二七
五	一八六	一○	一八六	三四	一八六	三四	一八七	二二
六	一八七	○六	一八七	三○	一八七	三○	一八八	一七
七	一八八	○一	一八八	二五	一八八	二五	一八九	一二
八	一八八	五六	一八九	二○	一八九	二○	一九○	○七
九	一八九	五一	一九○	一五	一九○	一五	一九一	○二
一○	一九○	四六	一九一	一○	一九一	一○	一九一	五七
一一	一九一	四一	一九二	○五	一九二	○五	一九二	五二
一二	一九二	三六	一九三	○○	一九三	○○	一九三	四七
一三	一九三	二一	一九三	五五	一九三	五五	一九四	四一
一四	一九四	二六	一九四	五○	一九四	五○	一九五	三六
一五	一九三	二一	一九五	四五	一九五	四五	一九六	三一

壽星辰宮 黃道北緯度

宮	四 度	四 分	五 度	五 分	六 度	六 分	七 度	七 分
一六	一九六	一六	一九六	四〇	一九七	〇三	一九七	二六
一七	一九七	一一	一九七	三五	一九七	五八	一九八	二一
一八	二九八	〇七	一九八	三〇	一九八	五三	一九九	一六
一九	一九九	〇二	一九九	二五	一九九	四八	二〇〇	一一
二〇	一九九	五八	二〇〇	二一	二〇〇	四三	二〇一	〇七
二一	二〇〇	五四	二〇一	一九	二〇二	三九	二〇二	〇二
二二	二〇一	五〇	二〇二	一二	二〇二	三四	二〇二	五七
二三	二〇二	四六	二〇三	〇八	二〇三	三〇	二〇三	五二
二四	二〇二	四二	二〇四	〇四	二〇四	二六	二〇四	四八
二五	二〇四	三八	二〇五	〇〇	二〇五	二一	二〇五	四三
二六	二〇五	三四	二〇五	五六	二〇六	一七	二〇六	三九
二七	二〇六	三〇	二〇六	五二	二〇七	一三	二〇七	三五
二八	二〇七	二六	二〇七	四八	二〇八	〇九	二〇八	三〇
二九	二〇八	二二	二〇八	四四	二〇九	〇五	二〇九	二六
三〇	二〇九	一九	二〇九	四〇	二一〇	〇一	二一〇	二二

壽星黄道北緯度

辰宮	八 度	八 分	九 度	九 分
○	三八一	二一	三八一	七三
一	四八一	六○	四八一	一三
二	五八一	一○	五八一	五二
三	五八一	六五	六八一	○二
四	六八一	○五	七八一	四一
五	七八一	五四	八八一	八○
六	八八一	○四	九八一	三○
七	九八一	五三	九八一	七五
八	○九一	○三	○九一	二五
九	一九一	五二	一九一	六四
○一	二九一	九一	二九一	一四
一一	三九一	四一	三九一	六三
二一	四九一	九○	四九一	一三
三一	五九一	四○	五九一	六二
四一	五九一	九五	六九一	一二
五一	六九一	四五	七九一	六一

躔黃道北緯度

辰宮	八度	八分	九度	九分
六一	七九一	九四	八九一	一一
七一	八九一	四四	九九一	六〇
八一	九九一	九三	〇〇二	一〇
九一	〇〇二	四三	〇〇二	六五
〇二	一〇二	九二	一〇二	一五
一二	二〇二	四二	二〇二	六四
二二	三〇二	九一	三〇二	一四
三二	四〇二	四一	四〇二	六三
四二	五〇二	〇一	五〇二	一三
五二	六〇二	五〇	六〇二	六二
六二	七〇二	〇〇	七〇二	二二
七二	七〇二	六五	八〇二	七一
八二	八〇二	一五	九〇二	二一
九二	九〇二	七四	〇一二	八〇
〇三	〇一二	三四	一一二	四〇

壽星辰宮	黃道南緯度〇		一		二		三	
宮	度	分	度	分	度	分	度	分
〇	一八〇	〇〇	一七九	三七	一七九	一三	一七八	四九
一	一八〇	五五	一八〇	三二	一八〇	〇八	一七九	四四
二	一八一	五〇	一八一	二七	一八一	〇三	一八〇	三九
三	一八二	四五	一八二	二二	一八一	五八	一八一	三四
四	一八三	四〇	一八三	一七	一八二	五三	一八二	二九
五	一八四	三五	一八四	一二	一八三	四八	一八三	二四
六	一八五	三〇	一八五	〇七	一八四	四三	一八四	一九
七	一八六	二五	一八六	〇二	一八五	三八	一八五	一四
八	一八七	一一	一八六	五七	一八六	二三	一八六	〇九
九	一八八	一六	一八七	五二	一八七	二八	一八七	〇四
一〇	一八九	一一	一八八	四七	一八八	二三	一八七	五九
一一	一九〇	〇六	一八九	四二	一八九	一八	一八八	五五
一二	一九一	〇二	一九〇	三八	一九〇	一四	一八九	五一
一三	一九一	五七	一九一	三三	一九一	〇九	一九〇	四六
一四	一九二	五二	一九二	二九	一九二	〇五	一九一	四二
一五	一九三	四八	一九三	三五	一九三	〇一	一九二	三八

壽星辰宮 黃道南緯度

宮	○ 度	○ 分	一 度	一 分	二 度	二 分	三 度	三 分
一六	一九四	四四	一九四	二〇	一九三	五七	一九三	三四
一七	一九五	四〇	一九五	一六	一九四	五三	一九四	三〇
一八	一九六	三五	一九六	一二	一九五	四九	一九五	二六
一九	一九七	三一	一九七	〇八	一九六	四五	一九六	二二
二〇	一九八	二七	一九八	〇四	一九七	四一	一九七	一八
二一	一九九	二三	一九九	〇〇	一九八	三七	一九八	一四
二二	二〇〇	二〇	一九九	五六	一九九	三三	一九九	一一
二三	二〇一	一六	二〇〇	五三	二〇〇	三〇	二〇〇	〇八
二四	二〇二	一二	二〇一	五〇	二〇一	二七	二〇一	〇五
二五	二〇三	〇九	二〇二	四七	二〇二	二四	二〇二	〇二
二六	二〇四	〇六	二〇三	四四	二〇三	二一	二〇二	五九
二七	二〇五	〇二	二〇四	四一	二〇四	一九	二〇三	五七
二八	二〇五	五九	二〇五	三八	二〇五	一六	二〇四	五四
二九	二〇六	五七	二〇六	三五	二〇六	一三	二〇五	五一
三〇	二〇七	五四	二〇七	三三	二〇七	一一	二〇六	四九

壽星辰宮黃道南緯度

宮	四度	四分	五度	五分	六度	六分	七度	七分
○	一七八	二五	一七八	○一	一七七	三七	一七七	一三
一	一七九	二○	一七八	五六	一七八	三二	一七八	○八
二	一八○	一五	一七九	五一	一七九	二七	一七九	○三
三	一八一	一○	一八○	四六	一八○	二二	一七九	五八
四	一八二	○五	一八一	四一	一八一	一七	一八○	五三
五	一八三	○○	一八二	三六	一八二	一二	一八一	四八
六	一八三	五五	一八三	三一	一八三	○七	一八二	四三
七	一八四	五○	一八四	二六	一八四	○二	一八三	三八
八	一八五	四五	一八五	二一	一八四	五七	一八四	三三
九	一八六	四○	一八六	一六	一八五	五二	一八五	二八
一○	一八七	三五	一八七	一一	一八六	四七	一八六	二三
一一	一八八	三一	一八八	○七	一八七	四三	一八七	一八
一二	一八九	二七	一八九	○三	一八八	三九	一八八	一四
一三	一九○	二二	一八九	五八	一八九	三四	一八九	一○
一四	一九一	一八	一九○	五四	一九○	三○	一九○	○六
一五	一九二	一四	一九一	五○	一九一	二六	九一	○二

壽星辰宮黃道南緯度

宮	四 度	四 分	五 度	五 分	六 度	六 分	七 度	七 分
六一	三九一	〇一	二九一	六四	二九一	二二	一九一	八五
七一	四九一	六〇	三九一	二四	三九一	八一	二九一	四五
八一	五九一	二〇	四九一	九三	四九一	五一	三九一	二五
九一	五九一	八五	五九一	五三	五九一	一一	四九一	七四
〇二	六九一	四五	六九一	一三	六九一	七〇	五九一	四四
一二	七九一	一五	七九一	八二	七九一	四〇	六九一	一四
二二	八九一	八四	八九一	五二	八九一	一〇	七九一	八二
三二	九九一	五四	九九一	二二	八九一	八五	八九一	五三
四二	〇〇二	二四	〇〇二	九一	九九一	五五	九九一	二三
五二	一〇二	九三	一〇二	六二	〇〇二	二五	〇〇二	九二
六二	二〇二	六三	二〇二	三一	一〇二	〇五	一〇二	七二
七二	三〇二	四三	三〇二	一一	二〇二	八四	二〇二	五二
八二	四〇二	一三	四〇二	九〇	三〇二	六四	三〇二	二二
九二	五〇二	九二	五〇二	七〇	四〇二	四四	四〇二	一二
〇三	六〇二	七二	六〇二	五〇	五〇二	二四	五〇二	九一

躔黃道南緯度

辰宮	八 度	八 分	九 度	九 分
〇	六七一	八四	六七一	四二
一	七七一	三四	七七一	九一
二	八七一	八三	八七一	四一
三	九七一	四三	九七一	九〇
四	〇八一	九二	〇八一	五〇
五	一八一	四二	一八一	〇〇
六	二八一	九一	一八一	五五
七	三八一	四一	二八一	〇五
八	四八一	九〇	三八一	五四
九	五八一	四〇	四八一	一四
〇一	五八一	九五	五八一	六三
一一	六八一	五五	六八一	二三
二一	七八一	一五	七八一	七二
三一	八八一	六四	八八一	三二
四一	九八一	二四	九八一	八一
五一	〇九一	八三	〇九一	四一

黄道南緯度

壽星辰宮	八度	八分	九度	九分
六一	一九一	四三	一九一	〇一
七一	二九一	〇三	二九一	六〇
八一	三九一	七二	三九一	二〇
九一	四九一	三二	三九一	九五
〇二	五九一	〇二	四九一	五五
一二	六九一	七一	五九一	二五
二二	七九一	四一	六九一	九四
三二	八九一	一一	七九一	六四
四二	九九一	八〇	八九一	四四
五二	〇〇二	五〇	九九一	一四
六二	一〇二	三〇	〇〇二	九三
七二	二〇二	一〇	一〇二	七三
八二	二〇二	九五	二〇二	五三
九二	三〇二	七五	三〇二	四三
〇三	四〇二	六五	四〇二	三三

大火卯宮

黄道北緯度

宮	○ 度	○ 分	一 度	一 分	二 度	二 分	三 度	三 分
○	二○七	五四	二○八	一六	二○八	三七	二○八	五八
一	二○八	五一	二○九	一三	二○九	三四	二○九	五五
二	二○九	四九	二一○	一○	二一○	三一	二一○	五二
三	二一○	四六	二一一	○七	二一一	二八	二一一	四九
四	二一一	四四	二一二	○五	二一二	二五	二一二	四六
五	二一一	四二	二一三	○三	二一三	二三	二一三	四三
六	二一三	四○	二一四	○一	二一四	二一	二一四	四一
七	二一四	三八	二一四	五九	二一五	一九	二一五	三九
八	二一五	三七	二一五	五七	二一六	一七	二一六	三七
九	二一六	三六	二一六	五六	二一七	一五	二一七	三五
一○	二一七	三四	二一七	五四	二一八	一三	二一八	三三
一一	二一八	三三	二一八	五三	二一九	一二	二一九	三一
一二	二一九	三三	二一九	五二	二二○	一一	二二○	三○
一三	二二○	三二	二二○	五一	二二一	一○	二二一	二八
一四	二二一	三一	二二一	五○	二二二	○九	二二二	二七
一五	二二二	三一	二二二	五○	二二三	○八	二二三	二六

大火卯宮

黃道北緯度

宮	○ 度	○ 分	一 度	一 分	二 度	二 分	三 度	三 分
六一	三二二	一三	三二二	九四	四二二	七〇	四二二	五二
七一	四二二	一三	四二二	九四	五二二	六〇	五二二	四二
八一	五二二	一二	五二二	九四	六二二	六〇	六二二	三二
九一	六二二	二三	六二二	九四	七二二	六〇	七二二	三二
〇二	七二二	二三	七二二	九四	八二二	六〇	八二二	三二
一二	八二二	三三	八二二	〇五	九二二	六〇	九二二	三二
二二	九二二	四三	九二二	〇五	〇三二	六〇	〇三二	三二
三二	〇三二	五三	〇二二	一五	一三二	六〇	一三二	三二
四二	一三二	六三	一三二	二五	二三二	七〇	二三二	三二
五二	二三二	八三	二三二	三五	三三二	八〇	三三二	四二
六二	三三二	〇四	三三二	五五	四三二	九〇	四三二	四二
七二	四三二	一四	四三二	七五	五三二	一一	五三二	五二
八二	五三二	三四	五三二	八五	六三二	二一	六三二	六二
九二	六三二	六四	七三二	〇〇	七三二	四一	七三二	七二
〇三	七三二	八四	八三二	二〇	八三二	五一	八三二	九二

大火卯宮 黃道北緯度

卯宮	四 度	四 分	五 度	五 分	六 度	六 分	七 度	七 分
〇	九〇二	九一	九〇二	〇四	〇一二	一〇	〇一二	二二
一	〇一二	六一	〇一二	七三	〇一二	七五	一一二	八一
二	一一二	三一	一一二	四三	一一二	四五	二一二	四一
三	二一二	〇一	二一二	一三	二一二	一五	三一二	一一
四	三一二	七〇	三一二	七二	三一二	七四	四一二	七〇
五	四一二	四〇	四一二	四二	四一二	四四	五一二	四〇
六	五一二	一〇	五一二	一二	五一二	一四	六一二	一〇
七	五一二	八五	六一二	八一	六一二	八三	六一二	七五
八	六一二	六五	七一二	五一	七一二	五三	七一二	四五
九	七一二	四五	八一二	三一	八一二	二三	八一二	一五
〇一	八一二	二五	九一二	一一	九一二	九二	九一二	八四
一一	九一二	〇五	〇二二	九〇	〇二二	七二	〇二二	五四
二一	〇二二	八四	一二二	七〇	一二二	五二	一二二	三四
三一	一二二	六四	二二二	五〇	二二二	三二	二二二	一四
四一	二二二	五四	三二二	三〇	三二二	一二	三二二	九三
五一	三二二	四四	四二二	二〇	四三二	九一	四二二	七三

大火 黃道北緯度

卯宮	四		五		六		七	
宮	度	分	度	分	度	分	度	分
六一	四二二	三四	五二二	〇〇	五二二	七一	五二二	五三
七一	五二二	二四	五二二	九五	六二二	五一	六二二	三二
八一	六二二	一四	六二二	八五	七二二	四一	七二二	一三
九一	七二二	〇四	七二二	七五	八二二	三一	八二二	九二
〇二	八二二	九三	八二二	六五	九二二	二一	九二二	八二
一二	九二二	九三	九二二	五五	〇三二	一一	〇三二	七二
二二	〇三二	八三	〇三二	四五	一三二	〇一	一三二	五二
三二	一三二	八三	一三二	三五	二三二	九〇	二三二	四二
四二	二三二	八三	二三二	三五	三三二	八〇	三三二	三二
五二	三三二	八三	三三二	三五	四三二	八〇	四三二	二二
六一	四三二	八三	四三二	三五	五三二	七〇	五三二	一二
七二	五三二	九三	五三二	三五	六三二	七〇	六三二	一二
八二	六三二	〇四	六三二	四五	七三二	七〇	七三二	〇二
九二	七三二	一四	七三二	四五	八三二	七〇	八三二	〇二
〇三	八三二	二四	八三二	五五	九三二	七〇	九三二	〇二

黄道北緯度

大火

卯宮	八 度	八 分	九 度	九 分
○	二一○	四三	二一一	○四
一	二一一	三九	二一一	五九
二	二一二	三五	二一二	五五
三	二一三	三一	二一三	五一
四	二一四	二七	二一四	四七
五	二一五	二三	二一五	四三
六	二一六	二○	二一六	三九
七	二一七	一六	二一七	三五
八	二一八	一三	二一八	三二
九	二一九	一○	二一九	二九
一○	二二○	○七	二一○	二六
一一	二二一	○四	二二一	二三
一二	二二二	○一	二二二	二○
一三	二二二	五八	二二三	一七
一四	二二三	五六	二二四	一四
一五	二二四	五四	二二五	一一

大火黃道北緯度

卯宮	八 度	八 分	九 度	九 分
六一	五一一	一五	六二二	八〇
七一	六二二	九四	七二二	五〇
八一	七二二	七四	八二二	三〇
九一	八二二	五四	九二二	一〇
〇二	九二二	三四	九二二	九五
一二	〇三二	一四	〇三二	七五
二二	一三二	〇四	一三二	五五
三二	二三二	八三	二三二	三五
四二	三三二	七三	三三二	一五
五二	四三二	六三	四三二	〇五
六二	五三二	五三	五三二	九四
七二	六三二	四三	六三二	七四
八二	七三二	三三	七三二	六四
九二	八三二	二三	八三二	五四
〇三	九三二	二三	九三二	四四

大火

黃道南緯度

卯宮	○		一		二		五	
宮	度	分	度	分	度	分	度	分
○	七○二	四五	七○二	三三	七○二	一一	六○二	九四
一	八○二	一五	八○二	○三	八○二	八○	七○二	七四
二	九○二	九四	九○二	七二	九○二	六○	八○二	五四
三	○一二	六六	○一二	五二	○一二	四○	九○二	三四
四	一一二	四四	一一二	三二	一一二	二○	○一二	一四
五	二一二	二四	二一二	一二	二一二	○○	一一二	九三
六	三一二	○四	三一二	○二	二一二	九五	二一二	八三
七	四一二	八三	四一二	八一	三一二	八五	三一二	七三
八	五一二	七三	五一二	七一	四一二	七五	四一二	六四
九	六一二	六三	六一二	六一	五一二	六五	五一二	六三
○一	七一二	四三	七一二	五一	六一二	五五	六一二	五三
一一	八一二	三三	八一二	四一	七一二	四五	七一二	五三
二一	九一二	三三	九一二	四一	八一二	四五	八一二	五三
三一	○二二	二三	○二二	三一	九一二	四五	九一二	五三
四一	一二二	一三	一二二	三一	○二二	四五	○二二	五三
五一	二二二	一三	二二二	三一	一二二	四五	一二二	五三

大火卯宮 黃道南緯度

宮	○ 度	○ 分	一 度	一 分	二 度	二 分	三 度	三 分
六一	三二二	一三	三二二	三一	三二二	四五	二二二	六三
七一	四二二	一三	四二二	三一	三二二	五五	三二二	七三
八一	五二二	一三	五二二	四一	四二二	六五	四二二	八三
九一	六二二	二三	六二二	四一	五二二	七五	五二二	九三
○二	七二二	二三	七二二	五一	六二二	八五	六二二	○四
一二	八二二	二三	八二二	六一	七二二	九五	七二二	二四
二二	九二二	四三	九二二	七一	九二二	○○	八二二	四四
三二	○三二	五三	○三二	八一	○三二	二○	九二二	六四
四二	一三二	六三	一三二	○二	一三二	四○	○三二	八四
五二	二三二	八三	二三二	二二	二三二	六○	一三二	一五
六二	三三二	○四	三二二	四二	三三二	九○	二三二	四五
七二	四三二	一四	四二二	七二	四三二	二一	三三二	七五
八二	五三二	三四	五二二	九二	五三二	五一	五三二	○○
九二	六三二	六四	六二二	二三	六三二	八一	八三二	三○
○三	七三二	八四	七二二	五三	七三二	一二	七三二	七○

黃道南緯度

大火卯宮	四度	四分	五度	五分	六度	六分	七度	七分
○	二〇六	二七	二〇六	〇五	二〇五	四二	二〇五	一九
一	二〇七	二五	二〇七	〇三	二〇六	四〇	二〇六	一七
二	二〇八	二三	二〇八	〇一	二〇七	三八	二〇七	一六
三	二〇九	二一	二〇八	五九	二〇八	三七	二〇八	一五
四	二一〇	一九	二〇九	五八	二〇九	三六	二〇九	一四
五	二一一	一八	二一〇	五七	二一〇	三五	二一〇	一三
六	二一二	一七	二一一	五六	二一一	三四	二一一	一二
七	二一三	一六	二一二	五五	二一二	三三	二一二	一二
八	二一四	一五	二一三	五四	二一三	三三	二一三	一一
九	二一五	一五	二一四	五四	二一四	三三	二一四	一二
一〇	二一六	一五	二一五	五四	二一五	三二	二一五	一二
一一	二一七	一五	二一六	五四	二一六	三三	二一六	一三
一二	二一八	一五	二一七	五五	二一七	三四	二一七	一四
一三	二一九	一五	二一八	五六	二一八	三五	三一八	一五
一四	二二〇	一六	二一七	五七	二一九	三六	二一九	一六
一五	二二一	一七	二二〇	五八	二二〇	三八	二二〇	一八

大火卯宮	黃道南緯度							
	四		五		六		七	
宮	度	分	度	分	度	分	度	分
六一	二二二	八一	一二二	九五	一二一	九三	一二二	九一
七一	三二二	九一	三二二	〇〇	二二二	〇四	二二二	一二
八一	四二二	〇二	四二二	一〇	三二二	二四	三二二	三二
九一	五二二	一二	五二二	三〇	四二二	四四	四二二	五二
〇二	六二二	三二	六二二	五〇	五二二	六四	五二二	八二
一二	七二二	五二	七二二	七〇	六二二	九四	六二二	一三
二二	八二二	七二	八二二	九〇	七二二	一五	七二二	四三
三二	九二二	九二	九二二	二一	八二二	五五	八二二	七三
四二	〇三二	二三	〇三二	五一	九二二	八五	九二二	一四
五二	一三二	五三	一三二	八一	一三二	二〇	〇三二	五四
六二	二三二	八三	二三二	二二	二三二	六〇	一三二	九四
七二	三三二	二四	三三二	六二	三三二	〇一	二三二	四五
八二	四三二	五四	四三二	〇三	四三二	四一	三三二	八五
九二	五三二	九四	五三二	四三	五三二	八一	五三二	三〇
〇三	六三二	三五	六三二	八三	六三二	三二	六三二	八〇

黃道南緯度

大火

卯宮	八 度	八 分	九 度	九 分
○	四〇二	六五	四〇二	三三
一	五〇二	四五	五〇二	一三
二	六〇二	三五	六〇二	〇三
三	七〇二	二五	七〇二	九二
四	八〇二	一五	八〇二	八二
五	九〇二	〇五	九〇二	八二
六	〇一二	〇五	〇一二	八二
七	一一二	〇五	一一二	八二
八	二一二	〇五	二一二	八二
九	三一二	一五	三一二	九二
〇一	四一二	一五	四一二	〇三
一一	五一二	二五	五一二	一三
二一	六一二	三五	六一二	二三
三一	七一二	四五	七一二	四三
四一	八一二	六五	八一二	六三
五一	九一二	八五	九一二	八一

大火

黃道南緯度

卯宮	八 度	八 分	九 度	九 分
一六	二二一	〇〇	二二〇	四〇
一七	二二二	〇二	二二一	四三
一八	二二三	〇四	二二二	四六
一九	二二四	〇七	二二三	四九
二〇	二二五	一〇	二二四	五二
二一	二二六	一三	二二五	五五
二二	二二七	二〇	二二六	五九
二三	二二八	二〇	二二八	〇三
二四	二二九	二四	二二九	〇七
二五	二三〇	二八	二三〇	一二
二六	二三一	三三	二三一	一七
二七	二三二	三八	二三二	二二
二八	二三三	四三	二三三	二七
二九	二三四	四八	二三四	三二
三〇	二三五	五五	二三五	三八

析木寅宮　黃道北緯

宮	○ 度	○ 分	一 度	一 分	二 度	二 分	三 度	三 分
○	二三七	四八	二三八	○二	二三八	一五	二三八	二九
一	二三八	五一	二三九	○四	二三九	一七	二三九	三○
二	二三九	五三	二四○	○六	二四○	一九	二四○	三一
三	二四○	五六	二四一	○九	二四一	二一	二四二	三三
四	二四一	五九	二四二	一一	二四二	二三	二四二	三五
五	二四三	○三	二四三	一四	二四三	二五	二四三	三七
六	二四四	○六	二四四	一七	二四四	二八	二四四	三九
七	二四五	○九	二四五	二○	二四五	三一	二四五	四一
八	二四六	一三	二四六	二三	二四六	三四	二四六	四四
九	二四七	一七	二四七	二七	二四七	三七	二四七	四七
一○	二四八	一一	二四八	三○	二四八	四○	二四八	四九
一一	二四九	二五	二四九	三四	二四九	四三	二四九	五二
一二	二五○	三○	二五○	三八	二五○	四六	二五○	五五
一三	二五一	三四	二五一	四二	二五一	四九	二五一	五八
一四	二五二	三八	二五二	四六	二五二	五三	二五三	○一
一五	二五三	四三	二五三	五○	二五三	五七	二五四	○四

析木寅宮 黃道北緯度

宮	〇 度	〇 分	一 度	一 分	二 度	二 分	三 度	三 分
一六	二五四	四七	二五四	五四	二五五	〇一	二五五	〇七
一七	二五五	五二	二五五	五八	二五六	〇五	二五六	一一
一八	二五六	五七	二五七	〇三	二五七	〇九	二五七	一五
一九	二五八	〇二	二五八	〇七	二五八	一三	二五八	一八
二〇	二五九	〇七	二五九	一二	二五九	一七	二五九	二一
二一	二六〇	一二	二六〇	一七	二六〇	二一	二六〇	二五
二二	二六一	一七	二六一	二一	二六一	二五	一六一	二八
二三	二六二	二二	二六二	二五	二六二	二九	二六二	三一
二四	二六三	二八	二六三	三〇	二六三	三三	二六三	三六
二五	二六四	三三	二六四	三五	二六四	三七	二六四	四〇
二六	二六五	三八	二六五	四〇	二六五	四一	二六五	四四
二七	二六六	四四	二六六	四五	二六六	四六	二六六	四八
二八	二六七	四九	二六七	五〇	二六七	五〇	二六七	五二
二九	二六八	五五	二六八	五五	二六八	五五	二六八	五六
三〇	二七〇	〇〇	二七〇	〇〇	二七〇	〇〇	二七〇	〇〇

析木寅宮	黄道北緯四度 度	分	五度 度	分	六度 度	分	七度 度	分
○	二三八	四二	二三八	五五	二三九	〇七	二三九	二〇
一	二三九	四三	二三九	五五	二四〇	〇七	二四〇	二〇
二	二四〇	四四	二四〇	五六	二四一	〇八	二四一	二〇
三	二四一	四五	二四一	五七	二四二	〇九	二四二	二一
四	二四二	四六	二四二	五八	二四三	〇九	二四三	二一
五	二四三	四八	二四三	五九	二四四	一〇	二四四	二一
六	二四四	五〇	二四五	〇一	二四五	一一	二四五	二二
七	二四五	五二	二四六	〇二	二四六	一二	二四六	二二
八	二四六	五四	二四七	〇四	二四七	一三	二四七	二二
九	二四七	五六	二四八	〇六	二四八	一五	二四八	二四
一〇	二四八	五八	二四九	〇七	二四九	一六	二四九	二五
一一	二五〇	〇〇	二五〇	〇九	二五〇	一七	二五〇	二六
一二	二五一	〇三	二五一	一一	二五一	一九	二五一	二七
一三	二五二	〇五	二五二	一三	二五二	二一	二五二	二八
一四	二五三	〇八	二五三	一五	二五三	二三	二五三	三〇
一五	二五四	一一	二五四	一八	二五四	二五	一五四	三二

析木黃道北緯度

寅宮	四度 度	四度 分	五度 度	五度 分	六度 度	六度 分	七度 度	七度 分
六一	五五二	四一	五五二	○二	五五二	七二	五五二	三三
七一	六五二	七一	六五二	二二	六五二	九二	六五二	五三
八一	七五二	○二	七五二	五二	七五二	一三	七五二	七三
九一	八五二	三二	八五二	八二	八五二	三三	八五二	八三
○二	九五二	六二	九五二	一三	九五二	五三	九五二	○四
一二	○六二	九二	○六二	四三	○六二	八三	○六二	二四
二二	一六二	二三	一六二	六三	一六二	○四	一六二	四四
三二	二六二	五三	二六二	九三	二六二	二四	二六二	六四
四二	三六二	九三	三六二	二四	三六二	五四	三六二	八四
五二	四六二	二四	四六二	五四	四六二	七四	四六二	○五
六二	五六二	五四	五六二	八四	五六二	九四	五六二	二五
七二	六六二	九四	六六二	一五	六六二	二五	六六二	四五
八二	七六二	二五	七六二	四五	七六二	四五	七六二	六五
九二	八六二	六五	八六二	七五	八六二	七五	八六二	八五
○三	○七二	○○	○七二	○○	○七二	○○	○七二	○○

析木寅宮	黃道北緯八度	分	九度	分
○	二三九	三二	二三九	四四
一	二四○	三二	二四○	四四
二	二四一	三二	二四一	四三
三	二四三	三二	二四二	四三
四	二四三	三二	二四三	四三
五	二四四	三二	二四四	四三
六	二四五	三二	二四五	四三
七	二四六	三二	二四六	四三
八	二四七	三二	二四七	四三
九	二四八	三三	二四八	四三
一○	二四九	三三	二四九	四三
一一	二五○	三四	二五○	四四
一二	二五一	三五	二五一	四四
一三	二五二	三六	二五二	四四
一四	二五三	三七	二五三	四五
一五	二五四	三八	二五四	四五

析黃道北緯度

寅宮	八 度	八 分	九 度	九 分
六一	五五二	九三	五五二	六四
七一	六五二	〇四	六五二	七四
八一	七五二	二四	七五二	八四
九一	八五二	三四	八五二	九四
〇二	九五二	四四	九五二	〇五
一二	〇六二	六四	〇六二	一五
二二	一六二	七四	一六二	二五
三二	二六二	八四	二六二	三五
四二	三六二	〇五	三六二	四五
五二	四六二	一五	四六二	五五
六二	五六二	三五	五六二	六五
七二	六六二	五五	六六二	七五
八二	七六二	六五	七六二	八五
九二	八六二	八五	八六二	九五
〇二	〇七二	〇〇	〇七二	〇〇

析木寅宮	黃道南緯○度	分	一度	分	二度	分	三度	分
○	二三七	四八	二三七	三五	二三七	二一	二三七	○七
一	二三八	五一	二三八	三八	二三八	二四	二三八	一○
二	二三九	五三	二三九	四一	二三九	二八	二三九	一四
三	二四○	五六	二四○	四四	二四○	三一	二四○	一八
四	二四一	五九	二四一	四七	二四一	三五	二四一	二二
五	二四三	○三	二四二	五一	二四二	三九	二四二	二七
六	二四四	○六	二四三	五五	二四三	四三	二四三	三二
七	二四五	○九	二四四	五九	二四四	四七	二四四	三七
八	二四六	一三	二四六	○三	二四五	五二	二四五	四二
九	二四七	一七	二四七	○七	二四六	五七	二四六	四七
一○	二四八	二一	二四八	一一	二四八	○二	二四七	五二
一一	二四九	二五	二四九	一六	二四九	○七	二四八	五七
一二	二五○	二九	五五○	二一	二五○	一二	二五○	○三
一三	二五一	三四	二五一	二六	二五一	一七	二五一	○九
一四	二五二	三八	二五二	三一	二五二	二二	二五二	一五
一五	二五三	四三	二五三	三六	二五三	二八	三五三	二一

析木

黄道南緯度

寅宮	〇 度	〇 分	一 度	一 分	二 度	二 分	三 度	三 分
一六	二五四	四七	二五四	四一	二五四	三三	二五四	二七
一七	二五五	五二	二五五	四六	二五五	三九	二五五	三三
一八	二五六	五七	二五六	五一	二五六	四五	二五六	三九
一九	二五八	〇二	二五七	五六	二三七	五一	二五七	四五
二〇	二五九	〇七	二五九	〇二	二五八	五七	二五八	五二
二一	二六〇	一二	二六〇	〇八	二六〇	〇三	二五九	五九
二二	二六一	一七	二六一	一三	二六一	〇九	二六一	〇五
二三	二六二	二二	二六二	一八	二六二	一五	二六二	一一
二四	二六三	二八	二六三	二四	二六三	二一	二六三	一八
二五	二六四	五三	二六四	三〇	二六四	二七	二六四	二五
二六	二六五	五八	二六五	三六	二六五	三三	二六五	三二
二七	二六六	四四	二六六	四二	二六七	四〇	二六六	三九
二八	二六七	四九	二六七	四八	二六七	四六	二六七	四六
二九	二六八	五五	二六八	五四	二六八	五三	二六八	五三
三〇	二七〇	〇〇	二七〇	〇〇	二七〇	〇〇	二七〇	〇〇

析木寅宮	黃道南緯四度	分	五度	分	六度	分	七度	分
⊙	六三二	三五	六三二	八三	六三二	三二	六三二	八○
一	七三二	七五	七三二	二四	七三二	八二	七三二	三一
二	九三二	一○	八三二	七四	八三二	三三	八三二	九一
三	○四二	五○	九三二	二五	九三二	八三	九三二	五二
四	一四二	○一	○四二	七五	○四二	四四	○四二	一三
五	二四二	五一	二四二	二○	一四二	○五	一四二	七三
六	三四二	○二	三四二	八○	二四二	六五	二四二	四四
七	四四二	五二	四四二	三一	四四二	二○	三四二	○五
八	五四二	○二	五四二	九一	五四二	八○	四四二	六五
九	六四二	六三	六四二	五二	六四二	四一	六四二	三○
○一	七四二	二四	七四二	一三	七四二	一二	七四二	○一
一一	八四二	八四	八四二	八三	八四二	八二	八四二	八一
二一	九四二	四五	九四二	五四	九四二	五三	九四二	六二
三一	一五二	○○	○五二	一五	○五二	二四	○五二	三三
四一	二五二	六○	一五二	八五	一五二	九四	一五二	一四
五一	三五二	三一	二五二	五○	二五二	七五	二五二	九四

析木寅宮 黃道南緯度

析木寅宮	四度	四分	五度	五分	六度	六分	七度	七分
一六	一五四	一九	二五四	一二	二五四	〇四	二五三	五七
一七	一五五	二六	二五五	一九	二五五	一二	二五五	〇五
一八	二五六	三三	二五六	二七	二五六	二〇	二五六	一四
一九	二五七	四〇	二五七	三四	二五七	二八	二五七	二二
二〇	二五八	四七	二五八	四一	一五八	三六	二五八	三〇
二一	二五六	三四	五五九	四九	二五九	四四	二五九	三九
二二	二六一	〇一	二六〇	五六	二六〇	五二	二六〇	四八
二三	二六二	〇八	二六二	〇四	二六二	〇〇	二六一	五七
二四	二六三	一九	二六三	一二	二六三	〇九	二六三	〇六
二五	二六四	二二	二六四	二〇	二六四	一七	二六四	一五
二六	二六五	二九	二六五	二八	二六五	二六	二六五	二四
二七	二六六	三七	二六六	三六	二六六	三四	二六六	三三
二八	二六七	四四	二六七	四四	二六七	四五	二六七	四二
二九	二六八	五二	二六八	五二	二六八	五二	二六八	五一
三〇	二七〇	〇〇	二七〇	〇〇	二七〇	〇〇	二七〇	〇〇

析木黃道南緯度

寅宮	八 度	八 分	九 度	九 分
○	五三二	三五	五三二	八三
一	六三二	九五	六三二	五四
二	八三二	五○	七三二	一五
三	九三二	一一	八三二	八五
四	○四二	七一	○四二	五○
五	一四二	四二	一四二	二一
六	二四二	一三	二四二	九一
七	三四二	八三	三四二	六二
八	四四二	五四	四四二	四三
九	五四二	二五	四四二	一四
○一	七四二	○○	六四二	九四
一一	八四二	八○	七四二	七五
二一	九四二	六一	九四二	六○
三一	○五二	四二	○五二	四一
四一	一五二	二三	一五二	三二
五一	二五二	一四	二五二	二三

析黃道南緯

寅宮	八度	八分	九度	九分
一六	二五三	四九	二五三	四一
一七	二五四	五八	二五四	五一
一八	二五六	〇七	二五六	〇〇
一九	二五七	一六	二五七	一〇
二〇	二五八	二五	二五八	二〇
二一	二五九	三四	二五九	三〇
二二	二六〇	四三	二六〇	四〇
二三	二六一	五二	二六一	五〇
二四	二六三	〇二	二六三	〇〇
二五	二六四	一一	二六四	一〇
二六	二六九	二一	二六五	二〇
二七	二六六	三一	二六六	三〇
二八	二六七	四〇	二六七	四〇
二九	二六八	五〇	二六八	五〇
三〇	二七〇	〇〇	二七〇	〇〇

星紀 丑宮

黄道北緯度

丑宮	○ 度	○ 分	一 度	一 分	二 度	二 分	三 度	三 分
○	○七二	○○	○七二	○○	○七二	○○	○七二	○○
一	一七二	五○	一七二	五○	一七二	五○	一七二	四○
二	二七二	一一	二七二	○一	二七二	○一	二七二	八○
三	三七二	六一	三七二	五一	三七二	四一	三七二	二一
四	四七二	二二	四七二	○二	四七二	九一	四七二	六一
五	五七二	七二	五七二	五二	五七二	三二	五七二	○二
六	六七二	二三	六七二	○三	六七二	七二	六七二	四二
七	七七二	八三	七七二	五三	七七二	一三	七七二	八二
八	八七二	三四	八七二	九三	八七二	五三	八七二	二三
九	九七二	八四	九七二	三四	九七二	九三	九七二	五三
○一	○八二	三五	○八二	八四	○八二	三四	○八二	九三
一一	一八二	八五	一八二	三五	一八二	七四	一八二	二四
二一	二八二	三○	二八二	七五	二八二	一五	二八二	五四
三一	四八二	八○	四八二	二○	三八二	五五	三八二	九四
四一	五八二	三一	五八二	六○	四八二	九五	四八二	三五
五一	六八二	七一	六八二	○一	六八二	三○	五八二	六五

星紀丑宮　黄道北緯度

宮	○ 度	○ 分	一 度	一 分	二 度	二 分	三 度	三 分
六一	七八二	二二	七八二	四一	七八二	七○	六八二	九五
七一	八八二	六二	八八二	八二	八八二	一一	八八二	二○
八一	九八二	一三	九八二	二二	九八二	四一	九八二	五○
九一	○九六	五三	○九二	六二	○九二	七一	○九二	八○
○二	一九二	九三	一九二	○三	一九二	○二	一九二	一一
一二	二九二	三四	二九二	三三	二九二	三二	二九三	三一
二二	三九二	七四	三九二	七三	二九二	六二	三九二	六一
三二	四九二	一五	四九二	○四	四九二	九二	四九二	九一
四二	五五二	四五	五九二	三四	五九二	二三	五九二	一二
五二	六九二	七五	六九二	六四	六九二	五三	六九二	三二
六二	八九二	一○	七九二	九四	七九二	七三	七九二	五二
七二	九九二	四○	八九二	一五	八九二	九三	八九二	七二
八二	○○三	七○	九九二	四五	九九二	一四	九九二	九二
九二	一○三	九○	○○三	六五	○○三	三四	○○三	○三
○三	二○三	二一	一○三	八五	一○三	五四	一○三	一三

黃道北緯度

星紀 丑宮	四 度	四 分	五 度	五 分	六 度	六 分	七 度	七 分
〇	二七〇	〇〇	二七〇	〇〇	二七〇	〇〇	二七〇	〇〇
一	二七一	〇四	二七一	〇三	二七一	〇三	二七一	〇二
二	二七二	〇八	二七二	〇六	二七二	〇六	二七二	〇四
三	二七三	一一	二七三	〇九	二七三	〇八	二七三	〇六
四	二七四	一五	二七四	一二	二七四	一一	二七四	〇八
五	二七五	一八	二七五	一五	二七五	一三	二七五	一〇
六	二七六	二一	二七六	一八	二七六	一五	二七六	一二
七	二七七	二五	二七七	二一	二七七	一八	二七七	一四
八	二七八	二八	二七八	二四	二七八	二〇	二七八	一六
九	二七九	三一	二七九	二六	二七九	二二	二七九	一八
一〇	二八〇	三四	二八〇	二九	一八〇	二五	二八〇	二〇
一一	二八一	三七	二八一	三二	二八一	三七	二八一	二二
一二	二八二	四〇	二八二	三四	二八二	二九	二八二	二三
一三	二八三	四三	二八三	三七	二八三	三一	二八三	二五
一四	二八四	四六	二八四	四〇	二八四	三三	二八四	二七
一五	二八五	四九	二八五	四二	二八五	三五	二八五	二八

星紀	黃道北緯度							
丑	四		五		六		七	
宮	度	分	度	分	度	分	度	分
一六	二八六	五二	二八六	四五	二八六	三七	二八六	三○
一七	二八七	五五	二八七	四七	二八七	三九	二八七	三二
一八	二八八	五七	二八八	四九	二八八	四一	二八八	三三
一九	二九○	○○	二八九	五一	二八九	四三	二八九	三四
二○	二九一	○二	二九○	五三	二九○	四四	二九○	三五
二一	二九二	○四	三九一	五五	二九一	四五	二九一	三六
二二	二九二	○六	二九二	五六	二九二	四七	二九二	三七
二三	二九四	○八	二九二	五八	二九三	四八	二九三	三八
二四	二九五	一○	二九四	五九	二九四	四九	二九四	三八
二五	二九六	一二	二九六	○一	二九五	五○	二九五	三九
二六	二九七	一四	二九七	○二	二九六	五一	二九六	三九
二七	二九八	一五	二九八	○三	二九七	五一	二九七	三九
二八	二九九	一六	二九九	○四	二九八	五二	二九八	四○
二九	二○○	一七	三○○	○五	二九九	五三	二九九	四○
三○	三○一	一八	三○一	○五	三○○	五三	三○○	四○

星紀黃道北緯度

丑宮	八度	八分	九度	九分
○	〇七二	〇〇	〇七二	〇〇
一	一七二	二〇	一七二	一〇
二	二七二	四〇	二七二	三〇
三	三七二	五〇	三七二	四〇
四	四七二	七〇	四七二	六〇
五	五七二	九〇	五七二	七〇
六	六七二	〇一	六七二	八〇
七	七七二	二一	七七二	〇一
八	八七二	三一	八七二	一一
九	九七二	四一	九七一	二一
〇一	〇八二	六一	〇八二	三一
一一	一八二	七一	一八二	四一
二一	二八二	九一	二八二	五一
三一	三八二	〇二	三八二	五一
四一	四八二	一二	四八二	六一
五一	五八二	二二	五八二	六一

星紀	黃	道		北	緯		度	
丑	八		九					
宮	度	分	度	分	度	分	度	分
六一	六八二	三二	六八二	六一				
七一	七八二	四二	七八二	七一				
八一	八八二	五二	八八二	七一				
九一	九八二	六二	九八二	七一				
〇二	〇九二	七二	〇九二	七一				
一二	一九二	八二	一九二	七一				
三二	二九二	八二	二九二	七一				
三二	三九二	八二	三九二	七一				
四二	四九二	八二	四九二	七一				
五二	五九二	八二	五九二	七一				
六二	六九二	八二	六九二	七一				
七二	七九二	八二	七九二	六一				
八二	八九二	八二	八九二	六一				
九二	九九二	八二	九九二	六一				
〇三	〇〇三	八二	〇〇三	六一				

星紀丑宮　黃道南緯度

宮	○度	○分	一度	一分	二度	二分	三度	三分
○	○七二	○○	○七二	○○	○七二	○○	○七二	○○
一	一七二	五○	一七二	六○	一七二	七○	一七二	七○
二	二七二	一一	二七二	二一	二七二	四一	二七二	五一
三	三七二	六一	三七二	八一	三七二	○二	三七二	三二
四	四七二	二二	四七二	四二	四七二	六二	四七二	一三
五	五七二	七二	五七二	○三	五七二	三三	五七二	八三
六	六七二	二三	六七二	六三	六七二	九三	六七二	五四
七	七七二	八三	七七二	一四	七七二	五四	七七二	二五
八	八七二	三四	八七二	七四	八七二	一五	八七二	九五
九	九七二	八四	九七二	二五	九七二	七五	○八二	六○
○一	○八二	三五	○八二	八五	一八二	三○	一八二	三一
一一	一八二	八五	二八二	四○	二八二	九○	二八二	○二
二一	三八二	三○	三八二	九○	三八二	五一	三八二	七二
三一	四八二	八○	四八二	四一	四八二	一二	四八二	四三
四一	五八二	二一	五八二	九一	五八二	七二	五八二	一四
五一	六八二	七一	六八二	四二	六八二	二三	六八二	七七

黃道南緯度

星紀丑宮	〇度	〇分	一度	一分	二度	二分	三度	三分
一六	二八七	二二	二八七	二九	二八七	三八	二八七	五四
一七	二八八	二六	二八八	三四	二八八	四三	二八九	〇〇
一八	二八九	三一	二八九	三九	二八九	四八	二九〇	〇六
一九	二九〇	三五	二九〇	四四	二九〇	五三	二九一	一二
二〇	二九一	三九	二九一	四九	二九一	五八	二九二	一八
二一	二九二	四三	二九二	五三	二九三	〇三	二九三	二四
二二	二九三	四七	二九三	五七	二九四	〇八	二九四	三〇
二三	二九四	五一	二九五	〇一	二九五	一三	二九五	三五
二四	二九五	五四	二九六	〇五	三九六	一七	二九六	四〇
二五	二九六	五七	二九七	〇九	二九七	二一	二九七	四五
二六	二九八	〇一	二九八	一三	二九八	二五	二九八	五〇
二七	二九九	〇四	二九九	一六	二九九	二九	二九九	五五
二八	三〇〇	〇七	三〇〇	一九	三〇〇	三三	三〇〇	五九
二九	三〇一	〇九	三〇一	二二	三〇一	三六	三〇一	五三
三〇	三〇二	一二	三〇二	二五	三七二	三九	三〇二	五三

星紀 丑宮	黃道南緯四度		五度		六度		七度	
宮	度	分	度	分	度	分	度	分
〇	二七〇	〇〇	二七〇	〇〇	二七〇	〇〇	二七〇	〇〇
一	二七一	〇八	二七一	〇八	二七一	〇九	二七一	〇九
二	二七二	一九	二七二	一六	二七二	一八	二七二	一八
三	二七三	二三	二七三	二四	二七三	二六	二七三	二七
四	二七四	三一	二七四	三二	二七四	三四	二七四	三六
五	二七五	三八	二七五	四〇	二七五	四三	二七五	四五
六	二七六	四五	二七六	四八	二七六	五一	二七六	五四
七	二七七	五二	二七七	五六	二七八	〇〇	二七八	〇三
八	二七八	五九	二七九	〇四	二七九	〇八	二七九	一二
九	二八〇	〇六	二八〇	一一	二八〇	一六	二八〇	二一
一〇	二八一	一三	二八一	一九	二八一	二四	二八一	三〇
一一	二八二	二〇	二八二	二六	二八二	三二	二八二	三八
一二	二八三	二七	二八三	三三	二八三	四〇	二八三	四六
一三	二八四	三四	二八四	四一	二八四	四八	二八四	五五
一四	二八五	四一	二八五	四八	二八五	五六	二八六	〇三
一五	二八六	四七	二八六	五五	二八七	〇三	二八七	一一

星紀 黃道南緯度

丑 宮	四 度	四 分	五 度	五 分	六 度	六 分	七 度	七 分
六一	七八二	四三	八八二	二〇	八八二	一一	八八二	九一
七一	九八二	〇〇	九八二	九〇	九八二	八一	九八二	七二
八一	〇九一	六〇	〇九二	五一	〇九二	五二	〇九二	四三
九一	一九二	二一	一九二	二二	一九二	二三	一九三	三四
〇二	二九二	八一	二九二	九二	二九二	九三	二九二	〇五
一二	三九二	四二	三九二	五三	三九二	六四	三九二	七五
二二	四九二	〇三	四九二	一四	四九二	二五	五九二	四〇
三二	五九二	五三	五九二	七四	五九二	八五	六九二	〇一
四二	六九二	〇四	六九二	三五	七九二	四〇	七九二	六一
五二	七九二	五四	七九二	八五	八九二	〇一	八九二	三二
六二	八九二	〇五	九九二	三〇	九九二	六一	九九二	九二
七二	〇〇三	五五	〇〇三	八〇	〇〇三	三二	〇〇三	五三
八二	〇〇三	九五	一〇三	三一	一〇三	七二	一〇三	一四
九二	二〇三	三〇	二〇三	八一	二〇三	二三	二〇三	七四
〇三	三〇三	七〇	三〇三	二二	三〇三	七三	三〇三	二五

六十二

黃道南緯度

星紀丑宮

宮	八度		九度	
	度	分	度	分
〇	二七〇	〇〇	二七〇	〇〇
一	二七一	一〇	二七一	一〇
二	二七二	二〇	二七二	二〇
三	二七三	二九	二七三	三〇
四	二七四	三九	二七四	四〇
五	二七五	四八	二七五	五〇
六	二七六	五八	二七七	〇〇
七	二七八	〇七	二七八	一〇
八	二七九	一七	二七九	二〇
九	二八〇	二六	二八〇	三〇
一〇	二八一	三五	二八一	四〇
一一	二八二	四四	二八二	五〇
一二	二八三	五三	二八三	五九
一三	二八五	〇二	二八五	〇九
一四	二八六	一一	二八六	一九
一五	二八七	一九	二八七	二八

星紀 黃道南緯度

丑宮	八度	分	九度	分
一六	二八八	二八	二八八	三七
一七	二八九	三六	二八九	四五
一八	二九〇	四四	二九〇	五四
一九	二九一	五二	二九二	〇二
二〇	二九三	〇〇	二九三	一一
二一	二九四	〇八	二九四	一九
二二	二九五	一五	二九五	二七
二三	二九六	二二	二九六	三五
二四	二九七	二九	二九七	四二
二五	二九八	三六	二九八	五〇
二六	二九九	四三	二九九	五七
二七	三〇〇	四九	三〇一	〇四
二八	三〇一	五五	三〇二	一〇
二九	三〇三	〇一	三〇三	一六
三〇	三〇四	〇七	三〇四	二二

玄枵 黄道北緯度

子宮	○度	○分	一度	一分	二度	二分	三度	三分
⊙	二○三	二一	一○三	八五	一○三	五四	一○三	一三
一	三○三	四一	三○三	○○	二○三	七四	二○三	三三
二	四○三	六一	四○三	二○	三○三	八四	三○三	四三
三	五○三	八一	五○三	三○	四○三	○五	四○三	五三
四	六○三	○二	六○三	五○	五○三	一五	五○三	六三
五	七○三	二二	七○三	七○	六○三	二五	六○三	七三
六	八○三	四二	八○三	八○	七○三	三五	七○三	七三
七	九○三	五二	九○三	九○	八○三	四五	八○三	七三
八	○一三	六二	○一二	○一	九○三	四五	九○三	七三
九	一一三	七二	一一三	○一	○一三	四五	○一三	七三
○一	二一三	八二	二一三	一一	一一三	四五	一一三	七三
一一	三一三	八二	三一三	一一	二一三	四五	二一三	七三
二一	四一三	九二	四一三	一一	三一三	四五	三一三	六三
三一	五一三	九二	五一三	一一	四一三	四五	四一三	五三
四一	六一三	九二	六一三	一一	五一三	三五	五一三	五三
五一	七一三	九二	七一三	○一	六一三	二五	六一三	四三

玄枵子宫	黄道北緯度							
	〇		一		二		三	
宫	度	分	度	分	度	分	度	分
一六	三一八	二九	三一八	一〇	三一七	五一	三一七	三三
一七	三一九	二八	三一九	〇九	三一八	五〇	三一八	三二
一八	三二〇	二七	三二〇	〇八	三一九	四九	三一九	三〇
一九	三二一	二七	三二一	〇七	三二〇	四八	三二〇	二九
二〇	三二二	二六	三二二	〇六	三二一	四七	三二一	二七
二一	三二三	二五	三二三	〇四	三二二	四五	三二二	二五
二二	三二四	二三	三二四	〇三	三二三	四三	三二三	二三
二三	三二五	二二	三二五	〇一	三二四	四一	三二四	二一
二四	三二六	二〇	三二五	五九	三二五	三九	三二五	一九
二五	三二七	一八	三三六	五七	三二六	三七	三二六	一七
二六	三二八	一六	三二七	五五	三二七	三五	三二七	一四
二七	三二九	一四	三二八	五三	三二八	三二	三二八	一一
二八	三三〇	一一	三二九	五〇	三二九	二九	三二九	〇八
二九	三三一	〇九	三三〇	四七	三三〇	二六	三三〇	〇五
三〇	三三二	〇六	三三一	四四	三三一	二三	三三一	〇二

玄枵子宮	黃道北緯四度		五度		六度		七度	
宮	度	分	度	分	度	分	度	分
〇	一〇三	八一	一〇三	五〇	〇〇三	三五	〇〇三	〇四
一	二〇三	九一	二〇三	六〇	一〇三	三五	一〇三	〇四
二	三〇三	〇二	三〇三	六〇	二〇三	三五	二〇三	〇四
三	四〇三	三二	四〇三	七〇	三〇三	三五	三〇三	九三
四	五〇三	二二	五〇三	七〇	四〇三	三五	四〇三	九三
五	六〇三	二二	六〇三	七〇	五〇三	二五	五〇三	八三
六	七〇三	二二	七〇三	七〇	六〇三	二五	六〇三	七三
七	八〇三	二二	八〇三	七〇	七〇三	一五	七〇三	六三
八	九〇三	二二	九〇三	六〇	八〇三	〇五	八〇三	五三
九	〇一三	一二	〇一三	五〇	九〇三	九四	九〇三	三三
〇一	一一三	一二	一一三	四〇	〇一三	八四	〇一三	一三
一一	二一三	〇二	二一三	三〇	一一三	七四	一一三	一三
二一	三一三	九一	三一三	二〇	二一三	六四	二一三	九二
三一	四一三	八一	四一三	一〇	三一三	五四	三一三	七二
四一	五一三	七一	五一三	〇〇	四一三	三四	四一三	五二
五一	六一三	六一	五一三	八五	五一三	一四	五一三	二二

玄枵子宮	黃道北緯度四		五		六		七	
宮	度	分	度	分	度	分	度	分
一六	三一七	一五	二一六	五七	三一六	三九	三一六	二一
一七	三一八	一四	三一七	五五	三一七	三七	三一七	一九
一八	三一九	一二	三一八	五三	三一八	三五	三一八	一七
一九	三二〇	一〇	三一九	五一	三一九	三三	三一九	一五
二〇	三二一	〇八	三二〇	四九	三二〇	三一	三二〇	一二
二一	三二二	〇六	三二一	四七	三二一	二八	三二一	〇九
二二	三二三	〇四	三二二	四五	三二二	二五	三二二	〇六
二三	三二四	〇一	三二三	四二	三二三	二二	三二三	〇三
二四	三二四	五九	三二四	三九	三二四	一九	三二三	五九
二五	三二五	五六	三二五	三六	三二五	一六	三二四	五六
二六	三二六	五三	三二六	三三	三二六	一三	三二五	五三
二七	三二七	五〇	三二七	三〇	三二七	一〇	三二六	四九
二八	三二八	四七	三二八	二七	三二八	〇六	三二七	四六
二九	三二九	四四	三二九	二三	三二九	〇三	三二八	四二
三〇	三三〇	四一	三三〇	二〇	三二九	五九	三二九	三八

黄道北緯度

子宮	八度	八分	九度	九分
○	三〇〇	二八	三〇〇	一六
一	三〇一	二八	三〇一	一五
二	三〇二	二七	三〇二	一四
三	三〇三	二六	三〇三	一三
四	三〇四	二五	三〇四	一二
五	三〇五	二四	三〇五	一〇
六	三〇六	二三	三〇六	〇九
七	三〇七	二二	三〇七	〇七
八	三〇八	二〇	三〇八	〇五
九	三〇九	一八	三〇九	〇三
一〇	三一〇	一七	三一〇	〇一
一一	三一一	一五	三一〇	五九
一二	三一二	一三	三一一	五七
一三	三一三	一一	二一二	五四
一四	三一四	〇九	三一三	五二
一五	三一五	〇六	三一四	五〇

玄枵子宮	黃道北緯度			
	八		九	
宮	度	分	度	分
一六	三一六	〇四	三一五	四七
一七	三一七	〇二	三一六	四四
一八	三一七	五九	三一七	四一
一九	三一八	五六	二一八	三八
二〇	三一九	五三	三一九	三五
二一	三二〇	五〇	三二〇	三一
二二	三二一	四七	三二一	二八
二三	三二二	四四	三二二	二四
二四	三二三	四〇	三二三	二一
二五	三二四	三七	三二四	一七
二六	三二五	三三	三二五	一三
二七	三二六	二九	三二六	〇九
二八	三二七	二五	三二七	〇五
二九	三二八	二一	三二八	〇一
三〇	三二九	一七	三二八	五九

玄枵 黃道南緯度

子宮	〇 度	〇 分	一 度	一 分	二 度	二 分	三 度	三 分
⊙	三〇二	一二	三〇二	二三	三〇二	三九	三〇二	五三
一	三〇三	一四	三〇三	二八	三〇三	四二	三〇三	五七
二	三〇四	一六	三〇四	三一	三〇四	四五	三〇五	〇〇
三	三〇五	一八	三〇五	三三	三〇五	四八	三〇六	〇三
四	三〇六	二〇	三〇六	三六	三〇六	五一	三〇七	〇六
五	三〇七	二二	三〇七	三八	三〇七	五四	三〇八	〇九
六	三〇八	二四	三〇八	四〇	三〇八	五六	三〇九	一二
七	三〇九	二五	三〇九	四二	三〇九	五八	三一〇	一四
八	三一〇	二六	三一〇	四三	三一一	〇〇	三一二	一六
九	三一一	二七	三一一	四四	三一二	〇一	三一二	一八
一〇	三一二	二八	三一二	四五	三一三	〇二	三一三	二〇
一一	三一三	二八	三一三	四六	三一四	〇三	三一四	二一
一二	三一四	三九	三一四	四六	三一五	〇四	三一五	二二
一三	三一五	二九	三一五	四七	三一六	〇五	三一六	二三
一四	三一六	二九	三一六	四七	三一七	〇六	三一七	二四
一五	三一七	二九	三一七	四七	三一八	〇六	三一八	二四

黄道南緯度

玄枵 子 宫	〇 度	〇 分	一 度	一 分	二 度	二 分	三 度	三 分
六一	八一三	九二	八一三	七四	九一三	六〇	九一三	五二
七一	九一三	八二	九一三	七四	〇二三	六〇	〇二三	五二
八一	〇二三	七二	〇二三	六四	一二三	六〇	一二三	五二
九一	一二三	七二	一二三	六四	二二三	六〇	二二三	五二
〇二	二二三	六二	二二三	五四	三二三	四〇	三二三	五二
一二	三二三	五二	三二三	四四	四二三	三〇	四二三	四二
二二	四二三	三二	四二三	三四	五二三	三〇	五二三	四二
三二	五二三	二二	五二三	二四	六二三	二〇	六二三	三二
四二	六二三	〇二	六二三	〇四	七二三	〇〇	七二三	二二
五二	七二三	八一	七二三	九三	八二三	一〇	八二三	一二
六二	八二三	六一	八二三	七三	八二三	八五	九二三	九一
七二	九二三	四一	九二三	五三	九二三	六五	〇三三	七一
八二	〇三三	一一	〇三三	三三	〇三三	四五	一三三	五一
九二	一三三	九〇	一三三	〇三	一三三	二五	二三三	三一
〇三	二三三	六〇	二三三	七二	二三三	九四	三三三	一一

玄枵 黃道南緯度

子宮	四度	四分	五度	五分	六度	六分	七度	七分
〇	三〇三	〇七	三〇三	二二	三〇三	三七	三〇三	五二
一	三〇四	一一	三〇四	二六	三〇四	四二	三〇四	五七
二	三〇五	一五	三〇五	三〇	三〇五	四六	三〇六	〇二
三	三〇六	一八	三〇六	三四	三〇六	五〇	三〇七	〇七
四	三〇七	二二	三〇七	三八	三〇七	五四	一〇八	一一
五	三〇八	五五	三〇八	四二	三〇八	五八	三〇九	一五
六	三〇九	二八	三〇九	四五	三一〇	〇二	三一〇	一九
七	三一〇	三一	三一〇	四八	三一一	〇五	三一一	二三
八	三一一	三三	三一一	五一	三一二	〇八	三一二	二六
九	三一二	三五	三一二	五三	三一三	一一	三一三	二九
一〇	三一三	三七	三一三	五五	三一四	一四	三一四	三二
一一	三一四	三九	三一四	五七	三一五	一六	三一五	三五
一二	三一五	四〇	三一五	五九	三一六	一八	三一六	三七
一三	三一六	四一	三一七	〇〇	三一七	二〇	三一七	三九
一四	三一七	四二	三一八	〇一	三一八	二一	三一八	四一
一五	三一八	四三	三一九	〇二	三一九	二二	三一九	四二

玄枵子宮	黃道南緯四度	分	五度	分	六度	分	七度	分
六一	九一三	四四	〇二三	三〇	〇二三	四一	〇二三	四四
七一	〇二三	五四	一二三	四〇	一二三	五二	一二三	五四
八一	一二三	五四	二二三	五〇	二二三	六二	二二三	六四
九一	二二三	五四	三二三	六〇	三二三	七二	三二三	七四
〇二	三二三	五四	四二三	六〇	四二三	七二	四二三	八四
一二	四二三	五四	五二三	六〇	五一三	七二	五二三	八四
二二	五二三	五四	六二三	六〇	六二三	七二	六二三	八四
三二	六二三	四四	七二三	五〇	七二三	七二	七二三	八四
四二	七二三	三四	八二三	四〇	八二三	六二	八二三	八四
五二	八二三	二四	九二三	三〇	九二三	五二	九二三	七四
六二	九二三	一四	〇三三	二〇	〇三三	四二	〇三三	六四
七二	〇三三	九三	一三三	一〇	一三三	三二	一三三	五四
八二	一三三	七三	一三三	九五	三三三	二二	二三三	四四
九二	二三三	五三	二三三	七五	三三三	〇二	三三三	三四
〇三	三三三	三三	三三三	五五	四三三	八二	四三三	一四

黃道南緯度

玄枵子宮	八度	八分	九度	九分
⊙	四〇三	七〇	四〇三	二二
一	五〇三	二一	五〇三	八二
二	六〇三	七一	六〇三	三三
三	七〇三	二二	七〇三	八三
四	八〇三	七二	八〇三	三四
五	九〇三	二三	九〇三	八四
六	〇一三	七三	〇一三	三五
七	一一三	〇四	一一三	七五
八	二一三	四四	三一三	一〇
九	三一三	七四	四一三	五〇
〇一	四一三	〇五	五一三	八〇
一一	五一三	三五	六一三	一一
二一	六一三	六五	七一三	四一
三一	七一三	八五	八一三	七一
四一	九一三	〇〇	九一三	九一
五一	〇二三	二〇	〇二三	二二

玄枵

黃道南緯度

子宮	八 度	八 分	九 度	九 分
一六	三二一	〇四	三二一	二四
一〇	三二二	〇六	三二二	二六
一八	三二三	〇七	三三三	二八
一九	三二四	〇八	三二四	二九
二〇	三二五	〇九	三二五	三〇
二一	三二六	〇九	三二六	三一
二二	三二七	一〇	三二七	三一
二三	三二八	一〇	三二八	三一
二四	三二九	一〇	三二九	三一
二五	三三〇	一〇	三三〇	三一
二六	三三一	〇九	三三一	三〇
二七	三三二	〇八	三三二	三〇
二八	三三三	〇七	三三三	二九
二九	三三四	〇六	三三四	二八
三〇	三三五	〇四	三三五	二七

娵訾亥宮	黃道南緯度 ○		一		二		三	
宮	度	分	度	分	度	分	度	分
○	三三二	○六	三三一	四四	三三一	二三	三三一	○二
一	三三三	○四	三三二	四一	三三二	二○	三三一	五九
二	三三四	○一	三三三	三八	三三三	一七	三三二	五五
三	三三四	五八	三三四	三五	三三四	一三	三三三	五一
四	三三五	五五	三三五	三二	三三五	一○	三三四	四八
五	三三六	五一	三三六	二九	三三六	○七	三三五	四四
六	三三七	四八	三三七	二五	三三七	○三	三三六	四○
七	三三八	四四	三三八	二二	三三七	五九	三三七	三六
八	三三九	四○	三三九	一八	三三八	五五	三三八	三二
九	三四○	三七	三四七	一四	三三九	五一	三三九	二八
一○	三四一	三三	三四一	一○	三四○	四七	三四○	二四
一一	三四二	二九	三四二	○六	三四一	四三	三四一	二○
一二	三四三	二五	三四三	○二	三四二	三九	三四二	一六
一三	三四四	二○	三四三	五八	三四三	三五	三四三	一二
一四	三四五	一六	三四四	五三	三四四	三○	三四四	○七
一五	三四六	一二	三四五	四八	三四五	二五	三四五	○二

黃道北緯度

娵訾亥宮	○ 度	○ 分	一 度	一 分	二 度	二 分	三 度	三 分
六一	七四三	七○	六四三	四四	六四三	一二	五四三	七五
七一	八四三	三○	七四三	○四	七四三	七一	六四三	二五
八一	八四三	八五	八四三	五三	八四三	二一	七四三	七四
九一	九四三	四五	九四三	一三	九四三	七○	八四三	三四
○二	○五三	九四	○五三	六二	○五三	二○	九四三	八三
一二	一五三	四四	一五三	一二	○五三	七五	○五三	三三
二二	二五三	九三	二五三	六一	一五三	二五	一五三	八二
三二	三五三	五三	三五三	一一	三五三	七四	二五三	三二
四二	四五三	○三	四五三	六○	三五三	二四	三五三	八一
五二	五五三	五二	五五三	一○	四五三	八三	四五三	四一
六二	六五三	○二	五五三	七五	五五三	三三	五五三	九○
七二	七五三	五一	六五三	二五	六五三	八二	六五三	四○
八二	八五三	○一	七五三	七四	七五三	三二	六五三	九五
九二	九五三	五○	八五三	二四	八五三	八一	七五三	四五
○三	○六三	○○	九五三	七三	九五五	三一	八五三	九四

[illegible] 黄道北緯度

亥宮	四度	四分	五度	五分	六度	六分	七度	七分
○	○三三	一四	○三三	○二	九三三	九五	九三三	八三
一	一三三	八三	一三三	六一	○三三	五五	○三三	四三
二	二三三	四三	二三三	二一	一三三	一五	一三三	○三
三	三三三	○三	三三三	八○	二三三	七四	二三三	五二
四	四三三	六二	四三三	四○	三三三	三四	三三三	一二
五	五三三	二二	五三三	○○	四三三	九三	四三三	七一
六	六三三	八一	五三三	六五	五三三	四三	五三三	二一
七	七三三	四一	六三三	二五	六三三	○三	六三三	八○
八	八三三	○一	七三三	八四	七三三	六二	七三三	三○
九	九三三	六○	八三三	三四	八三三	一二	七三三	八五
○一	○四三	二○	九三三	九三	九三三	七一	八三三	四五
一一	○四三	八五	○四三	五三	四四三	二一	九三三	九四
二一	一四三	三五	一四三	○三	一四三	七○	○四三	四四
三一	二四三	九四	二四三	五二	二四三	二○	一四三	九三
四一	三四三	四四	三四三	○二	二四三	七五	二四三	四三
五一	四四三	九三	四四三	五一	三四三	二五	三四三	九二

娵訾亥宫	黄道北纬度四度	四分	五度	五分	六度	六分	七度	七分
六一	五四三	四三	五四三	口一	四四三	七四	四四三	四二
七一	六四三	九二	六四三	五口	五四三	二四	五四三	九一
八一	七四三	四二	七四三	口口	六四三	七三	六四三	二一
九一	八四三	九一	七四三	五五	七四三	二三	七四三	八口
口二	九四三	四一	八四三	口五	八四三	七二	八四三	三口
一二	口五三	九口	九四三	五四	九四三	二二	八四三	八五
二二	一五三	四口	口五三	口四	口五三	七一	九四三	三五
三二	一五三	九五	一五三	五三	一五三	二一	口五三	八四
四二	二五三	四五	二五三	口三	二五三	七口	一五三	三四
五二	三五三	口五	三五三	六二	三五三	二口	二五三	八三
六二	四五三	九四	四五三	一二	三五三	七五	三五三	三三
七二	五五三	口四	五五三	六一	四五三	二五	四五三	八二
八二	六五三	五三	六五三	一一	五五三	七四	五五三	三二
九二	七五三	口三	七五三	六口	六五三	二四	六五三	八一
口三	八五三	五二	八五三	一口	七五三	七三	七五三	三一

娵訾黃道北緯度

亥宮	八 度	分	九 度	分
○	九二三	七一	八二三	六五
一	○三三	三一	九二三	二五
二	一三三	九○	○三三	七四
三	二三三	四○	一三三	二四
四	三三三	○○	二三三	七三
五	三三三	五五	三三三	二三
六	四三三	○五	四三三	七二
七	五三三	六四	五三三	二二
八	六三三	一四	六三三	七一
九	七三三	六三	七三三	二一
○一	八三三	一三	八三三	七○
一一	九三三	六二	九三三	二○
二一	○四三	一二	九三三	七五
三一	一四三	六一	○四三	二五
四一	二四三	一一	一四三	八四
五一	三四三	六○	二四三	三四

娵訾黄道北緯度

亥宮	八 度	八 分	九 度	九 分
一六	三四四	〇一	三四二	二八
一七	三四四	五六	三四四	三三
一八	三四五	五一	三四五	二八
一九	三四六	四六	三四六	二三
二〇	三四七	四一	三四七	一九
二一	三四八	三六	三四八	一四
二二	三四九	三〇	三四九	〇九
二三	三五〇	二五	三五〇	〇四
二四	三五一	二〇	三五〇	五九
二五	三五二	一五	三五一	五三
二六	三五三	一〇	三五二	四八
二七	三五四	〇四	三五三	四二
二八	三五〇	五九	三五四	三六
二九	三五五	五四	三五五	三〇
三〇	三五六	四八	三五六	二四

娵訾 黃道南緯度

亥宮	〇度	〇分	一度	一分	二度	二分	三度	三分
宮	度	分	度	分	度	分	度	分
〇	三三二	〇六	三三二	二八	三三二	四九	三三三	一一
一	三三三	〇四	三三三	二五	三三三	四七	三三四	〇九
二	三三四	〇一	三三四	二二	三三四	四四	三三五	〇六
三	三三四	五八	三三五	一九	三三五	四一	三三六	〇三
四	三三五	五五	三三六	一六	三三六	三九	三三七	〇一
五	三三六	五一	三三七	一三	三三七	三六	三三七	五八
六	三三七	四八	三三八	一〇	三三八	三三	三三八	五五
七	三三八	四四	三三九	〇七	三三九	三〇	三三九	五二
八	三三九	四〇	三四〇	〇四	三四〇	二七	三四〇	四九
九	三四〇	三七	三四一	〇〇	三四一	二三	三四一	四六
一〇	三四一	三三	三四一	五六	三四二	一九	三四二	四二
一一	三四二	二九	三四二	五二	三四三	一五	三四三	三八
一二	三四三	二五	三四三	四八	三四四	一一	三四四	三四
一三	三四四	二〇	三四四	四四	三四五	〇七	三四五	三〇
一四	三四五	一六	三四五	四〇	三四六	〇三	三四六	二六
一五	三四六	一二	三四六	三五	三四六	五九	三四七	二二

黄道南緯度

娵訾亥宮

宮	○ 度	○ 分	一 度	一 分	二 度	二 分	三 度	三 分
一六	三四七	〇七	三四七	三一	三四七	五五	三四八	一八
一七	三四八	〇三	三四八	二七	三四八	五一	三四九	一四
一八	三四八	五八	三四九	二二	三四九	四六	三五〇	〇九
一九	三四九	五四	三五〇	一八	三五〇	四二	三五一	〇五
二〇	三五〇	四九	三五一	一三	三五一	三七	三五二	〇一
二一	三五一	四四	三五二	〇八	三五二	三二	三五二	五六
二二	三五二	三九	三五三	〇三	三五三	二七	三五三	五一
二三	三五三	三五	三五三	五八	三五四	二二	三五四	四六
二四	三五四	三〇	三五四	五三	三五五	一七	三五五	四一
二五	三五五	二五	三五五	四八	三五六	一二	三五六	三六
二六	三五六	二〇	三五六	四三	三五七	〇七	三五七	三一
二七	三五七	一五	三五七	三八	三五八	〇二	三五八	二六
二八	三五八	一〇	三五八	三三	三五八	五七	三五九	二一
二九	三五九	〇五	三五九	二八	三五九	五二	三六〇	一六
三〇	三六〇	〇〇	三六〇	二三	三六〇	四七	三六一	一一

黄道南緯度

娵訾亥宮	四度	分	五度	分	六度	分	七度	分
○	三三三	三三	三三三	五五	三三四	一八	三三四	四一
一	三三四	三一	三三四	五三	三三五	一六	三三五	三九
二	三三五	二九	三三五	五一	三三六	一四	三三六	三七
三	三三六	二六	三三六	四九	三三七	一二	三三七	三五
四	三三七	二四	三三七	四七	三三八	一○	三三八	三三
五	三三八	二一	三三八	四四	三三九	○八	三三九	三一
六	三三九	二八	三三九	四一	三四○	○五	三四○	二八
七	三四○	一五	三四○	三八	三四一	○二	三四一	二五
八	三四一	一二	三四一	三五	三四一	五九	三四二	二二
九	三四二	○九	三四二	三二	三四二	五六	三四三	一九
一○	三四三	○六	三四三	二九	三四三	五三	三四四	一六
一一	三四四	○二	三四四	二五	三四四	四九	三四五	一三
一二	三四四	五八	三四五	二一	三四五	四五	三四六	○九
一三	三四五	五四	三四六	一八	三四六	四二	三四七	○六
一四	三四六	五○	三四七	一四	三四七	三八	三四八	○二
一五	三四七	四六	三四八	一○	三四八	三四	三四八	五八

娵訾亥宮　黃道南緯度

宮	四度	四分	五度	五分	六度	六分	七度	七分
一六	三四八	四二	三四九	〇六	三四九	三〇	三四九	五四
一七	三四九	三八	三五〇	〇二	三五〇	二六	三五〇	五〇
一八	三五〇	三三	三五〇	五七	三五一	二一	三五二	四五
一九	三五一	二九	三五一	五三	三五二	一七	三五二	四一
二〇	三五二	二五	三五二	四九	三五三	一三	三五三	三七
二一	三五三	二〇	三五三	四四	三五四	〇八	三五四	三二
二二	三五四	一五	三五四	三九	三五五	〇三	三五五	三七
二三	三五五	一〇	三五五	三四	三五六	五八	三五六	二二
二四	三五六	〇五	三五六	二九	三五六	五三	三五七	一七
二五	三五七	〇〇	三五七	二四	三五七	四八	三五八	二二
二六	三五七	五五	三五八	一九	三五八	四三	三五九	〇七
二七	三五八	五〇	三五九	一四	三五九	三八	〇〇	〇二
二八	三五九	四五	〇〇	〇九	〇〇	三三	〇〇	五七
二九	〇〇	四〇	〇一	〇四	〇一	二八	〇一	五二
三〇	〇一	三五	〇一	五九	〇二	二三	〇二	四七

娵訾 黄道南緯度

亥宮	八度	八分	九度	九分
〇	三三五	〇四	三三五	二七
一	三三六	〇三	三三六	二六
二	三三七	〇一	三三七	三五
三	三三七	五九	三三八	二三
四	三三八	五七	三三九	二一
五	三三九	五五	三四〇	一八
六	三四〇	五二	三四一	一六
七	三四一	四九	三四二	一三
八	三四二	四六	三四三	一〇
九	三四三	四三	三四四	〇七
一〇	三四四	四〇	三四五	〇四
一一	三四五	三七	三四六	〇一
一二	三四六	三三	三四六	五八
一三	三四七	三〇	三四七	五四
一四	三四八	二六	三四八	五〇
一五	三四九	二二	三四九	四六

娵訾黃道南緯度

亥宮	八度	分	九度	分
一六	三五〇	一八	三五〇	四二
一七	三五一	一四	三五一	三八
一八	三五二	〇九	三五二	三三
一九	三五三	〇五	三五三	二九
二〇	三五四	〇一	三五四	二四
二一	三五四	五六	三五五	二〇
二二	三五五	五一	三五六	一五
二三	三五六	四六	三五七	一〇
二四	三五七	四一	三五八	〇六
二五	三五八	三六	三五九	〇一
二六	三五九	三一	三五九	五六
二七	〇〇	二六	〇〇	五一
二八	〇一	二二	〇一	四七
二九	〇二	一七	〇二	四二
三〇	〇三	一二	〇三	三七

新製靈臺儀象志卷之九

治理曆法極西南懷仁纂著

從九品頂帶天文生朱世貫
從八品博士加一級又加一級劉蘊昌同受
從九品頂帶天文生薛宗胤

黃赤二儀表自未宮至申宮

鶉首未宮	黃道北緯度○ 度	○ 分	一 度	一 分	二 度	二 分	三 度	三 分	
○	二三	三一	二四	三二	二五	三二	二六	三二	三○
一	二三	三一	二四	三一	二五	三一	二六	三一	二九
二	二三	三一	二四	三一	二五	三一	二六	三一	二八
三	二三	三○	二四	三○	二五	三○	二六	三○	二七
四	二三	二八	二四	二九	二五	二八	二六	二八	二六
五	二三	二六	二四	二六	二五	二六	二六	二六	二五
六	二三	二三	二四	二三	二五	二三	二六	二三	二四
七	二三	二○	二四	二○	二五	二○	二六	二○	二三
八	二三	一七	二四	二七	二五	一七	二六	一六	二二
九	二三	一三	二四	一三	二五	一三	三六	一三	二一
一○	二三	○九	二四	○九	二五	○九	二六	○九	三○
一一	二三	○四	二四	○四	二五	○四	二六	○四	一九
一二	二二	五九	二三	五五	二四	五九	二五	五九	一八
一三	二二	五三	二三	五三	二四	五三	二五	五三	一七
一四	二二	四七	二三	四七	二四	四六	二五	四六	一六
一五	二二	四一	二三	四一	二四	四○	二五	四○	一五
	度	分	度	分	度	分	度	分	實沈申宮
	黃道北緯度○		一		二		三		

鶉首未宮　黃道北緯度

鶉首未宮	○ 度	○ 分	一 度	一 分	二 度	二 分	三 度	三 分	實沈申宮
六一	二二	四三	三二	四三	四二	三三	五二	三三	四一
七一	二二	七二	三二	七二	四二	六二	五二	六二	三一
八一	二二	九一	三二	九一	四二	八一	五二	八一	二一
九一	二二	○一	三二	○一	四二	九○	五二	九○	一一
○二	二二	二○	三二	二○	四二	一○	五二	○○	○一
一二	一二	三五	二二	三五	三二	二五	四二	一五	九
二二	一二	三四	二二	二四	三二	二四	四二	一四	八
三二	一二	三三	二二	三三	三二	二三	四二	一三	七
四二	一二	三二	二二	二二	三二	一二	四二	○二	六
五二	一二	三一	二二	一一	三二	○一	四二	九○	五
六二	一二	一○	二二	八○	二二	九五	三二	八五	四
七二	○二	○五	一二	八四	二二	七四	三二	六四	三
八二	○二	八三	一二	六三	二二	五三	三二	四三	二
九二	○二	六二	一二	二三	二二	二二	三二	一二	一
○三	○二	三一	一二	二一	二二	○一	三二	九○	○

度分　度分　度分　度分

○　一　二　三

黃道北緯度　實沈申宮

鶉首未宮	黃道北緯度 四度	四度 分	五度	五度 分	六度	六度 分	七度	七度 分	實沉申宮
〇	二七	三二	二八	三三	二九	二三	三〇	三二	三〇
一	二七	三一	二八	三一	二九	三一	三〇	三一	二九
二	二七	三一	二八	三一	二九	三一	三〇	三一	二八
三	二七	三〇	二八	三〇	二九	三〇	三〇	三〇	二七
四	二七	二八	二八	二八	二九	二八	三〇	二八	二六
五	二七	二六	二八	二六	二九	二六	三〇	三	一五
六	二七	二二	二八	二二	二九	二二	三〇	二二	二四
七	二七	一九	二八	一九	二九	一九	三〇	一九	二三
八	二七	一六	二八	一六	二九	一六	三〇	一六	二二
九	二七	一二	二八	一二	二九	一二	三〇	一二	二一
一〇	二七	〇八	二八	〇八	二九	〇八	三〇	〇八	二〇
一一	二七	〇三	二八	〇二	二九	〇三	三〇	〇三	一九
一二	二六	五八	二七	五八	二八	五八	二九	五七	一八
一三	二六	五二	二七	五二	二八	五二	二九	四一	一一
一四	二六	四六	二七	四五	二八	四五	二九	四一	一六
一五	二六	四〇	二七	三九	二八	三九	二九	三九	一五
	度	分	度	分	度	分	度	分	
	四		五		六		七		
	黃道北緯度								

黃道北緯度

鶉首未宮	四度	四分	五度	五分	六度	六分	七度	七分	實沈申宮
一六	二六	三三	二七	二二	二八	三二	二九	三二	一四
一七	二六	二五	二七	二五	二八	二四	二九	二四	一三
一八	二六	一七	二七	一六	二八	一六	二九	一六	一二
一九	二六	〇八	二七	〇七	二八	〇六	二九	〇六	一一
二〇	二五	五九	二六	五八	二七	五七	二八	五七	一〇
二一	二五	五〇	二六	四九	二七	四八	二八	四八	九
二二	二五	四〇	二六	三九	二七	三八	二八	三八	八
二三	二五	三〇	二六	二九	二七	二八	二八	二八	七
二四	二五	一九	二六	一八	二七	一七	二八	一六	六
二五	二五	〇八	二六	〇七	二七	〇六	二八	〇五	五
二六	二四	五七	二五	五六	二六	五五	二七	五四	四
二七	二四	四五	二五	四四	二六	四三	二七	四二	三
二八	二四	三三	二五	三二	二六	三〇	二七	二九	二
二九	二四	二〇	二五	一九	二六	一七	二七	二六	一
三〇	二四	〇七	二五	〇六	二六	〇四	二七	〇三	〇

鶉首未宮	黃道北緯度 八 度	八 分	九 度	九 分	
○	三一	三二	三二		二○
一	三一	三一	三二		二九
二	三一	三一	三二		二八
三	三一	三○	三二		二七
四	三一	二八	三二		二六
五	三一	二六	三二		二五
六	三一	二二	三二		二四
七	三一	一九	三二		二三
八	三一	一六	三二		二二
九	三一	一二	三二		二一
一○	三一	○八	三二		二○
一一	三一	○三	三二		二九
一二	三○	五七	三一		二八
一三	三○	五一	三一		二七
一四	三○	四四	三一		二六
一五	三○	三八	三一		二五
	度	分	度	分	實沈
	八		九		申
	黃道北緯度				宮

鶉首未宮　黃道北緯度

宮	八 度	八 分	九 度	九 分	
一六	三〇	三一	三一	三一	一四
一七	三〇	二四	三一	二三	一三
一八	三〇	一五	三一	一五	一二
一九	三〇	〇五	三一	〇五	一一
二〇	二九	五六	三〇	五五	一〇
二一	二九	四七	三〇	四六	九
二二	二九	三七	三〇	三六	八
二三	二九	二七	三〇	二五	七
二四	二九	一五	三〇	一四	六
二五	二九	〇四	三〇	〇三	五
二六	二八	五三	二九	五二	四
二七	二八	四一	二九	四〇	三
二八	二八	二八	二九	二七	二
二九	二八	一五	二九	一四	一
三〇	二八	〇一	二九	五九	〇
	度	分	度	分	
	八		九		實沈 申宮

實沈申宮　黃道北緯度

四

鶉首未宮 黃道南緯度

未宮	〇 度	〇 分	一 度	一 分	二 度	二 分	三 度	三 分	申宮
〇	三三	二三	二二	二三	一二	二三	〇二	二三	〇三
一	三二	一三	二二	一三	一二	一三	〇二	一三	九二
二	三二	一三	二二	一三	一二	一三	〇二	一三	八二
三	三二	〇三	二二	〇三	一二	〇三	〇二	〇三	七二
四	三二	八二	二二	八二	一二	八二	〇二	八二	六二
五	三二	六二	二二	六二	一二	六二	〇二	六二	五二
六	三二	三二	二二	三二	一二	三二	〇二	三二	四二
七	三二	〇二	二二	〇二	一二	〇二	〇二	〇二	三二
八	三二	七一	二二	七一	一二	七一	〇二	七一	二二
九	三二	三一	二二	三一	一二	三一	〇二	五一	一二
〇一	三二	九〇	二二	九〇	一二	九〇	〇二	九〇	〇二
一一	三二	四〇	二三	四〇	一二	四〇	〇二	四〇	九一
二一	二二	九五	一二	五五	〇二	九五	九一	九五	八一
三一	二二	三五	一二	三五	〇二	三五	九一	三五	七一
四一	二二	七四	一二	七四	〇二	七四	九一	七四	六一
五一	二二	一四	一二	一四	〇二	一四	九一	一四	五一
	度 〇	分	度 一	分	度 二	分	度 三	分	沈實申宮

黃道南緯度

鶉首

未宮	○度	○分	一度	一分	二度	二分	三度	三分	申宮
黄道南緯度									
六一	二二	四三	一二	五三	○二	五三	九一	五三	四一
七一	二二	七二	一二	八二	○二	八二	九一	八二	三一
八一	二二	九一	一二	○二	○二	○二	九一	一二	二一
九一	二二	○一	一二	一一	○二	一一	九一	一一	一一
○二	二二	二○	一二	三○	○二	四○	九一	四○	○一
一二	二二	三五	○二	四五	九一	五五	八一	六五	九
二二	一二	三四	○二	四四	九一	五四	八一	六四	八
三二	一二	三三	○二	四三	九一	五三	八一	六三	七
四二	一二	三二	○二	四二	九一	五二	八一	六二	六
五二	一二	二一	○二	四一	九一	五一	八一	六一	五
六二	一二	一○	○二	二○	九一	三○	八一	四○	四
七二	○二	○五	九一	一五	八一	二五	七一	三五	三
八二	○二	八三	九一	九三	八一	○四	七一	一四	二
九二	○二	六二	九一	七二	八一	八二	七一	九二	一
○三	○二	三一	九一	四一	八一	五一	七一	七一	○
	○度	○分	一度	一分	二度	二分	三度	三分	申宮
黄道南緯度									

實沈

鶉首未宮　黄道南緯度

鶉首未宮	四度	四分	五度	五分	六度	六分	七度	七分	実沈申宮
〇	一九	三二	一八	三二	一七	三一	一六	三二	三〇
一	一九	三一	一八	三一	一七	三一	一六	三一	二九
二	一九	二一	一八	三一	一七	三一	一六	三一	二八
三	一九	三〇	一八	三〇	一七	三〇	一六	三〇	二七
四	一九	二八	一八	一八	一七	二八	一六	二八	二六
五	一九	二六	一八	二六	一七	二六	一六	二六	二五
六	一九	二三	一八	二三	一七	二三	一六	二三	二四
七	一九	二〇	一八	二〇	一七	二〇	一六	二〇	二三
八	一九	一七	一八	一七	一七	一七	一六	一七	二二
九	一九	一三	一八	一三	一七	一三	一六	一三	二一
一〇	一九	〇九	一八	〇九	一七	一〇	一六	一〇	二〇
一一	一九	〇五	一八	〇五	一七	〇五	一六	〇五	一九
一二	一九	〇〇	一八	〇〇	一七	〇〇	一六	〇一	一八
一三	一八	五四	一七	五四	一六	五四	一五	五五	一七
一四	一八	四八	一七	四八	一六	四八	一五	四九	一六
一五	一八	四二	一七	四一	一六	四二	一五	四三	一五

実沈申宮　黄道南緯度

鶉首未宮	黃道南緯度四 度	分	五 度	分	六 度	分	七 度	分	沈實申宮
一八	一八	三六	一七	三六	一六	三六	一五	三七	一四
一七	一八	二九	一七	二九	一六	二九	一五	三〇	一三
一八	一八	二一	一七	二一	一六	二一	一五	二二	一二
一九	一八	一三	一七	一五	一六	一三	一五	一四	一一
二〇	一八	〇五	一七	〇五	一六	〇五	一五	〇六	一〇
二一	一七	五七	一六	五七	一五	五八	一四	五八	九
二二	一七	四七	一六	四七	一五	四八	一四	四八	八
二三	一七	三七	一六	三七	一五	三八	一四	三九	七
二四	一七	二七	一六	二八	一五	一八	一四	二九	六
二五	一七	一七	一六	一八	一五	一九	一四	二〇	五
二六	一七	〇五	一六	〇七	一五	〇八	一四	〇九	四
二七	一六	五四	一五	五六	一四	五七	一三	五八	三
二八	一六	四二	一五	四四	一四	四五	一三	四六	二
二九	一六	三〇	一五	三二	一四	三三	一三	三四	一
三〇	一六	一八	一五	一九	一四	三〇	一三	二一	○
	度	分	度	分	度	分	度	分	
	黃道南緯度四		五		六		七		

黃道南緯度

鶉首未宮	八 度	八 分	九 度	九 分	實沈申宮
○	一五	三二	一四	三二	三〇
一	一五	三一	一四	三一	二九
二	一五	三一	一四	三一	二八
三	一五	三〇	一四	三〇	二七
四	一五	二八	一四	二八	二六
五	一五	二六	一四	二六	二五
六	一五	二三	一四	二三	二四
七	一五	二〇	一四	二〇	二三
八	一五	一七	一四	一七	二二
九	一五	一四	一四	一四	二一
一〇	一五	一〇	一四	一〇	二〇
一一	一五	〇六	一四	〇六	一九
一二	一五	〇一	一四	〇一	一八
一三	一四	五五	一三	五五	一七
一四	一四	四九	一三	四九	一六
一五	一四	四三	一三	四三	一五
	度	分	度	分	
	八		九		

黃道南緯度

黃道南緯度

鶉首 未宮	八度	八分	九度	九分	
一六	一四	三七	一三	三七	一四
一七	一四	三〇	一三	三〇	一三
一八	一四	二三	一三	二三	一二
一九	一四	一五	一三	一五	一一
二〇	一四	〇七	一三	〇七	一〇
二一	一三	五九	一二	五九	九
二二	一三	四九	一二	四九	八
二三	一三	四〇	一二	四〇	七
二四	一三	三〇	一二	三一	六
二五	一三	二一	一二	二二	五
二六	一三	一〇	一二	一一	四
二七	一二	五九	一一	〇〇	三
二八	一二	四七	一一	四八	二
二九	一二	三五	一一	三七	一
三〇	一二	二三	一一	三四	〇
	八度	八分	九度	九分	實沈 申宮

黃道南緯度

鶉火午宮　黃道北緯度

鶉火午宮	〇		一		二		三	
	度	分	度	分	度	分	度	分
〇	〇二	三一	一二	二一	二二	〇一	三二	九〇	〇三
一	〇二	〇〇	〇二	九五	一二	七五	二二	六五	九二
二	九一	七四	〇二	五四	一二	四四	二二	二四	八二
三	九一	三三	〇二	一三	一二	〇三	二二	八二	七二
四	九一	九一	〇二	七一	一二	六一	二二	四一	六二
五	九一	五〇	〇二	三〇	一二	二〇	二二	〇〇	五二
六	八一	〇五	九一	九四	〇二	七四	一二	五四	四二
七	八一	五三	九一	四三	〇二	二三	一二	九二	三二
八	八一	〇二	九一	八一	〇二	六一	一二	三一	二二
九	八一	四〇	九一	二〇	〇二	〇〇	〇二	七五	一二
〇一	七一	八四	八一	六四	九一	四四	〇二	一四	〇二
一一	七一	二三	八一	九二	九一	七二	〇二	五二	九一
二一	七一	五一	八一	二一	九一	〇一	〇二	八〇	八一
三一	六一	八五	七一	五五	八一	三五	九一	一五	七一
四一	六一	一四	七一	八三	八一	六三	九一	三三	六一
五一	六一	四二	七一	一二	八一	八一	九一	三二	五一
	度	分	度	分	度	分	度	分
大梁酉宮	〇		一		二		三	

黃道北緯度

鶉火午宮 黃道北緯度

午宮	○ 度	○ 分	一 度	一 分	二 度	二 分	三 度	三 分	大梁酉宮
一六	一六	〇六	一七	〇三	一八	〇〇	一八	五七	一四
一七	一五	四八	一六	四五	一七	四二	一八	三九	一三
一八	一五	二九	一六	三六	一七	二三	一八	二〇	一二
一九	一五	一一	一六	〇八	一七	〇四	一八	〇一	一一
二〇	一四	五二	一五	四九	一六	四五	一七	四二	一〇
二一	一四	三三	一五	三〇	一六	二六	一七	二三	九
二二	一四	一四	一五	一一	一六	〇七	一七	〇四	八
二三	一三	五四	一四	五一	一五	四七	一六	四四	七
二四	一三	三四	一四	三一	一五	二七	一六	二四	六
二五	一三	一四	一四	一一	一五	〇七	一六	〇四	五
二六	一二	五四	一三	五一	一四	四七	一五	四三	四
二七	一二	三三	一三	三〇	一四	二六	二五	二二	三
二八	一二	一三	一三	〇九	一四	〇五	一五	〇一	二
二九	一一	五二	一二	四八	一三	四四	一四	四〇	一
三〇	一一	三一	一二	二七	一三	二三	一四	一九	○

大梁酉宮 黃道北緯度

鶉火午宮	黃道北緯度四 度	分	五 度	分	六 度	分	七 度	分	鶉尾巳宮
○	四二	七○	五二	六○	六二	四○	七二	三○	○三
一	三二	四五	四二	三五	五二	二五	六二	九四	九二
二	三二	○四	四二	九三	五二	七三	六二	五三	八二
二	三二	六二	四二	五二	五二	三二	六二	一二	七二
四	三二	二一	四二	一一	五二	九○	六二	七○	六二
五	二二	八五	三二	六五	四二	四五	五二	二五	五二
六	二二	三四	三二	一四	四二	九三	五二	七三	四二
七	二二	七二	三二	五二	四二	三二	五二	一二	三二
八	二二	一一	三二	九○	四二	七○	五二	五○	二二
九	一二	五五	二二	三五	三二	一五	四二	八四	一二
○一	一二	九三	二二	七三	三二	四三	四二	一三	○二
一一	一二	二二	二二	○二	三二	七二	四二	四一	九一
二一	一二	五○	二二	三○	二二	○○	三二	七五	八一
三一	○二	八四	一二	六四	二二	三四	三二	○四	七一
四一	○二	○三	一二	八二	二二	五二	三二	二二	六一
五一	○二	二一	一二	○一	二二	七○	三二	四○	五一
	黃道北緯度四 度	分	五 度	分	六 度	分	七 度	分	鶉尾巳宮

鶉火午宮　黃道北緯度

鶉火午宮	四度	四分	五度	五分	六度	六分	七度	七分	大梁酉宮
六一	九一	四五	〇一	二五	一二	九四	二二	六四	四一
七一	九一	六三	〇一	三三	一二	〇三	二二	七二	三一
八一	九一	七六	〇一	四一	一二	一一	二二	八〇	二一
九一	八一	八五	九一	五五	〇二	二五	一二	九四	一一
〇三	八一	九三	九一	六三	〇三	三三	一二	〇三	〇一
一二	八一	〇一	九一	七一	〇二	三一	一二	〇一	九
二二	八一	〇〇	八一	七五	九一	三五	〇二	〇五	八
三二	七一	〇四	八一	七三	九一	三三	〇二	〇三	七
四二	七一	〇二	八一	七一	九一	三一	〇二	〇一	六
五二	七一	〇〇	七一	七五	八一	三五	九一	九四	五
六二	六一	九三	七一	六三	八一	二三	九一	八二	四
七二	六一	八一	七一	五一	八一	一一	九一	七〇	三
八二	五一	七五	六一	四九	七一	〇五	八一	六四	二
九二	五一	六三	六一	三三	七一	九二	八一	五二	一
〇三	五一	五一	六一	一一	七一	七〇	八一	三〇	〇

大梁酉宮　黃道北緯度

九

鶉火午宮	黃道北緯度				
	八		九		
	度	分	度	分	
〇	二八	〇一	二八		三〇
一	二七	四七	二八		三九
二	二七	三三	二八		二八
三	二七	一九	二八		二七
四	二七	〇五	二八		二六
五	三六	五〇	二七		二五
六	二六	三五	二七		二四
七	二六	一九	二七		二三
八	二六	〇三	二七		二二
九	二五	四六	二六		二一
一〇	二五	二九	二六		二〇
一一	二五	一二	二六		一九
一二	二四	五五	二五		一八
一三	二四	三七	二五		一七
一四	二四	一九	二五		一六
一五	二四	〇一	二四		一五
	度	分	度	分	
	八		九		
	黃道北緯度				大梁酉宮

鶉火 黃道北緯度

午宮	八度	八分	九度	九分	
一六	二三	四三	二四	四〇	一四
一七	二三	二四	二四	二一	一三
一八	二三	〇五	二四	〇二	一二
一九	二二	四六	二三	四三	一一
二〇	二二	二六	二三	二三	一〇
二一	二二	〇六	二三	〇三	九
二二	二二	四六	二二	四三	八
二三	二一	二六	二二	二二	七
二四	二一	〇六	二二	〇二	六
二五	二〇	四五	二一	四一	五
二六	二〇	二四	二一	二〇	四
二七	二〇	〇三	二〇	五九	三
二八	一九	四二	二〇	三八	二
二九	一九	二一	二〇	一七	一
三〇	一八	五九	一九	五五	〇
	度八	分	度九	分	酉宮

大梁 黃道北緯度

十

黃道南緯度

鶉火午宮	〇 度	〇 分	一 度	一 分	二 度	二 分	三 度	三 分	大梁酉宮
〇	二〇	一三	一九	一四	一八	一六	一七	一七	三〇
一	二〇	〇〇	一九	〇一	一八	〇三	一七	〇四	二九
二	一九	四七	一八	四八	一七	五〇	一六	五一	二八
三	一九	三三	一八	三五	一七	三六	一六	三八	二七
四	一九	一九	一八	二一	一七	二二	一六	二四	二六
五	一九	〇五	一八	〇七	一七	〇八	一六	一〇	二五
六	一八	五〇	一七	五二	一六	五四	一五	五六	二四
七	一八	三五	一七	三八	一六	三九	一五	四一	二三
八	一八	一〇	一七	二二	一六	二四	一五	二六	二二
九	一八	〇四	一七	〇六	一六	〇八	一五	一〇	二一
一〇	一七	四八	一六	五〇	一五	五二	一四	五四	二〇
一一	一七	三二	一六	三四	一五	三六	一四	三八	一九
一二	一七	一五	一六	一七	一五	二〇	一四	二二	一八
一三	一六	五八	一六	〇〇	一五	〇三	一四	〇五	一七
一四	一六	四一	一五	四三	一四	四六	一三	四八	一六
一五	一六	二四	一五	二	一四	二八	一二	三一	一五

黃道南緯度

鶉火午宮

黃道南緯度

大梁酉宮	三 分	三 度	二 分	二 度	一 分	一 度	○ 分	○ 度	鶉火午宮
四一	二一	三一	一一	四一	八〇	五一	六〇	六一	六一
三一	六五	二一	三五	三一	〇五	四一	八四	五二	七一
二一	八三	二一	五三	三一	二三	四一	九二	五一	八一
一一	〇三	二一	七一	三一	四一	四一	一一	五一	九一
〇一	一〇	二一	八五	二一	五五	三一	二五	四一	〇二
九	二四	一一	九三	二一	六三	三一	三三	四一	一二
八	三二	一一	〇三	二一	七一	三一	四一	四一	二二
七	四〇	一一	一〇	二一	八五	二一	四五	三一	三二
六	四四	〇一	一四	一一	八三	二一	四三	二一	四二
五	四二	〇一	一二	一一	八一	二一	四一	三一	五二
四	四〇	〇一	一〇	一一	九五	一一	四五	二一	六二
三	三四	九〇	九三	〇一	六三	一一	三三	二一	七二
二	四二	九〇	〇二	〇一	七一	一一	三一	二一	八二
一	四〇	九〇	〇〇	〇一	六五	〇一	三三	一一	九二
○	三四	八〇	九三	九〇	五三	〇一	一二	一一	〇三

大梁酉宮

黃道南緯度

鶉火午宮	黄道南緯度 四 度	四 分	五 度	五 分	六 度	六 分	七 度	七 分	大梁酉宮
○	六一	八一	五一	〇二	四一	一二	三一	二二	〇三
一	六一	五〇	五一	七〇	四一	八〇	三一	〇一	九二
二	五一	二三	四一	四五	三一	五五	二一	七五	八二
三	五一	九二	四一	一四	三一	二四	二一	四四	七二
四	五一	六二	四一	七二	三一	九二	二一	一三	六二
五	五一	二一	四一	三一	三一	五一	二一	七一	五二
六	四一	八五	三一	九五	三一	一〇	二一	三〇	四二
七	四一	三四	三一	四四	三一	六四	一一	八四	三二
八	四一	八二	三一	九二	二一	一二	一一	三三	二二
九	四一	二一	三一	四一	二一	六一	一一	八一	一二
〇一	三一	六五	二一	八五	二一	一〇	一一	三〇	〇二
一一	三一	〇四	二一	二四	一一	五四	〇一	八四	九一
二一	三一	四三	二一	六二	一一	九二	〇一	一三	八一
三一	三一	八〇	二一	〇一	一一	二一	〇一	五一	七一
四一	二一	一五	一一	三五	〇一	六五	九〇	八五	六一
五一	二一	四三	一一	六三	〇一	九三	九〇	一四	五一
	度	分	度	分	度	分	度	分	
	黄道南緯度 四		五		六		七		

鶉火午宮 黃道南緯度

午宮	四 度	四 分	五 度	五 分	六 度	六 分	七 度	七 分	
一六	一二	一七	一一	一九	一〇	二二	〇九	二四	一四
一七	一一	五九	一一	〇一	一〇	〇四	〇九	〇七	一三
一八	一一	四一	一〇	四三	〇九	四六	〇八	四九	一二
一九	一一	二三	一〇	二五	〇九	二八	〇八	三一	一一
二〇	一一	〇四	一〇	〇七	〇九	一〇	〇八	一三	一〇
二一	一〇	四五	一九	四八	〇八	五一	〇七	五四	九
二二	一〇	二六	〇九	二九	〇八	三二	〇七	三五	八
二五	一〇	〇七	〇九	一〇	〇八	一三	〇七	二六	七
二四	〇九	四八	〇八	五一	〇七	五四	〇六	五七	六
二五	〇九	二八	〇八	三一	〇七	三五	〇六	三八	五
二六	〇九	〇八	〇八	一一	〇七	一三	〇六	一八	四
二九	〇八	四七	〇七	五〇	〇六	三四	〇五	五七	三
二八	〇八	二八	〇七	三一	〇六	三五	〇五	三七	二
二九	〇八	〇七	〇七	一一	〇六	一五	〇五	一七	一
三〇	〇七	四六	〇六	五〇	〇五	五四	〇四	五七	〇

	四 度	四 分	五 度	五 分	六 度	六 分	七 度	七 分	大梁酉宮

黃道南緯度

黃道南緯度

鶉火午宮	八 度	八 分	九 度	九 分	大梁酉宮
〇	一二	二四	一一	二五	三〇
一	一二	一二	一一	一四	二九
二	一一	五九	一一	〇一	二八
三	一一	四六	一〇	四八	二七
四	一一	二二	一〇	三五	二六
五	一一	一九	一〇	二一	二五
六	一一	〇五	一〇	〇七	二四
七	一〇	五〇	〇九	五〇	二三
八	一〇	三五	〇九	三七	二二
九	一〇	二〇	〇九	三二	二一
一〇	一〇	〇五	〇九	〇七	二〇
一一	〇九	四九	〇八	五一	一九
一二	〇九	三三	〇八	三五	一八
一三	〇九	一七	〇八	三〇	一七
一四	〇九	〇一	〇八	〇三	一六
一五	〇八	四四	〇七	四六	一五
	度	分	度	分	
	八		九		

黃道南緯度

鶉火午宮　黃道南緯度

午宮	八度	八分	九度	九分	酉宮
一六	〇八	二七	〇七	三〇	一四
一七	〇八	一〇	〇七	一四	一三
一八	〇七	五二	〇六	五五	一二
一九	〇七	三四	〇六	三七	一一
二〇	〇七	一六	〇六	一九	一〇
二一	〇六	五七	〇六	〇〇	九
二二	〇六	三八	〇五	四一	八
二三	〇六	一九	〇五	二二	七
二四	〇六	〇〇	〇五	〇三	六
二五	〇五	四一	〇四	四四	五
二六	〇五	三二	〇四	〇五	四
二七	〇五	〇一	〇四	二五	三
二八	〇四	四二	〇三	四六	二
二九	〇四	二二	〇三	二六	一
三〇	〇四	〇一	〇三	〇五	〇

大梁酉宮　黃道南緯度

十三

鶉尾巳宮　黃道北緯度

鶉尾巳宮	〇		一		二		三		降婁戌宮
	度	分	度	分	度	分	度	分	
〇	一一	一三	二一	七二	三一	三二	四一	九一	〇三
一	一一	九〇	二一	五〇	三一	一〇	三一	七五	九二
二	〇一	八四	一一	五四	二一	一四	三一	六三	八二
三	〇一	六二	一一	三二	二一	九一	三一	四一	七二
四	〇一	五〇	一一	一〇	一一	七五	二一	二五	六二
五	九〇	三四	〇一	九三	一一	五三	二一	〇三	五二
六	九〇	一二	〇一	七一	一一	三一	二一	八〇	四二
七	八〇	八五	九〇	五五	〇一	一五	一一	六四	三二
八	八〇	六三	九〇	二三	〇一	八二	一一	三二	二二
九	八〇	三一	九〇	〇一	九〇	六五	一一	一〇	一二
〇一	七〇	一五	八〇	七四	九〇	二四	〇一	八三	〇二
一一	七〇	八二	八〇	三二	九〇	八一	〇一	四一	九一
二一	七〇	五〇	八〇	〇〇	八〇	五五	九〇	一五	八一
三一	六〇	二四	七〇	七三	八〇	二三	九〇	八二	七一
四一	六〇	九一	七〇	四一	八〇	九〇	九〇	五〇	六一
五一	五〇	六五	六〇	二五	七〇	七四	八〇	二四	五一
	度	分	度	分	度	分	度	分	
	〇		一		二		三		

黃道北緯度

黃道北緯度

鶉尾巳宮	○ 度	○ 分	一 度	一 分	二 度	二 分	三 度	三 分	
一六	○五	三三	○六	二九	○七	二四	○八	一九	一四
一七	○五	○九	○六	○五	○七	○○	○七	五五	一三
一八	○四	四六	○五	二四	○六	三七	○七	三二	一二
一九	○四	二二	○五	一八	○六	一三	○七	○八	一一
二○	○三	五八	○四	五四	○五	四九	○六	四四	一○
二一	○三	三五	○四	三○	○五	二五	○六	二○	九
二二	○三	一一	○四	○七	○五	○二	○五	五七	八
二三	○二	四七	○三	四三	○四	三八	○五	三三	七
二四	○二	三四	○二	一九	○四	一四	○五	○九	六
二五	○二	○○	○二	五五	○三	五○	○四	四四	五
二六	○一	三六	○二	三一	○三	二六	○四	二一	四
二七	○一	一二	○二	○七	○三	○二	○三	五七	三
二八	○○	四八	○一	四二	○二	三八	○三	三三	二
二九	○○	二四	○一	一九	○二	一四	○三	○九	一
三○	○○	○○	○○	五五	○一	五○	○二	四五	○
	度	分	度	分	度	分	度	分	降婁戌宮
	○		一		二		三		

黃道北緯度

黃道北緯度

鶉尾巳宮	四度	四分	五度	五分	六度	六分	七度	七分	降婁戌宮
○	一五	一五	一六	一一	一七	○七	一八	○三	三○
一	一四	五三	一五	四六	一六	四五	一七	四一	二九
二	一四	三二	一五	二八	一六	三四	一七	二○	二八
三	一四	一○	一五	○六	一六	○二	一六	五八	二七
四	一三	四八	一四	四四	一五	四○	一六	三六	二六
五	一三	二六	一四	二二	一五	一八	一六	一四	二五
六	一三	○四	一四	○○	一四	五五	一五	五一	二四
七	一二	四二	一三	三七	一四	三三	一五	二八	二三
八	一二	一九	一三	一四	一四	一○	一五	○五	二二
九	一一	五六	一二	五二	一三	四七	一四	四二	二一
一○	一一	三三	一二	二九	一三	二四	一四	一九	二○
一一	一一	○九	一二	○五	一三	○○	一三	五五	二九
一二	一○	四六	一一	四三	一二	三七	一三	三二	二八
一三	一○	二三	一一	一九	一二	一四	一三	○九	二七
一四	一○	○○	一○	五六	一一	五一	一二	四六	二六
一五	○九	三七	一○	三三	一一	二八	一二	二三	一五

黃道北緯度

鶉尾 黃道北緯度

	七		六		五		四		巳
	分	度	分	度	分	度	分	度	宮
四一	○○	二一	五○	一一	○一	○一	四一	九○	六一
三一	六三	一一	一四	○一	六四	九○	○五	八○	七一
二一	二一	一一	七一	○一	二二	九○	七二	八○	八一
一一	八四	○一	三五	九○	八五	八○	三○	八○	九一
○一	四二	○一	九二	九○	四三	八○	九三	七○	○二
九	○○	○一	五○	九○	○一	八○	五一	七○	一二
八	六三	九○	二四	八○	七四	七○	二五	六○	二二
七	三一	九○	八一	八○	三二	七○	八二	六○	三二
六	九四	八○	四五	七○	九五	六○	四○	六○	四二
五	四二	八○	○三	七○	五二	六○	○五	五○	五二
四	○○	八○	六○	七○	一一	六○	六一	五○	六二
三	五三	七○	二四	六○	七四	五○	二五	四○	七二
二	三一	七○	八一	六○	三二	五○	八二	四○	八二
一	九四	六○	四五	五○	九五	四○	四○	四○	九二
○	五二	六○	○三	五○	五三	四○	○四	三○	○三
降婁	分	度	分	度	分	度	分	度	
戌	七		六		五		四		
宮									

黃道北緯度

十五

鶉尾 黃道北緯度

巳宮	八度	八分	九度	九分	降婁戌宮
〇	一八	五九	一九	五五	三〇
一	一八	三七	一九	三三	二九
二	一八	一六	一九	二一	二八
三	一七	五四	一八	四九	二七
四	一七	三一	一八	二七	二六
五	一七	〇九	一八	〇四	二五
六	一六	四六	一七	四一	二四
七	一六	二三	一七	一八	二三
八	一六	〇〇	一六	五五	二二
九	一五	三七	一六	三二	二一
一〇	一五	一四	一六	〇九	二〇
一一	一四	五〇	一五	四五	一九
一二	一四	二七	一五	二二	一八
一三	一四	〇四	一四	五九	一七
一四	一三	四一	一四	三六	一六
一五	一三	一八	一四	一三	一五
	八度	八分	九度	九分	

黃道北緯度

鶉尾黃道北緯度

巳宮	八度	八分	九度	九分	
一六	一二	五四	一三	四九	一四
一七	一二	三一	一三	二六	一三
一八	一二	〇七	一三	〇二	一二
一九	一一	四三	一二	三八	一一
二〇	一一	一九	一二	一四	一〇
二一	一〇	五五	一一	五〇	九
二二	一〇	三二	一一	二七	八
二三	一〇	〇八	一一	〇三	七
二四	〇九	四四	一〇	三九	六
二五	〇九	一九	一〇	一四	五
二六	〇八	五五	〇九	五〇	四
二七	〇八	三一	〇九	二六	三
二八	〇八	〇八	〇九	〇三	二
二九	〇七	四四	〇八	三九	一
三〇	〇七	二〇	〇八	一五	〇
	八度	八分	九度	九分	降婁戌宮

黃道北緯度

鶉尾巳宮　黃道南緯度

降婁戌宮	三 分	三 度	二 分	二 度	一 分	一 度	◯ 分	◯ 度	鶉尾巳宮
◯三	三四	八◯	九三	九◯	五三	◯一	一三	一一	◯
九二	二二	八◯	八一	九◯	四一	◯一	九◯	一一	一
八二	一◯	八◯	七五	八◯	三五	九◯	八四	◯一	二
七二	九五	七◯	五三	八◯	一三	九◯	六二	◯一	三
六二	八一	七◯	四一	八◯	九◯	九◯	五◯	◯一	四
五二	六五	六◯	二五	七◯	七四	八◯	三四	九◯	五
四二	四三	六◯	◯三	七◯	五二	八◯	一二	九◯	六
三二	一一	六◯	七◯	七◯	二◯	八◯	八五	八◯	七
二二	九四	五◯	四四	六◯	◯四	七◯	六三	八◯	八
一二	六二	五◯	一二	六◯	七一	七◯	三一	八◯	九
◯二	四◯	五◯	九五	五◯	五五	六◯	一五	七◯	◯一
九一	一四	四◯	七三	五◯	二三	六◯	八二	七◯	一一
八一	八一	四◯	四一	五◯	九◯	六◯	五◯	七◯	二一
七一	五五	二◯	一五	四◯	六四	五◯	二四	六◯	三一
六一	二三	二◯	八二	四◯	三二	五◯	九一	六◯	四一
五一	◯一	三◯	六◯	四◯	一◯	五◯	六五	五◯	五一
降婁戌宮	分	度 三	分	度 二	分	度 一	分	度 ◯	

黃道南緯度

鶉尾 黃道南緯度

已宮	○度	○分	一度	一分	二度	二分	三度	三分	戊宮
六一	五○	三三	四○	八三	三○	一四	二○	七五	四一
七一	五○	九○	四○	四一	三○	九一	二○	四二	三一
八一	四○	六四	三○	一五	二○	六五	二○	一○	二一
九一	四○	二二	三○	七二	二○	二三	一○	七三	一一
○二	三○	八五	三○	三○	二○	八○	一○	三一	○一
一二	三○	五三	二○	九二	一○	四四	○○	九四	九
二二	三○	一一	二○	六一	一○	一二	○○	六二	八
三二	二○	七四	一○	二五	○○	七五	○○	二○	七
四二	二○	七二	一○	八二	○○	五三	○○	二二	六
五二	二○	○○	一○	五○	○○	九○	○○	六四	五
六二	一○	六三	○○	一四	○○	五一	一○	○一	四
七二	一○	二一	○○	七一	○○	九三	一○	四二	三
八二	○○	八四	○○	七○	一○	三○	一○	七五	二
九二	○○	四二	○○	一三	一○	七二	二○	一二	一
○三	○○	○○	○○	五五	一○	○五	二○	五四	○

降婁 黃道南緯度

鶉尾巳宫	黄道南纬度四 度	四 分	五 度	五 分	六 度	六 分	七 度	七 分	降婁戌宫
○	〇七	四六	〇六	五〇	〇五	五四	〇四	五七	三〇
一	〇七	二五	〇六	二九	〇五	三三	〇四	三六	二九
二	〇七	〇四	〇六	〇八	〇五	一一	〇四	一六	二八
三	〇六	四三	〇五	四七	〇四	五一	〇三	五五	二七
四	〇六	二二	〇五	二六	〇四	三〇	〇三	三四	二六
五	〇六	〇〇	〇五	〇四	〇四	〇八	〇三	一二	二五
六	〇五	三八	〇四	四二	〇三	四六	〇二	五〇	二四
七	〇五	一五	〇四	一九	〇三	二三	〇二	二七	二三
八	〇四	五三	〇三	五七	〇三	〇一	〇二	〇五	二二
九	〇四	三〇	〇三	三四	〇二	三九	〇一	四三	二一
一〇	〇四	〇八	〇三	一二	〇二	一七	〇一	二一	二〇
一一	〇三	四六	〇二	五〇	〇一	五五	〇〇	五九	一九
一二	〇三	二三	〇二	二七	〇一	三二	〇〇	三九	一八
一三	〇三	〇〇	〇二	〇四	〇一	〇九	〇〇	一四	一七
一四	〇二	三七	〇一	四一	〇〇	四六	〇〇	〇九	一六
一五	〇二	一五	〇一	一九	〇〇	二四	〇〇	三三	一五
	黄道南纬度四 度	四 分	五 度	五 分	六 度	六 分	七 度	七 分	降婁戌宫

鶉尾巳宮 黃道南緯度

巳宮	四度 度	四度 分	五度 度	五度 分	六度 度	六度 分	七度 度	七度 分	戌宮
六一	一○	二五	○○	六五	○○	○○	○○	六五	四一
七一	一○	九二	○○	三三	○○	四二	一○	九一	三一
八一	一○	五○	○○	○一	○○	七四	一○	二四	二一
九一	○○	一四	○○	四一	一○	九○	二○	五○	一一
○二	○○	八一	○○	八二	一○	三三	二○	八二	○一
一二	○○	六○	一○	二○	一○	七五	二○	二五	九
二二	○○	九二	一○	五二	二○	○二	三○	四一	八
三二	○○	三五	一○	八四	二○	三四	三○	八三	七
四二	一○	七一	二○	二一	三○	七○	四○	二○	六
五二	一○	一四	二○	六三	三○	一三	四○	六二	五
八二	二○	五○	三○	○○	三○	五五	四○	○五	四
七二	二○	九二	三○	四二	四○	九一	五○	四一	三
八一	一○	二五	三○	七四	四○	二四	五○	七三	二
九二	三○	六一	四○	一一	五○	六○	六○	一○	一
○三	三○	○四	四○	五三	五○	○三	六○	五二	○
	四度 度	四度 分	五度 度	五度 分	六度 度	六度 分	七度 度	七度 分	降婁戌宮

黃道南緯度

黃道南緯度

鶉尾巳宮	八 度	八 分	九 度	九 分	降婁戌宮
〇	〇四	〇一	〇三	〇五	三〇
一	〇三	四〇	〇二	四四	二九
二	〇三	二〇	〇二	二四	二八
三	〇二	五九	〇二	〇三	二七
四	〇二	三八	〇一	四二	二六
五	〇二	一七	〇一	二一	二五
六	〇一	五五	〇〇	五九	二四
七	〇一	三二	〇〇	三七	二三
八	〇一	一〇	〇〇	一五	二二
九	〇〇	四七	〇〇	〇八	二一
一〇	〇〇	二五	〇〇	三一	二〇
一一	〇〇	〇三	〇〇	五三	一九
一二	〇〇	一九	〇〇	一五	一八
一三	〇〇	四二	〇一	三七	一七
一四	〇一	〇五	〇二	〇〇	一六
一五	〇一	二九	〇二	二三	一五
	度	分	度	分	
	八		九		

黃道南緯度

鶉尾巳宮 黃道南緯度

巳宮	八 度	分	九 度	分	戌宮
六一	一〇	二五	二〇	七四	四一
七一	二〇	五一	三〇	〇一	三一
八一	二〇	八三	三〇	三三	二一
九一	三〇	〇〇	三〇	六五	一一
〇二	三〇	三二	四〇	九一	〇一
一二	三〇	七四	四〇	二四	九
二二	四〇	〇一	五〇	五〇	八
三二	四〇	三三	五〇	八二	七
四二	四〇	七五	五〇	二五	六
五二	五〇	一二	六〇	六一	五
六二	五〇	五四	六〇	〇四	四
七二	六〇	九〇	七〇	四〇	三
八二	六〇	二三	七〇	七二	二
九二	六〇	六五	七〇	一五	一
〇三	七〇	〇二	八〇	五一	〇

八 度 分　九 度 分

降婁戌宮 黃道南緯度

十九

壽星辰宮黃道北緯度

亥宮 娵訾	三 分	三 度	二 分	二 度	一 分	一 度	〇 分	〇 度	壽星辰宮
〇三	五四	二〇	〇五	一〇	五五	〇〇	〇〇	〇〇	〇
九二	一二	二〇	七二	一〇	一三	〇〇	四二	〇〇	一
八二	七五	一〇	三〇	一〇	七〇	〇〇	八四	〇〇	二
七二	四三	一〇	九三	〇〇	一〇	〇〇	二一	一〇	三
六二	〇一	一〇	五一	〇〇	一四	〇〇	六三	一〇	四
五二	六四	〇〇	九〇	〇〇	五〇	一〇	〇〇	二〇	五
四二	二二	〇〇	四三	〇〇	九二	一〇	四二	二〇	六
三二	二〇	〇〇	七五	〇〇	二五	一〇	七四	二〇	七
二二	六二	〇〇	一二	一〇	六一	二〇	一一	三〇	八
一二	九四	〇〇	四四	一〇	〇三	二〇	五三	三〇	九
〇二	三一	一〇	八〇	二〇	三〇	三〇	八五	三〇	〇一
九一	七二	一〇	二三	二〇	七二	三〇	二二	四〇	一一
八一	〇〇	二〇	五五	二〇	一五	三〇	六四	四〇	二一
七一	四三	二〇	九一	三〇	四一	四〇	九〇	五〇	三一
六一	七四	二〇	二四	三〇	八三	四〇	三三	五〇	四一
五一	〇一	三〇	六〇	四〇	一〇	五〇	六五	五〇	五一

亥宮黃道北緯度

壽星辰宮　黄道北緯度

辰宮	〇 度	〇 分	一 度	一 分	二 度	二 分	三 度	三 分	亥宮
一六	〇六	一九	〇五	二四	〇四	二九	〇三	三三	一四
一七	〇六	四二	〇五	四六	〇四	五一	〇三	五五	一三
一八	〇七	〇五	〇六	〇九	〇五	一四	〇四	一八	一二
一九	〇七	二八	〇六	三二	〇五	三七	〇四	四一	一一
二〇	〇七	五一	〇六	五六	〇六	〇〇	〇五	〇五	一〇
二一	〇八	一三	〇七	一八	〇六	二二	〇五	二七	九
二二	〇八	三六	〇七	四一	〇六	四五	〇五	五〇	八
二三	〇八	五八	〇八	〇三	〇七	〇七	〇六	一二	七
二四	〇九	二一	〇八	二五	〇七	三〇	〇六	三四	六
二五	〇九	四三	〇八	四七	〇七	五二	〇六	五六	五
二六	一〇	〇五	〇九	〇九	〇八	一四	〇七	一八	四
二七	一〇	二六	〇九	三一	〇八	三六	〇七	四〇	三
二八	一〇	四八	〇九	五三	〇八	五七	〇八	〇一	二
二九	一一	〇九	一〇	一四	〇九	一八	〇八	二二	一
三〇	一一	三一	一〇	三五	〇九	三九	〇八	四三	〇
	度	分	度	分	度	分	度	分	娵訾亥宮
	〇		一		二		三		

黄道北緯度

壽星辰宮	黃道北緯度 四 度	四 分	五 度	五 分	六 度	六 分	七 度	七 分	娵訾亥宮
○	○三	四○	○四	三五	○五	三○	○六	二五	三○
一	○三	一六	○四	一一	○五	○六	○六	○一	二九
二	○二	五二	○三	四七	○四	四二	○五	三七	二八
三	○二	二九	○三	二四	○四	一九	○五	一四	二七
四	○二	○五	○三	○○	○三	五五	○四	五○	二六
五	○一	四一	○二	三六	○三	三一	○四	二六	二五
六	○一	一七	○二	一二	○三	○七	○四	○二	二四
七	○○	五三	○一	四八	○二	四三	○三	三八	二三
八	○○	二九	○一	二五	○二	二○	○三	一五	二二
九	○○	○六	○一	○二	○一	五七	○二	五二	二一
一○	○○	一八	○○	三八	○一	三三	○二	二八	二○
一一	○○	四一	○○	一四	○一	○九	○二	○四	一九
一二	○一	○四	○○	○九	○○	四六	○一	四一	一八
一三	○一	二八	○○	三二	○○	二三	○一	一九	一七
一四	○一	五二	○○	五六	○○	○○	○○	五六	一六
一五	○二	一五	一	一九	○○	一四	○○	三二	一五
	度 四	分	度 五	分	度 六	分	度 七	分	娵訾亥宮

壽星辰宮　黃道北緯度

宮	四度	四分	五度	五分	六度	六分	七度	七分	娵訾亥宮
一六	〇二	三八	〇一	四二	〇〇	四七	〇〇	〇九	一四
一七	〇三	〇〇	〇二	〇四	〇一	〇九	〇〇	一四	一三
一八	〇三	二三	〇二	二七	〇二	三二	〇〇	三六	一二
一九	〇三	四六	〇二	五〇	〇一	五五	〇〇	五九	一一
二〇	〇四	〇九	〇三	一三	〇二	一八	〇一	二二	一〇
二一	〇四	三一	〇三	二五	〇二	四〇	〇一	四四	九
二二	〇四	五四	〇三	五八	〇三	〇二	〇二	〇六	八
二三	〇五	一六	〇四	二〇	〇三	二四	〇二	二八	七
二四	〇五	三八	〇四	四二	〇三	四六	〇二	五〇	六
二五	〇六	〇〇	〇五	〇四	〇四	〇八	〇三	一二	五
二六	〇六	二二	〇五	二六	〇四	三〇	〇三	三四	四
二七	〇六	四三	〇五	四七	〇四	五一	〇三	五五	三
二八	〇七	〇四	〇六	〇八	〇五	一二	〇四	一六	二
二九	〇七	二五	〇六	二九	〇五	三三	〇四	三七	一
三〇	〇七	四六	〇六	五〇	〇五	五四	〇四	五七	〇

娵訾亥宮　黃道北緯度

壽星辰宮	黃道北緯度				
	八		九		
	度	分	度	分	
〇	〇七	二〇	〇八	一五	三〇
一	〇六	五六	〇七	五一	二九
二	〇六	三二	〇七	二七	二八
三	〇六	〇九	〇七	〇四	二七
四	〇五	四五	〇六	四〇	二六
五	〇五	二一	〇六	一六	二五
六	〇四	五七	〇五	五二	二四
七	〇四	三三	〇五	二八	二三
八	〇四	一〇	〇五	〇五	二二
九	〇三	四七	〇四	四二	二一
一〇	〇三	二三	〇四	一八	二〇
一一	〇三	〇〇	〇三	五五	一九
一二	〇二	三七	〇三	三二	一八
一三	〇二	一四	〇三	〇九	一七
一四	〇一	五一	〇二	四六	一六
一五	〇一	二八	〇二	二三	一五
	度	分	度	分	娵訾亥宮
	八		九		
	黃道北緯度				

黃道北緯度

壽星辰宮	八 度	八 分	九 度	九 分	娵訾亥宮
一六	〇一	四四	〇一	五九	一四
一七	〇〇	二四	〇一	三六	一三
一八	〇〇	一九	〇一	一四	一二
一九	〇〇	〇三	〇〇	五二	一一
二〇	〇〇	二六	〇〇	二九	一〇
二一	〇〇	四三	〇〇	〇七	九
二二	〇一	一一	〇〇	一六	八
二三	〇一	三三	〇〇	三八	七
二四	〇一	五五	〇一	〇九	六
二五	〇二	一七	〇一	二一	五
二六	〇二	三八	〇一	四二	四
二七	〇二	五九	〇二	〇三	三
二八	〇三	二〇	〇二	二四	二
二九	〇三	四一	〇二	四五	一
三〇	〇三	〇一	〇三	〇五	〇
	度	分	度	分	
	八		九		

黃道北緯度

壽星辰宮	黃道南緯○度	○分	一度	一分	二度	二分	三度	三分	娵訾亥宮
○	○○	○○	○○	五五	○一	五○	○二	四五	三○
一	○○	二四	○一	一九	○二	一四	○三	○九	二九
二	○○	四八	○一	四三	○二	三八	○三	三三	二八
三	○一	一二	○二	○七	○三	○二	○三	五七	二七
四	○一	三六	○二	三一	○三	二六	○四	二一	二六
五	○二	○○	○二	五五	○三	五○	○四	四五	二五
六	○二	二四	○三	一九	○四	一四	○五	○九	二四
七	○二	四七	○三	四二	○四	三七	○五	三二	二三
八	○三	一一	○四	○六	○五	○一	○五	五六	二二
九	○三	三五	○四	二九	○五	二四	○六	一九	二一
一○	○三	五八	○四	五三	○五	四八	○六	四三	二○
一一	○四	二二	○五	一七	○六	一二	○七	○七	一九
一二	○四	四六	○五	四一	○六	三六	○七	三一	一八
一三	○五	○九	○六	○五	○七	○○	○七	五五	一七
一四	○五	三三	○六	二九	○七	二四	○八	一九	一六
一五	○五	五六	○六	五五	○七	四七	○八	四一	一五
	黃道南緯○度	○分	一度	一分	二度	二分	三度	三分	娵訾亥宮

壽星辰宮	黃道南緯度 ○ 度	分	一 度	分	二 度	分	三 度	分	娵訾亥宮
六一	六○	九一	七○	四一	八○	九○	九○	五○	四一
七一	六○	一四	七○	七三	八○	一三	九○	八二	三一
八一	七○	五○	八○	○○	八○	五五	九○	一五	二一
九一	七○	八二	八○	三二	九○	八一	○一	四一	一一
○二	七○	一五	八○	七四	九○	二四	○一	七三	○一
一二	八○	三一	九○	九○	○一	五○	一一	○○	九
二二	八○	六三	九○	二三	○一	八二	一一	三二	八
三二	八○	八五	九○	四五	○一	○五	一一	六四	七
四二	九○	一二	○一	七一	一一	二一	一一	八○	六
五二	九○	三四	○一	九三	一一	五三	二一	○三	五
六二	○一	五○	一一	一○	一一	七五	二一	二五	四
七二	○一	六二	一一	三二	二一	九一	三一	四一	三
八二	○一	八四	一一	五四	二一	一四	三一	六三	二
九二	一一	九○	二一	六○	三一	二○	三一	八五	一
○三	一一	一三	二一	七二	三一	三二	四一	九一	○
	度	分	度	分	度	分	度	分	娵訾亥宮
	黃道南緯度 ○		一		二		三		

廿三

黃道南緯度

壽星辰宮	四度	四分	五度	五分	六度	六分	七度	七分	
○	○三	四○	○四	三五	○五	三○	○六	三五	三○
一	○四	○四	○四	五九	○五	五四	○六	四九	二九
二	○四	二八	○五	二三	○六	一八	○七	一三	二八
三	○四	五二	○五	四七	○六	四二	○七	三七	二七
四	○五	一六	○六	一一	○七	○六	○八	○○	二六
五	○五	四○	○六	三五	○七	三○	○八	二四	二五
六	○六	○四	○六	五九	○七	五四	○八	四八	二四
七	○六	二七	○七	二二	○八	一七	○九	一二	二三
八	○六	五一	○七	四六	○八	四一	○九	三六	二二
九	○七	一五	○八	一○	○九	○五	一○	○○	二一
一○	○七	三九	○八	三四	○九	二九	一○	二四	二○
一一	○八	○三	○八	五八	○九	五三	一○	四八	一九
一二	○八	二六	○九	二一	一○	一六	一一	一一	一八
一三	○八	五○	○九	四五	一○	四○	一一	三五	一七
一四	○九	一四	一○	○九	一一	○四	一一	五九	一六
一五	○九	二七	一○	三三	一一	二八	一二	二三	一五
	四度	四分	五度	五分	六度	六分	七度	七分	娵訾亥宮

黃道南緯度

壽星辰宮	黃道南緯度 四 度	四 分	五 度	五 分	六 度	六 分	七 度	七 分	娵訾亥宮
六一	〇一	〇〇	〇一	六五	一一	一五	二一	六四	四一
七一	〇一	三二	一一	九一	二一	四一	三一	九〇	三一
八一	〇一	六四	一一	二四	二一	七三	三一	二三	二一
九一	一一	九〇	二一	五〇	三一	〇〇	三一	五五	一一
〇二	一一	二三	二一	八二	三一	三二	四一	八一	〇一
一二	一一	五五	二一	一五	三一	六四	四一	一四	九
二二	二一	九一	三一	四一	四一	〇一	五一	五〇	八
三二	二一	二四	三一	七三	四一	三三	五一	八二	七
四二	三一	四〇	四一	〇〇	四一	五五	五一	一五	六
五二	三一	六二	四一	二二	五一	八一	六一	四一	五
六二	三一	八四	四一	四四	五一	〇四	六一	六三	四
七二	四一	〇一	五一	六〇	六一	二〇	一一	八五	三
八二	四一	二三	五一	八二	六一	四二	七一	〇二	二
九二	四一	四五	五一	〇五	六一	六四	七一	二四	一
〇三	五一	五一	六一	一一	七一	七〇	八一	三〇	〇
	黃道南緯度 四 度	四 分	五 度	五 分	六 度	六 分	七 度	七 分	娵訾亥宮

黄道南緯度

壽星辰宮	八 度	八 分	九 度	九 分	娵訾亥宮
○	○七	二○	○八	一五	三○
一	○七	四四	○八	三九	二九
二	○八	○八	○九	○三	二八
三	○八	三一	○九	二六	二七
四	○八	五五	○九	五○	二六
五	○九	一九	一○	一四	二五
六	○九	四三	一○	三八	二四
七	一○	○七	一一	○二	二三
八	一○	三一	一一	二六	二二
九	一○	五五	一一	五○	二一
一○	一一	一九	一二	一四	二○
一一	一一	四三	一二	三八	一九
一二	一二	○六	一三	○一	一八
一三	一二	三九	一三	二五	一七
一四	一二	五四	一三	四九	一六
一五	一三	一八	一四	一三	一五
	八 度	八 分	九 度	九 分	

黄道南緯度

壽星辰宮	黃道南緯度 八 度	分	九 度	分	娵訾亥宮
一六	一三	四一	一四	三六	一四
一七	一四	〇四	一五	〇〇	一三
一八	一四	二七	一五	三三	一二
一九	一四	五〇	一五	四六	一一
二〇	一五	一三	一六	〇九	一〇
二一	一五	三七	一六	三二	九
二二	一六	〇〇	一六	五六	八
二三	一六	二三	一七	一八	七
二四	一六	四六	一七	四〇	六
二五	一七	〇九	一八	〇三	五
二六	一七	三一	一八	二六	四
二七	一七	五三	一八	四八	三
二八	一八	一五	一九	一〇	二
二九	一八	三七	一九	三二	一
三〇	一八	五九	一九	五四	〇
	度	分	度	分	
	八		九		
	黃道南緯度				娵訾亥宮

大火卯宮　黃道北緯度

卯宮	〇度 度	〇度 分	一度 度	一度 分	二度 度	二度 分	三度 度	三度 分	子宮
〇	一一	三一	一〇	三五	〇九	三九	〇八	四三	三〇
一	一一	五二	一〇	五六	一〇	〇〇	〇九	〇四	二九
二	一二	一三	一一	一七	一〇	二〇	〇九	二四	二八
三	一二	三三	一一	三七	一〇	四〇	〇九	四四	二七
四	一二	五四	一一	五八	一一	〇一	一〇	〇四	二六
五	一三	一四	一二	一八	一一	二一	一〇	二四	二五
六	一三	三四	一二	三八	一一	四一	一〇	四四	二四
七	一三	五四	一二	五八	一二	〇一	一一	〇四	二三
八	一四	一四	一三	一七	一二	二〇	一一	二三	二二
九	一四	三三	一三	三六	一二	三九	一一	四二	二一
一〇	一四	五二	一三	五五	一二	五八	一二	〇一	二〇
一一	一五	一一	一四	一四	一三	一七	一二	二〇	一九
一二	一五	二九	一四	三二	一三	三五	一二	三八	一八
一三	一五	四八	一四	五〇	一三	五三	一二	五六	一七
一四	一六	〇六	一五	〇八	一四	一一	一三	一四	一六
一五	一六	二四	一五	二六	一四	二九	一三	三一	一五

玄枵子宮　黃道北緯度

黃道北緯度

大火卯宮	〇 度	〇 分	一 度	一 分	二 度	二 分	三 度	三 分	
六一	六一	一四	五一	三四	四一	六四	三一	八四	四一
七一	六一	八五	六一	〇〇	五一	三〇	四一	五〇	三一
八一	七一	五一	六一	七一	五一	〇二	四一	二二	二一
九一	七一	二三	六一	四二	五一	六三	四一	八三	一一
〇二	七一	八四	六一	〇五	五一	二五	四一	四五	〇一
一二	八一	四〇	七一	六〇	六一	八〇	五一	〇一	九
二二	八一	〇二	七一	二三	六一	四二	五一	六二	八
三二	八一	五三	七一	七三	六一	九三	五一	一四	七
四二	八一	〇五	七一	二五	六一	四五	五一	六五	六
五二	九一	三〇	八一	七〇	七一	八〇	六一	〇一	五
六二	九一	九一	八一	一二	七一	三二	六一	五二	四
七二	九一	三三	八一	三三	七一	六三	六一	八三	三
八二	九一	七四	八一	八四	七一	〇五	六一	一五	二
九二	〇二	〇〇	九一	一〇	八一	三〇	七一	四〇	一
〇三	〇二	三一	九一	四一	八一	六一	七一	七一	〇
	度 〇	分 〇	度 一	分 一	度 二	分 二	度 三	分 三	玄枵子宮

黃道北緯度

度 緯 北 道 黃

枵玄	分	度	分	度	分	度	分	度	火大 卯宮
	七		六		五		四		
○三	七五	四○	四五	五○	○五	六○	六四	七○	○
九二	八一	五○	五一	六○	一一	七○	七○	八○	一
八二	八三	五○	五三	六○	一三	七○	八二	八○	二
七二	八五	五○	五五	六○	一五	七○	八四	八○	三
六二	八一	六○	五一	七○	一一	八○	八○	九○	四
五二	八三	六○	五三	七○	一三	八○	八二	九○	五
四二	七五	六○	四五	七○	一五	八○	八四	九○	六
三二	六一	七○	三一	八○	○一	九○	七○	○一	七
二二	五三	七○	二三	八○	九二	九○	六二	○一	八
二二	四五	七○	一五	八○	八四	九○	五四	○一	九
○二	三一	八○	○一	九○	七○	○一	四○	一一	○一
九一	一三	八○	八二	九○	五二	○一	三二	一一	一一
八一	九四	八○	六四	九○	三四	○一	一四	一一	二一
七一	七○	九○	四○	○一	一○	一一	九五	一一	三一
六一	四二	九○	二二	○一	九一	一一	七一	二一	四一
五一	一四	九○	九三	○一	六三	一一	四三	二一	五一
子宮	分	度	分	度	分	度	分	度	
	七		六		五		四		

度 緯 北 道 黃

大火卯宮	黃道北緯度四度	四分	五度	五分	六度	六分	七度	七分	玄枵子宮
一六	一二	五一	一一	五三	一〇	五六	〇九	五八	一四
一七	一三	〇八	一二	一〇	一一	一三	一〇	一五	一三
一八	一三	二四	一二	二六	一一	二九	一〇	三一	一二
一九	一三	四〇	一二	四二	一一	四五	一〇	四七	一一
二〇	一三	五六	一二	五八	一二	〇一	一一	〇三	一〇
二一	一四	一二	一三	一四	一二	一六	一一	一八	九
二二	一四	二八	一三	二九	一二	三一	一一	三三	八
二三	一四	四三	一三	四四	一二	四八	一一	四六	七
二四	一四	五八	一三	五九	一三	〇一	一二	〇三	六
二五	一五	一二	一四	一三	一三	一五	一二	一七	五
二六	一五	二六	一四	二七	一三	二九	一二	三一	四
二七	一五	三九	一四	四一	一三	四二	一二	四四	三
二八	一五	五二	一四	五四	一三	五五	一二	三七	二
二九	一六	〇三	一五	〇七	一四	〇八	一三	一〇	一
三〇	一六	一八	一五	二〇	一四	二一	一三	二二	〇
	黃道北緯度四度	分	五度	分	六度	分	七度	分	玄枵子宮

大火卯宮	黃道北緯度 八 度	八 分	九 度	九 分	
〇	〇四	〇四	〇三	〇三	三〇
一	〇四	二二	〇三	二六	二九
二	〇四	四二	〇三	四六	二八
三	〇五	〇二	〇四	〇六	二七
四	〇五	二二	〇四	二六	二六
五	〇五	四二	〇四	四六	二五
六	〇六	〇一	〇五	〇五	二四
七	〇六	二〇	〇五	二四	二三
八	〇六	三九	〇五	四二	二二
九	〇六	五七	〇六	〇〇	二一
一〇	〇七	一六	〇六	一九	二〇
一一	〇七	三四	〇六	三七	一九
一二	〇七	五二	〇六	五五	一八
一三	〇八	一〇	〇七	一三	一七
一四	〇八	二七	〇七	三〇	一六
一五	〇八	四四	〇七	四七	一五
	度	分	度	分	玄枵子宮
	八		九		
	黃道北緯度				

大火卯宮 黃道北緯度

卯宮	八 度	八 分	九 度	九 分	玄枵子宮
一六	〇九	〇一	〇八	〇四	一四
一七	〇九	一七	〇八	二〇	一三
一八	〇九	三三	〇八	三五	一二
一九	〇九	四九	〇八	五一	一一
二〇	一〇	〇五	〇九	〇七	一〇
二一	一〇	二〇	〇九	二二	九
二二	一〇	三五	〇九	三七	八
二三	一〇	五〇	〇九	五二	七
二四	一一	〇五	一〇	〇七	六
二五	一一	一九	一〇	二一	五
二六	一一	三三	一〇	三五	四
二七	一一	四六	一〇	四八	三
二八	一一	五九	一一	〇一	二
二九	一二	一二	一一	一四	一
三〇	一二	二四	一一	二六	〇

黃道北緯度 八 九 度分度分 玄枵子宮

枵玄子宮	分	度	分	度	分	度	分	度	火大卯宮
	三		三		一		○		
○三	九一	四一	三二	三一	七二	二一	一三	一一	○
九二	○四	四一	四四	三一	八四	二一	二五	一一	一
八二	一○	五一	五○	四一	九○	三一	三一	二一	二
七二	一二	五一	五二	四一	九二	三一	三三	二一	三
六二	三四	五一	六四	四一	○五	三一	四五	二一	四
五二	三○	六一	七○	五一	一一	四一	四一	三一	五
四二	四二	六一	七二	五一	一三	四一	四三	三一	六
三二	四四	六一	七四	五一	一五	四一	四五	三一	七
二二	四○	七一	七○	六一	一一	五一	四一	四一	八
一二	三二	七一	六二	六一	○三	五一	三三	四一	九
○二	二四	七一	五四	六一	九四	五一	二五	四一	○一
九二	一○	八一	四○	七一	八○	六一	一一	五一	一一
八二	○二	八一	三二	七一	六二	六一	九二	五一	二一
七二	九三	八一	二四	七一	五四	六一	八四	五一	三一
六二	七五	八一	○○	八一	三○	七一	六○	六一	四一
五一	五一	九一	八一	八一	一二	七一	四二	六一	五一
枵玄子宮	分	度	分	度	分	度	分	度	
							○		

度　緯　南　道　黃 (top)

宮　度　緯　南　道　黃 (bottom)

大火卯宮

黃道南緯度

子宮	三 分	三 度	二 分	二 度	一 分	一 度	〇 分	〇 度	卯宮
四一	三三	九一	六三	八一	八三	七一	一四	六一	六一
三一	一五	九一	三五	八一	五五	七一	八五	六一	七一
二一	八〇	〇二	〇一	九一	二一	八一	五一	七一	八一
一一	五二	〇二	七二	九一	九二	八一	二三	七一	九一
〇一	一四	〇二	四四	九一	六四	八一	八四	七一	〇二
九	七五	〇二	〇〇	〇二	二〇	九一	四〇	八一	一二
八	三一	一二	六一	〇二	八一	九一	〇二	八一	二二
七	九二	一二	二三	〇二	四三	九一	五三	八一	三二
六	五四	一二	七四	〇二	九四	九一	〇五	八一	四二
五	〇〇	二二	二〇	一二	三〇	〇二	五〇	九一	五二
四	四一	二二	六一	一二	七一	〇二	九一	九一	六二
三	八二	二二	〇三	一二	一三	〇二	三三	九一	七二
二	二四	二二	四四	一二	五四	〇二	七四	九一	八二
一	六五	二二	七四	一二	九五	〇二	〇〇	〇二	九二
〇	九〇	三二	〇一	二二	二一	一二	三一	〇二	〇三

玄枵子宮

黃道南緯度

卅九

大火卯宮	黄道南緯度四度	四分	五度	五分	六度	六分	七度	七分	玄枵子宮
○	一五	一五	一六	一一	一七	〇七	一八	〇三	三〇
一	一五	三六	一六	三三	一七	二九	一八	二五	二九
二	一五	五七	一六	五四	一七	五〇	一八	四六	二八
三	一六	一八	一七	一四	一八	一〇	一九	〇六	二七
四	一六	三九	一七	三五	一八	三一	一九	二七	二六
五	一七	〇〇	一七	五六	一八	五二	一九	四九	二五
六	一七	二〇	一八	二七	一九	一三	二〇	一〇	二四
七	一七	四〇	一八	三七	一九	三三	二〇	三〇	二三
八	一八	〇〇	一八	五七	一九	五三	二〇	五〇	二二
九	一八	二〇	一九	一七	二〇	一三	二一	一〇	二一
一〇	一八	三九	一九	三六	二〇	三三	二一	三〇	二〇
一一	一八	五八	一九	五五	二〇	五二	二一	四九	一九
一二	一九	一七	二〇	一四	二一	一一	二二	〇八	一八
一三	一九	三六	二〇	三三	二一	三〇	二二	二七	一七
一四	一九	五四	二〇	五二	二一	四九	二二	四六	一六
一五	二〇	一二	二一	一〇	二二	〇七	二三	〇四	一五
	黄道南緯度四度	分	五度	分	六度	分	七度	分	

黃道南緯度

大火卯宮	四度	四分	五度	五分	六度	六分	七度	七分	玄枵子宮
一六	二○	三○	二一	四八	二二	二五	二三	二二	一四
一七	二○	四八	二一	四六	二二	三四	二三	四○	一三
一八	二一	○五	二二	○三	二三	○○	二三	五○	一二
一九	二一	二三	二二	二○	二三	一七	二四	一四	一一
二○	二一	三九	二二	三七	二三	三四	二四	三一	一○
二一	二一	五五	二二	五三	二三	五一	二四	四八	九
二二	二二	一一	二三	○九	二四	○七	二五	○五	八
二三	二二	二七	二三	二五	二四	二三	二五	二一	七
二四	二二	四三	二三	四一	二四	三九	二五	三七	六
二五	二二	五八	二三	五六	二四	五四	二五	五二	五
二六	二三	一二	二四	一一	二五	○九	二六	○七	四
二七	二三	二六	二四	二五	二五	二三	二六	二一	三
二八	二三	四○	二四	三九	二五	三七	二六	三五	二
二九	二三	五四	二四	五三	二五	五一	二六	四九	一
三○	二四	○七	二五	○六	二六	○四	二七	○三	○
	度	分	度	分	度	分	度	分	玄枵子宮
	四		五		六		七		

黃道南緯度

三十

黄道南緯度

大火卯宮	八度	八分	九度	九分	玄枵子宮
○	八一	九五	九○	四五	○三
一	九一	一二	○○	六一	九二
二	九一	二四	○○	七三	八二
三	○二	二○	○○	八五	七二
四	○二	四二	一○	六一	六二
五	○二	五四	一○	○四	五二
六	一二	六○	二○	一○	四二
七	一二	六二	二○	一二	三二
八	一二	六四	二○	二四	二二
九	二二	六○	三○	二○	一二
○一	二二	六二	三○	二二	○二
一一	二二	五四	三○	二四	九一
二一	三二	五○	四○	二○	八一
三一	三二	四二	四○	一二	七一
四一	三二	三四	四○	○四	六一
五一	四二	一○	四○	八五	五一
	度	分	度	分	
	八		九		

黄道南緯度

大火卯宮	黄道南緯度 八 度	分	九 度	分	
六一	四二	九一	五二	六一	四一
七一	四二	七三	五二	四三	三一
八一	四二	五五	五二	二五	二一
九一	五二	二一	六二	〇一	一一
〇二	五二	九二	六二	四一	〇一
一二	五二	六四	六二	四四	九
二二	六二	三〇	七二	一〇	八
三二	六二	九一	七二	七一	七
四二	六二	五三	七二	一三	六
五二	六二	〇五	七二	八四	五
六二	七二	五〇	八二	三〇	四
七二	七二	九一	八二	七一	三
八二	七二	三三	八二	一三	二
九二	七二	七四	八二	五四	一
〇三	八二	一〇	九二	〇〇	〇
	黄道南緯度 八 度	分	九 度	分	攝提子宮

黄道北緯度

析木寅宮	〇度		一度		二度		三度		星紀丑宮
	度	分	度	分	度	分	度	分	
〇	二〇	一三	一九	一四	一八	一六	一七	一七	三〇
一	二〇	二六	一九	二七	一八	二八	一七	二九	二九
二	二〇	三八	一九	三九	一八	四〇	一七	四一	二八
三	二〇	五〇	一九	五一	一八	五二	一七	五三	二七
四	二一	〇一	二〇	〇二	一九	〇三	一八	〇四	二六
五	二一	一三	二〇	一三	一九	二五	一八	二六	二五
六	二一	二三	二〇	二四	一九	二五	一八	二六	二四
七	二一	三三	二〇	三四	一九	三五	一八	三六	二三
八	二一	四三	二〇	四四	一九	四五	一八	四六	二二
九	二一	五三	二〇	五四	一九	五五	一八	五六	二一
一〇	二二	〇二	二一	〇三	二〇	〇四	一九	〇五	二〇
一一	二二	一〇	二一	一一	二〇	一二	一九	一三	一九
一二	二二	一九	二一	一九	二〇	二〇	一九	二一	一八
一三	二二	二七	二一	二八	二〇	二八	一九	二八	一七
一四	二二	三四	一一	三五	二〇	三五	一九	三五	一六
一五	二二	四一	二一	四一	二〇	四一	一九	四一	一五
	度	分	度	分	度	分	度	分	星紀
	〇		一		二		三		丑宮

黄道北緯度

黃道北緯度

析木寅宮	○度	○分	一度	一分	二度	二分	三度	三分	星紀丑宮
六一	二二	七四	一二	七四	〇二	七四	九一	七四	四一
七一	二二	三五	一二	三五	〇二	三五	九一	三五	三一
八一	二二	九五	一二	九五	〇二	九五	九一	九五	二一
九一	三二	四〇	二二	四〇	一二	四〇	〇二	四〇	一一
〇二	三二	九〇	二二	九〇	一二	九〇	〇二	九〇	〇一
一二	三二	三一	二二	三一	一二	三一	〇二	三一	九
二二	三二	七一	二二	七一	一二	七一	〇二	七一	八
三二	三二	〇二	二二	〇二	一二	〇二	〇二	〇二	七
四二	三二	三二	二二	三二	一二	三二	〇二	三二	六
五二	三二	六三	二二	六二	一二	六二	〇二	六二	五
六二	三二	八二	二二	八二	一二	八二	〇二	八二	四
七二	三二	〇三	二二	〇三	一二	〇三	〇二	〇三	三
八二	三二	一三	二二	一三	一二	一三	〇二	一三	二
九二	三二	一三	二二	一三	一二	一三	〇二	一三	一
〇三	三二	二三	二二	二三	一二	二三	〇二	二三	○
	度	分	度	分	度	分	度	分	星紀丑宮
	○		一		二		三		

黃道北緯度

卅二

析木

黄道北緯度

寅宫	四 度	四 分	五 度	五 分	六 度	六 分	七 度	七 分	丑宫
○	一六	一八	一五	二〇	一四	二一	一三	二二	三〇
一	一六	三〇	一五	三二	一四	三二	一三	三五	二九
二	一六	四二	一五	四四	一四	四五	一三	四六	二八
三	一六	五四	一五	五五	一四	五七	一三	五八	二七
四	一七	〇五	一六	〇七	一五	〇八	一四	〇九	二六
五	一七	一七	一六	一八	一五	一九	一四	一九	二五
六	一七	二七	一六	二八	一五	二八	一四	二九	二四
七	一七	三七	一六	三八	一五	三八	一四	三九	二三
八	一七	四七	一六	四七	一五	四八	一四	四九	二二
九	一七	五九	一六	五七	一五	五八	一四	五八	二一
一〇	一八	〇五	一七	〇六	一六	〇六	一五	〇七	二〇
一一	一八	一三	一七	一四	一六	一四	一五	一五	一九
一二	一八	二一	一七	二二	一六	三二	一五	一三	一八
一三	一八	二九	一七	二九	一六	二九	一五	三〇	一七
一四	一八	三六	一七	三六	一六	三六	一五	三七	一六
一五	一八	四二	一七	四二	一六	四二	一五	四三	一五
	度 四	分 四	度 五	分 五	度 六	分 六	度 七	分 七	星紀 丑宫

黄道北緯度

析木

黃道北緯度

丑宮	七分	七度	六分	六度	五分	五度	四分	四度	寅宮
四一	九四	五一	八四	六一	八四	七一	八四	八一	六一
三一	五五	五一	四五	六一	四五	七一	四五	八一	七一
二一	一〇	六一	〇〇	七一	〇〇	八一	〇〇	九一	八一
一一	六〇	六一	五〇	七一	五〇	八一	五〇	九一	九一
〇一	〇一	六一	〇一	七一	〇一	八一	〇一	九一	〇二
九	四一	六一	四一	七一	四一	八一	四一	九一	一二
八	七一	六一	七一	七一	七一	八一	七一	九一	二二
七	〇二	六一	〇二	七一	〇二	八一	〇二	九一	三二
六	三二	六一	三二	七一	三二	八一	三二	九一	四二
五	六二	六一	六二	七一	六二	八一	六二	九一	五二
四	八二	六一	八二	七一	八二	八一	八二	九一	六二
三	〇三	六一	〇三	七一	〇三	八一	〇三	九一	七二
二	一三	六一	一三	七一	一三	八一	一三	九一	八二
一	一三	六一	一三	七一	一三	八一	一三	九一	九二
〇	二三	六一	二三	七一	二三	八一	二三	九一	〇三
星紀	七分	七度	六分	六度	五分	五度	四分	四度	

黃道北緯度

黃道北緯度

析木 寅宮	八 度	八 分	九 度	九 分	星紀 丑宮
○	一二	二四	一一	二六	三〇
一	一二	三六	一一	三七	二九
二	一二	四八	一一	四九	二八
三	一二	五九	一二	〇〇	二七
四	一三	一〇	一二	一一	二六
五	一三	二〇	一二	二一	二五
六	一三	三〇	一二	三一	二四
七	一三	四〇	一二	四一	二三
八	一三	五〇	一二	五〇	二二
九	一三	五九	一三	〇〇	二一
一〇	一四	〇七	一三	〇八	二〇
一一	一四	一五	一三	一六	一九
一二	一四	二三	一三	二四	一八
一三	一四	三〇	一三	三一	一七
一四	一四	三七	一三	三七	一六
一五	一四	四三	一三	四三	一五
	度	分	度	分	
	八		九		

黃道北緯度

析木寅宮	黃道北緯度八 度	八 分	九 度	九 分	星紀丑宮
一六	一四	四九	一三	四九	一四
一七	一四	五五	一三	五五	一三
一八	一五	○一	一四	○一	一二
一九	一五	○六	一四	○六	一一
二○	一五	一○	一四	一○	一○
二一	一五	一四	一四	一四	九
二二	一五	一七	一四	一七	八
二三	一五	二○	一四	二○	七
二四	一五	二三	一四	二三	六
二五	一五	二六	一四	二六	五
二六	一五	二八	一四	二八	四
二七	一五	三○	一四	三○	三
二八	一五	三一	一四	三一	二
二九	一五	三一	一四	三一	一
三○	一五	三二	一四	三二	○
	度	分	度	分	
	黃道北緯度八		九		

黃道南緯度

析木 寅宮	○		一		二		三		
	度	分	度	分	度	分	度	分	
○	二○	一三	二一	一二	二二	一○	二三	○九	三○
一	二○	二六	二一	二五	二二	二三	二三	二二	二九
二	二○	三八	二一	三七	二二	三六	二三	三五	二八
三	二○	五○	二一	四九	二二	四八	二三	四七	二七
四	二一	○一	二二	○○	二二	五九	二三	五八	二六
五	二一	一三	二二	一一	二三	一○	二四	○九	二五
六	二一	二三	二二	二二	二三	二一	二四	二○	二四
七	二一	三三	二二	三二	二三	三一	二四	三一	二三
八	二一	四三	二二	四二	二三	四一	二四	四一	二二
九	二一	五三	二二	五二	二三	五一	二四	五一	二二
一○	二二	○二	二三	○一	二四	○○	二五	○○	二○
一一	二二	一○	二三	一○	二四	○九	二五	○九	一九
一二	二二	一九	二三	一九	二四	一八	二五	一八	一八
一三	二二	二七	二三	二七	二四	二六	二五	二六	一七
一四	二二	三四	二三	三四	二四	三三	二五	三三	一六
一五	二二	四一	二三	四一	二四	四○	二五	三九	一五
	度	分	度	分	度	分	度	分	星紀
	○		一		二		三		丑宮

黃道南緯度

黃道南緯度

析木寅宮	〇度	〇分	一度	一分	二度	二分	三度	三分	星紀丑宮
一六	二二	四七	二三	四七	二四	四六	二五	四五	一四
一七	二二	五三	二三	五三	二四	五三	二五	五二	一三
一八	二二	五九	二三	五九	二四	五九	二五	五八	一二
一九	二三	〇四	二四	〇四	二五	〇四	二六	〇三	一一
二〇	二三	〇九	二四	〇九	二五	〇九	二六	〇八	一〇
二一	二三	一三	二四	一三	二五	一三	二六	二三	九
二二	二三	一七	二四	一七	二五	一七	二六	一七	八
二三	二三	二〇	二四	二〇	二五	二〇	二六	二〇	七
二四	二三	二三	二四	二三	二五	二三	二六	二三	六
二五	二三	二六	二四	二六	二五	二六	二六	二六	五
二六	二三	二八	二四	二八	二五	二八	二六	二八	四
二七	二三	三〇	二四	三〇	二五	三〇	二六	三〇	三
二八	二三	三一	二四	三一	二五	三一	二六	三一	二
二九	二三	三一	二四	三一	二五	三一	二六	三一	一
三〇	二三	三二	二四	三二	二五	三二	二六	二二	〇

黃道南緯度

黃道南緯度

析木寅宮	四度	四分	五度	五分	六度	六分	七度	七分	星紀丑宮
〇	二四	〇七	二五	〇六	二六	〇四	二七	〇三	三〇
一	二四	二〇	二五	一九	二六	一七	二七	一六	二九
二	二四	三三	二五	三二	二六	三〇	二七	二九	二八
三	二四	四五	二五	四四	二六	四三	二七	四二	二七
四	二四	五七	二五	五五	二六	五五	二七	五四	二六
五	二五	〇八	二六	〇七	二七	〇六	二八	〇五	二五
六	二五	一九	二六	一八	二七	一七	二八	一六	二四
七	二五	三〇	二六	二九	二七	二八	二八	二七	二三
八	二五	四〇	二六	三九	二七	三八	二八	三七	二二
九	二五	五〇	二六	四九	二七	四八	二八	四七	二一
一〇	二五	五九	二六	五八	二七	五七	二八	五七	二〇
一一	二六	〇八	二七	〇七	二八	〇六	二九	〇六	一九
一二	二六	一七	二七	一六	二八	一五	二九	一五	一八
一三	二六	二五	二七	二四	二八	二四	二九	二三	一七
一四	二六	三二	二七	三一	二八	三一	二九	三〇	一六
一五	二六	三九	二七	三八	二八	三八	二九	三七	一五

黃道南緯度

析木寅宮 黃道南緯度

寅宮	四 度	分	五 度	分	六 度	分	七 度	分	星紀丑宮
六一	六二	五四	七二	五四	八二	四四	九二	四四	四一
七一	六二	二五	七二	二五	八二	一五	九二	一五	三一
八一	六二	八五	七二	八五	八二	七五	九二	七五	二一
九一	七二	三〇	八二	三〇	九二	二〇	〇三	二〇	一一
〇二	七二	八〇	八二	八〇	九二	七〇	〇三	七〇	〇一
一二	七二	三一	八二	二一	九二	二一	〇三	二一	九
二二	七二	六一	八二	六一	九二	六一	〇三	六一	八
三二	七二	九一	八二	九一	九二	九一	〇三	五一	七
四二	七二	二二	八二	二二	九二	二二	〇三	二二	六
五二	七二	五二	八二	五二	九二	五二	〇三	五二	五
六二	七二	八二	八二	八二	九二	八二	〇三	八一	四
七二	七二	〇三	八二	〇三	九二	〇三	〇三	〇三	三
八二	七二	一三	八二	一三	九二	一三	〇三	一三	二
九二	七二	一三	八二	一三	九二	一三	〇三	一三	一
〇三	七二	二三	八二	二三	九二	二三	〇三	二三	〇
	度 四	分	度 五	分	度 六	分	度 七	分	

黃道南緯度 星紀丑宮

析木寅宮	黃道南緯度				星紀丑宮
	八		九		
	度	分	度	分	
○	二八	○一	二八	五九	三○
一	二八	一四	二九	一二	二九
二	二八	二七	二九	二五	二八
三	二八	四○	二九	三八	二七
四	二八	五二	二九	五○	二六
五	二九	○四	三○	○二	二五
六	二九	一五	三○	一四	二四
七	二九	二六	三○	二五	二三
八	二九	三七	三○	三六	二二
九	二九	四七	三○	四六	二一
一○	二九	五六	三○	五五	二○
一一	三○	○五	三一	○四	一九
一二	三○	一四	三一	一三	一八
一三	三○	二三	三一	二二	一七
一四	三○	三○	三一	二九	一六
一五	三○	三七	三一	三六	一五
	度	分	度	分	
	八		九		
	黃道南緯度				丑宮

黃道南緯度

析木寅宮	八度		九度		
	度	分	度	分	
一六	三〇	四四	三一	四三	一四
一七	三〇	五一	三一	五〇	一三
一八	三〇	五七	三一	五六	一二
一九	三一	〇二	三二	〇二	一一
二〇	三一	〇七	三二	〇七	一〇
二一	三一	一二	三二	一二	九
二二	三一	一六	三二	一六	八
二三	三一	一九	三二	一九	七
二四	三一	二二	三二	二二	六
二五	三一	二五	三二	二五	五
二六	三一	二八	三二	二八	四
二七	三一	三〇	三二	三〇	三
二八	三一	三一	三二	三一	二
二九	三一	三一	三二	三一	一
三〇	三一	三二	三二	三二	〇
	度	分	度	分	星紀丑宮
	八度		九度		

黃道南緯度